新媒体营销

陈　杰　主　编

李小凤　张青辉　贾敏燕　贾玮娜　副主编

清華大学出版社
北　京

内 容 简 介

本书是校企双元合作开发的教材。为顺应数字经济时代岗位群变迁带来的知识和能力变化需求,本书秉承"立德树人"的育人目标,根据"岗课赛证"融通设计思路,贯彻工作过程系统化的开发思路,在与校内外营销专家共同研究的基础上,通过对新媒体营销职业活动进行详细分析,在多个工作岗位任务总结归纳的基础上,确立了以新媒体营销流程为主线,根据工作岗位的典型任务进行项目化重组,将新媒体营销的理念与实践相结合,构建兼顾新媒体数据化运营分析的知识技能体系。全书共分为九个项目,包括认识新媒体与新媒体营销、提升新媒体营销团队素养、微信营销、微博营销、短视频营销、直播营销、自媒体平台营销、移动营销、社群营销,全面介绍了新媒体营销的要求、方法与技巧,旨在培养新媒体营销的系统化思维与实践方法,为学生今后进入企业从事新媒体营销工作岗位打下扎实基础。

本书结构清晰,逻辑严密,案例新颖,"岗课赛证"融合特色突出,具有较强的实用性和应用性。典型性、实用性的资源在书中以二维码的方式呈现,读者即扫即用。

本书可作为高等职业教育电子商务、移动商务、网络营销与直播电商、市场营销等相关专业教材,也可作为新媒体营销从业人员和广大爱好者的自学资料。

图书在版编目(CIP)数据

新媒体营销/陈杰主编.--北京:清华大学出版

社,2024.9.--ISBN 978-7-302-67379-8

Ⅰ.F713.365.2

中国国家版本馆 CIP 数据核字第 2024S1D251 号

责任编辑:杜　晓　鲜岱洲

封面设计:曹　来

责任校对:李　梅

责任印制:杨　艳

出版发行:清华大学出版社

　　　网　　　址:https://www.tup.com.cn,https://www.wqxuetang.com

　　　地　　　址:北京清华大学学研大厦 A 座　　　邮　　编:100084

　　　社　总　机:010-83470000　　　　　　　　　邮　　购:010-62786544

　　　投稿与读者服务:010-62776969,c-service@tup.tsinghua.edu.cn

　　　质量反馈:010-62772015,zhiliang@tup.tsinghua.edu.cn

　　　课件下载:https://www.tup.com.cn,010-83470410

印　装　者:三河市龙大印装有限公司

经　　　销:全国新华书店

开　　　本:185mm×260mm　　　印　　张:14.75　　　字　　数:355 千字

版　　　次:2024 年 9 月第 1 版　　　　　　　　　印　　次:2024 年 9 月第 1 次印刷

定　　　价:49.00 元

产品编号:106204-01

前　言

在新一轮数字科技革命和产业变革的背景下,人工智能、大数据、云计算、物联网等技术不断进步,新媒体行业的应用技术不断深化,传播模式不断创新,内容生态和产品形式日渐丰富,新媒体营销市场前景广阔,因此社会对新媒体营销高技能人才的需求量巨大,新媒体营销人才的培养应势而生。

本书是面向高职院校新媒体营销类课程的一本新型活页式教材。本书围绕新媒体营销人才培养的特色与定位,通过汲取《国家职业教育改革实施方案》的职教改革理念与精髓,实现了内容和组织方式的重要变革与创新。编写团队在编写过程中采用理论与实践相结合的方式,选用贴切、真实、新鲜的案例,全方位地介绍了新媒体营销的策略和实施方法,旨在帮助读者快速了解新媒体营销知识,全面掌握新媒体营销技能。与其他相关书籍相比,本书具有以下特色。

1. 深化产教融合,校企双元合作开发

本书是产教融合、校企双元合作开发的结果。本书的编写人员除了来自教学一线的教师,还包括中广星领(北京)文化信息科技有限公司、中教畅享(北京)科技有限公司、北京巨量引擎网络技术有限公司的技术和管理人员。本书从结构策划、任务设计到内容编写均由校企双方共同完成,体例、内容、知识和技能贴近前沿和实际。

2. 以"做"为中心的"教学做合一"教材

本书按照"以学生为中心、以学习成果为导向促进自主学习"的思路进行开发设计,弱化"教学材料"的特征,强化"学习资料"的功能,将"以新媒体营销类岗位任职要求、职业标准、工作过程或产品"作为主体内容,将相关理论知识点分解到任务实施中,便于运用"工学结合""做中学""学中做"和"做中教"教学模式,体现"教学做合一"的理念。

3. 编写体例、形式和内容适合高职教育特点

本书结构设计符合学生认知规律,采用项目化设计,以任务为驱动,强调"理实一体、教学做合一"的理念,更加突出实践性,力求实现情境化教学。本书共分九个项目,下设若干任务,可激发学生的学习兴趣,明确学习目标。任务中设置了"知识链接""任务实施"和"任务工单(作业)"等模块,学生通过完成任务总结知识,循序渐进,实现必要知识的积累、动手能力的实践和分析问题能力的提高,符合学生的认知规律和接受能力。

4. 配套微课资源,打造立体化教材

本书除附有课件、试卷、习题答案等辅助资源之外,还对书中的重难点、重要素材等内容制作了微课视频等资源,读者扫描书中的二维码即可观看。

本书由内蒙古电子信息职业技术学院和中广星领(北京)文化信息科技有限公司、中教畅享(北京)科技有限公司、北京巨量引擎网络技术有限公司共同开发完成。内蒙古电子信息职业技术学院陈杰担任主编;内蒙古电子信息职业技术学院李小凤、张青辉、贾敏燕、贾玮娜担任副主编。本书具体编写分工如下:陈杰拟定编写大纲、内容简介、前言及全书统稿,陈杰编写项目一、项目二;张青辉编写项目三;贾敏燕编写项目四、项目九;贾玮娜编写项目五、项目六;李小凤、张青辉编写项目七;李小凤编写项目八。本书在编写过程中,编写团队参阅和选用了国内外有关专家和学者在新媒体营销方面一些新的理念、实践内容及成果,在此一并表示感谢。

　　由于编者水平有限,不足之处在所难免,恳请广大读者批评指正,以便于我们在今后的修订和重印过程中及时修正。

编　者

2024 年 6 月

本书配套教学资源

目 录

认识新媒体与新媒体营销

项目名称	认识新媒体与新媒体营销
项目概况	企业开展新媒体营销的目的是了解新媒体的特征与类型,分析新媒体营销策略与方法,建立新媒体思维,把握新经济时代机遇,实现企业产品及服务推广目标和价值最大化,助力企业高质量发展。 　　本项目通过认识新媒体、分析新媒体营销策略与方法、建立新媒体营销思维三个任务的学习,培养和提高学生的新媒体营销能力。通过三个任务的学习,掌握新媒体营销思维方法,能够举一反三,充分了解新媒体与新媒体营销,运用新媒体营销策略与方法,实施新媒体营销,达到"1+X"网络直播运营职业技能等级证书的中高级部分内容和互联网营销师的中级部分能力标准。
思维导图	认识新媒体与新媒体营销 　认识新媒体 　　知识链接 　　　新媒体概念与定义 　　　新媒体的特征 　　　新媒体的发展趋势 　　任务实施 　　　新媒体的类型 　　　新媒体典型平台解析 　分析新媒体营销策略与方法 　　知识链接 　　　理解新媒体营销内涵 　　　把握新媒体营销的发展现状与趋势 　　任务实施 　　　把握新媒体营销的优势 　　　聚焦新媒体营销的模式 　建立新媒体营销思维 　　知识链接 　　　具备新媒体营销思维的重要性 　　　掌握新媒体营销思维 　　任务实施 　　　解读新媒体营销思维的优势 　　　运用新媒体营销思维进行营销实践

续表

学习目标	知识目标	1. 了解新媒体的内涵、形式与特征。 2. 了解新媒体营销的内涵、特征。 3. 掌握新媒体营销的发展趋势。 4. 掌握新媒体营销思维
	能力目标	1. 具备正确界定新媒体平台的能力。 2. 具备正确区别新媒体与自媒体的能力。 3. 具备辨析新媒体营销模式的能力。 4. 具备运用新媒体营销思维解决实际问题的能力
	素养目标	1. 利用新媒体讲好家乡故事,弘扬传统文化,助力乡村振兴。 2. 增强新媒体营销从业人员遵纪守法、规范经营的法治意识。 3. 培养工匠精神、创新思维和团队协作精神
项目组织	教学安排	1. 项目目标和介绍:在课程开始前,明确课程的目标和重要性,对认识新媒体与新媒体营销项目进行详细介绍。 2. 理论知识学习:通过视频教学、讲座、课堂互动等形式,了解并掌握新媒体、新媒营销的特征、相关理论知识和实用技巧。 3. 实操演练:通过教师演示、作业布置等方式,引导学生开展并掌握新媒体营销模式的实操练习。 4. 案例分析:深入分析新媒体营销策略、成功案例和失败案例,让学生能够学习到实践经验和教训。 5. 实践项目:引导学生开展实践项目,锻炼营销能力和解决问题的能力。 6. 教学评估:通过作业、考试、项目报告等方式,对学生的学习成果进行评估和反馈
	教学组织	1. 学习小组:根据班级规模和学生人数,组织学生形成小组,进行讨论、合作和互助学习。 2. 互动交流:通过线上或线下的讨论区、微信群等方式,教师与学生进行及时的互动交流,解答问题和提供指导。 3. 实践辅导:教师根据学生的实践项目情况,进行指导和辅导,给予实质性的帮助和建议。 4. 项目布置和批改:教师布置新媒体营销实训项目,要求学生完成项目,并及时批改和点评,给予学生反馈和建议
	教学成果	1. 利用新媒体各类平台,熟悉新媒体的类型及特征。 2. 利用新媒体营销典型案例,熟悉新媒体营销模式与策略。 3. 利用新媒体营销典型案例,理解新媒体营销思维

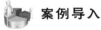 **案例导入**

"小牛说车"被起诉,企业对营销账号恶意炒作说"不"

"人人都是自媒体"的时代是网络繁荣的力证,但也带来了鱼龙混杂、泥沙俱下。个别营销号为吸人眼球,获取流量,不惜虚假炒作,捏造事实,甚至故意制造敌对,恶意攻击。这样做不仅违背社会公序良俗,也严重干扰了企业的正常经营,对营销网络环境造成破坏。

据观察,"小牛说车"是一个自媒体汽车账号,通过密集对小鹏、理想、蔚来,以及吉利、比亚迪、北汽蓝谷等汽车品牌、车型甚至用户进行非理性的观点输出,煽动网民情绪,在短时间内获得超过200万的粉丝量。

被起诉后,该账号目前已经删除了近期发布的以粗鄙措辞、对企业进行语言攻击的内容,但这些内容,已经在平台上广泛发酵,并通过超过200万的粉丝人群扩散。

中国交通智库专家吴一言认为,个别营销账号为追求流量急功近利,不惜通过抹黑和诋毁的方式"吸粉"牟利。此类操作,不仅是对企业正常权益的侵害,也潜在侵害了社会公众对品牌的理性认知。企业主动回击,是对所有网络用户"清朗环境"的一种呵护。吴一言说,抵制恶意营销,其实也是为了给所有自媒体从业者一个更好的网络环境,让那些踏实的从业者把好的内容、高质量的内容、正能量的内容传播出去。希望广大网友提高对恶意营销号的识别,共同营造"清朗"的网络环境。

案例来源:人民网。

【案例思考】

(1) 如何认识"人人都是自媒体"?

(2) 新媒体企业如何规范营销行为?

任务一 认识新媒体

一、任务简介

"新媒体时代,每个人都必须提升自己的媒介素养。或许你所从事的工作跟媒体关系不大,但我们总要融入朋友圈吧?用语音交流的时候,怎么在30秒之内把事情说清楚?"那么,什么是新媒体?哪些媒体是新媒体呢?新媒体有什么特征呢?它对人们的生活方式和思维方式产生了怎样的影响呢?未来,新媒体将朝着什么方向发展呢?这些问题看起来很简单,但却一直在我们身边。因此,我们需要深入了解新媒体,并具备相应的素养,以适应互联互通、无所不在的时代。

二、任务准备

(1) 学生小组分别找报纸、杂志、广播、电视、户外广告、传单等传统媒体的相关资料,了解它们的信息传播特点。

(2) 组织学生在智能手机上,安装微博、微信、抖音、淘宝等App,了解它们的信息传播特点。

三、任务实施路径

查找、收集、整理资料,明确新媒体类型的特征(30分钟)

认真听老师讲解后分析案例,明确新媒体概念与内涵(60分钟)

查阅资料,进行案例分析,掌握各类新媒体营销平台的特点(60分钟)

四、知识链接

（一）新媒体概念与定义

新媒体的概念是 1967 年由美国哥伦比亚广播电视网技术研究所所长戈尔德马克率先提出的。随着科技的进步，新媒体的概念也在进一步进行延伸变化。

联合国教科文组织对新媒体的定义是"以数字技术为基础，以网络为载体进行信息传播的媒介"。互联网实验室对"新媒体"的定义：新媒体是基于计算机、通信、数字广播等技术，通过互联网、无线通信网、数字广播电视网和卫星等渠道，以计算机、电视、手机、个人数字助理（PDA）、视频音乐播放器（MP4）等设备为终端的媒体，能够实现个性化、互动化、细分化的传播方式。

通过对各种观点的梳理得到三个结论：第一，从内涵外延上看，新媒体是一个较为宽泛的概念，也是一个相对的和发展的概念。"新""旧"是相对而言的，随着社会科技的发展和传播模式的转变，新媒体的内涵和外延也将随之发生变化。第二，从技术手段上看，新媒体应用了"新"的技术。目前，新媒体应用了大量基于互联网的数字化信息传播技术，这些传输方法的速度更快、精度更高，形成了新的信息处理方式，具有智能识别、自动处理等信息加工手段，从内容到形式、从传播到受众都与传统媒介有较大区别。第三，从传播方式来看，新媒体具有较高的互动性。在新媒体环境中，传统媒体的"受众"逐渐向"用户"转变，从单一的信息接受者转变为信息制造者、加工者、接受者的多种角色融合的用户。

由于新媒体是一个动态发展的命题，我们并不纠结于对于新媒体概念的学术辨析，而更加关注现阶段的主流新媒体的实践运用指导。因此，新媒体的狭义定义为"依托互联网和数字技术的信息传播介质"。

而广义的新媒体包括两大类：一是基于技术进步而产生的媒体形态，尤其是基于无线通信技术和网络技术出现的媒体形态，如数字电视、IPTV（交互式网络电视）、手机终端等；二是随着人们生活方式的转变，以前已经存在、现在才被应用于信息传播的载体，如楼宇电视、车载电视等。

想一想：你了解新媒体吗？什么是新媒体？你在生活当中用过哪些新媒体平台？谈谈你的使用感受。

【课堂互动 1】

请判断表 1-1 中哪些是新媒体。

表 1-1　新媒体类型的判断

类　型	是/否	类　型	是/否
报纸		广播	
户外广告		电视	
数字杂志		抖音	
触摸媒体		门户网站	
微信		融媒体	

【课堂互动2】

请判断表1-2中的传统媒体数字化转型为新媒体的对应类型。

表1-2 传统媒体数字化转型

传统媒体	转型为新媒体的对应类型
报纸	
电视	
信件	
广播	
楼宇广告	

（二）新媒体的特征

新媒体是新的技术支撑体系下出现的媒体形态，新的"新媒体"不断涌现，关于新媒体特征的理论研究在不断深化。综上所述，新媒体在传播方式、传播内容、传播速度等方面均表现出独有的特征。

1. 即时性

新媒体传播信息的速度非常快，表现出了明显的即时性特征，用户通过手机、计算机或者其他智能终端设备能够快速地发布信息和及时地接收信息。这打破了传统媒体定时传播的规律，真正实现了无时间限制和无地域限制的传播。对于媒体人而言，这种即时性体现在其可以随时更新新闻信息、24小时不间断发稿、对突发事件进行直播，使受众在第一时间获得信息；而对于受众而言，即时性不仅体现在其可以通过网络和移动终端随时随地接收信息，还体现在其能够作为传播者将所见所闻在第一时间发布出去，将信息与他人共享。尤其是随着5G时代的到来，信息传播的速度会更快，传播的质量也会更高。

2. 交互性

新媒体与传统媒体相比，具有超强的交互性。在传统媒体中，无论是广播电视，还是报纸杂志，都只能单向传送信息，媒体机构处于强势地位，决定着公众接受的信息，用户很难进行信息反馈，交互性较差。而新媒体利用独特的网络介质使信息内容传播方与接受方之间的关系趋于对等，与传统媒体相比，公众可以通过新媒体的互动，发出更多的声音，影响信息传播者。每个用户都具有信息交流的控制权。公众既可以是信息的接收者，也可以是信息的发送者；既可以是信息的制作者，也可以是信息的传播者。任何人都可以是消息的来源，受众可以随时对信息进行反馈、评论、补充和互动。新媒体是可以真正实现双向互动的信息交流的媒体形式。

3. 海量性

无论是版面还是时长容量，传统媒体都是有限的。新媒体依托各种先进的网络技术手段，将海量化、碎片化的新媒体信息以简短精练的形式存储于平台上，并实时被触达。此外，多样化的传播主体和传播方式使得人人都可以成为信息源，强化了信息和内容的生产。随着时间推移，信息越来越多，技术使得信息容量在理论上具备无限扩展性。交互、多元的信息源大大增加了信息的广度和深度,进一步强化了新媒体信息的海量特征。

4. 共享性

传统媒体的信息传播常常受到时间和空间的限制,而新媒体则利用通信卫星和全球互联网络,打破了有线网络、行政区划和地域的束缚。每个人都能在世界的任何角落与世界相连。尤其是移动端新媒体,发送信息时间短、接收信息速度快,受制约因素少,几乎不受时间和地域的限制。只要在移动互联网络覆盖的地方,任何时间都可以搜索、查阅和发布信息,这是报纸、广播、电视等传统媒体无法做到的。每一次媒体形态的变革都扩展了人类的认知边界。

5. 个性化

与传统媒体的"千人一面"相比,新媒体的个性化特征非常明显,可谓"千人千面"。随着网络科技的发展,人们不仅能进行主动搜索,平台也会根据用户的特征和需求进行个性化的智能推荐。每一个用户在打开任何一个新媒体平台时,看到的页面都是不一样的。在新媒体环境下,人们也更愿意自由地发出自己的声音,表达自己的思想,树立自己独一无二的个人品牌。

6. 社群化

进入移动互联时代后,移动终端上更多的流行 App 都以社交互动作为核心的功能,如微信、微博、抖音、快手等。这些 App 除了依靠用户生产内容模式之外,还可以很方便地让网民进行评论、转发、点赞等社交互动行为。用户生产内容(user generated content,UGC)是指网站或 App 的全部或大部分内容由网民发布,而传统媒体和传统新闻资讯网站的内容是由专业的记者、编辑或网站工作人员发布的。

【课堂互动 3】

互动内容:你手机上安装了哪些 App? 对你而言,最重要的 App 是哪几个? 为什么?

互动要求:结合自己日常使用手机或计算机上网使用 App 的体验,围绕上述问题展开深入思考,并与同学们进行讨论。教师对学生的回答进行点评和总结。

扫码阅读:
传统媒体、新媒体"5W"模型
对比表

(三)新媒体的发展趋势

1. 新技术赋能媒体融合进一步加强

随着 5G 技术的持续发展、人工智能、大数据、区块链等新一代信息技术在国内迅速发展,我国的新媒体技术发展不断实现创新改革,应用智能化水平显著提高,应用场景更加丰富,社会服务力逐渐增强,已经深刻地嵌入到人们的日常生活当中。所以,新媒体时代媒介融合的发展趋势依旧会是主流,在电子信息技术的不断发展之下,最终实现电脑、手机、智能电视的"三网合一",甚至也有可能是"多网合一"。

2. 直播形式多元化

据中国互联网络信息中心 CNNIC 报告,截至 2023 年 12 月,我国网络直播用户规模已达 8.16 亿人,占网民整体的 74.7%。在推进媒体融合的进程中,各级主流媒体逐步将直播纳入常规报道方式。根据调查显示,网络主播群体多为 90 后,52.2% 以上的观众也是

90后。网络直播也是90后群体沟通交流的一种互动方式,逐渐成为90后的时代标签。在抖音短视频平台推出的各种类型的直播,有卖货、美食、美妆、旅行等获得大量网民的关注。

3. 短视频成为视频领域的新赛道

2021年,中国视频播放软件行业以优酷、爱奇艺、腾讯为核心的视频播放软件市场格局逐渐形成,视频行业竞争加剧。面对短视频的异军突起,长视频平台逐渐被淘汰,目前短视频平台的抖音、快手处于高速发展阶段。截至2023年,网络视频用户规模为10.15亿,占网民整体的96.1%。其中,短视频用户规模为9.93亿。

4. 新媒体发展进入大数据时代

大数据、云计算、人工智能等技术的普及应用,改变了传统的新闻采集、制作、发布方式,重塑了信息传播流程,极大激发了新闻生产潜力。一般情况下,用户并不知道媒体什么时候发布自己关心的新闻,这时智能化推荐就显得尤为重要。腾讯的天天快报、百度的百家号以及今日头条都在该领域有所尝试。今日头条的广告词是"你关心的,才是头条"。今日头条会根据用户的个性需求将内容推送到用户首页上,以便让用户最先看到他们关心的内容。

5. 内容付费成为新媒体盈利增长热点

随着中国网民的发展壮大,各种新媒体公众号和其他新媒体平台如雨后春笋般涌现,抢夺读者的注意力以及创作者的精力和时间。新媒体各个平台都在强势抢夺内容创作的资源,纷纷推出原创保护和首发的功能。从新媒体创作者本身和各个创业主体可以看出来,知识付费领域从2017年开始呈爆发井喷的状态。在新闻媒体付费产品领域,内容的价值不容忽视。随着内容付费领域的不断拓展,知识和知识领袖不断涌现,短视频和音频成为内容付费行业的主要产品形式。

6. 以社交电商为代表的社会化媒体产品成为新势力

根据艾媒咨询数据,2023年中国社交电商的交易规模达23785.7亿元,同比增长15.1%,随着社交流量与电商交易不断深入融合,预计2024年中国社交电商行业交易规模将达34165.8亿元。拼多多、小红书、有赞、云集等社交电商模式有效解决了传统电商获取流量难的问题,通过充分挖掘用户个体和社群价值,以信任和人脉为核心有效进行商品和平台推广。社交电商催生了新零售,充分发挥了社交化这一新媒体产品的核心功能。借助小程序等社交媒体平台,以社交电商为代表的社交化产品将不断发展。社会化媒体成为人们进行有效交往的社交工具,改变着人们的社会资本。

【课堂互动4】

你在使用下面哪些产品时更依赖于朋友圈的社交口碑?和同学们交流一下看法,为什么有的产品更需要社交口碑?

A. 鲜花店   B. 手机   C. 新款饮品   D. 大米
E. 专升本培训班   F. 手机游戏   G. 方便面

五、任务实施

(一)新媒体的类型

新媒体是新的技术支撑体系下出现的媒体形态,相对于广播、电视、报刊、户外广告四大传统意义上的媒体,新媒体被形象地称为"第五媒体"。考虑到互联网新媒体的最新发展状况,最为普遍的新媒体类型包括社交媒体类、视频娱乐类、新闻资讯类、手机 App 和小程序类以及短视频(直播)类等。

【课堂互动 5】

请在表 1-3 中按照常见的新媒体类型,列举 3 个以上的具体产品或服务。

表 1-3　新媒体类型的产品或服务

新媒体类型	产品或服务举例
社交媒介类	
视频娱乐类	
新闻资讯类	
手机 App 和小程序类	
短视频(直播)类	

(二)新媒体典型平台解析

不同类别的新媒体典型平台解析见表 1-4。

表 1-4　新媒体典型平台解析

类　型		简　　介	特　　点	图　例
1. 新闻资讯类平台	今日头条	今日头条是一款基于数据挖掘的推荐引擎产品,为用户提供高效精准的分发服务,帮助用户发现感兴趣的内容,具体涵盖了体育、娱乐、数码、历史、问答、直播、时尚等多个领域	今日头条的特点是通过数据挖掘技术为用户提供个性化的内容推荐,同时支持多个领域的信息获取和交流	
2. 社交类平台	微信	微信是一款跨平台的通信工具,支持单人、多人参与。通过手机网络发送语音、图片、视频和文字,让用户的沟通更方便。微信还提供公众平台、朋友圈、消息推送等功能	信息发布便捷;病毒式传播,传播速度快,影响面广;互动性强,即时沟通;成本低	
	QQ	QQ是一款非常流行的即时通信软件,其提供了多种客户端版本供用户选择。不仅支持文字聊天,还提供了视频通话、语音通话、电子邮件服务等多种功能,方便用户进行实时沟通	多平台支持;即时通信;强大的群组功能;个性化设置;丰富的第三方应用支持	

续表

类 型		简 介	特 点	图 例
3. 视频娱乐类平台	短视频	视频即短片视频，是一种互联网内容传播方式，一般是在互联网新媒体上传播的时长在 5 分钟以内的视频；随着移动终端普及和网络的提速，短平快的大流量传播内容逐渐获得各大平台、粉丝和资本的青睐	具有生产流程简单；制作门槛低；参与性强；传播价值较高等特点	
	网络直播	网络视频直播是指人们可以通过网络收看到远端正在进行的现场音视频实况，比如赛事、会议、教学、手术等	表现形式好；内容丰富；交互性强；地域不受限制；受众可划分等特点	
4. 手机App 和小程序平台	手机App	随着智能手机和 iPad 等移动终端设备的普及，人们逐渐习惯了使用 App 客户端上网的方式。手机 App 软件，主要指安装在智能手机上的软件。它能使手机完善其功能，App 为用户提供更丰富的使用体验	获取信息便捷；互动性强；时效性和精准性也得到了提高	
	微信小程序	是一种不需要下载安装即可使用的应用，它实现了应用"触手可及"的梦想，用户扫一扫或搜一下即可打开应用，是一种小工具、小软件	无须下载安装、能够快速启动和加载、便捷分享和传播、简洁界面和操作、用户黏性高	

六、任务工单（作业）

请在表 1-5 中分析新媒体平台运营特色案例。

表 1-5 新媒体平台运营特色案例

任务名称	分析新媒体平台运营特色案例						
任务目的	了解主流新媒体营销平台的特点，收集著名企业利用这些平台开展营销的成功案例，能够深入剖析营销成功的案例						
任务内容	1. 登录知名的新媒体营销平台，了解各个平台的特点。 2. 收集企业利用这些平台开展营销的成功案例。 3. 剖析这些企业开展新媒体营销的成功经验						
第（ ）组	姓名						
	班级						
	学号						

续表

任务实操	网络社区平台	
	网络社区平台的特点	
	小红书的品牌运营	
	案例分析	
	新闻资讯平台	
	今日头条的特点	
	某手机品牌上市推广	
	案例分析	
	短视频平台	
	短视频特点	
	某知名短视频平台	
	案例分析	
	直播平台	
	网络直播的特点	
	某知名直播平台	
	案例分析	
	微信小程序	
	微信小程序的特点	
	京东购物	
	案例分析	
	微博平台	
	微博平台的特点	
	淘宝"双十一"购物节	
	案例分析	

七、能力评价

在本次任务完成后,由任课教师主导,采用学习过程评价与学习结果评价相结合,综合运用自我评价、小组评价及教师评价三种方式,由教师确定三种评价方式分别占总成绩的比例,并加权计算出学生个人本次任务的考核评价分,详见表1-6。

表 1-6　任务完成能力考核评价表

项目名称	认识新媒体与新媒体营销		任务名称	认识新媒体
班级			学生姓名	
评价方式	评价内容		分值	成　绩
自我评价	任务工单的完成情况		60	
	对知识和技能的掌握程度		20	
	我胜任了小组的工作		20	
	合　　计			
小组评价	本小组的本次任务完成质量		30	
	个人本次任务完成质量		30	
	个人参与小组活动的态度		20	
	个人的合作精神和沟通能力		20	
	合　　计			
教师评价	个人所在小组的任务完成质量		30	
	个人本次任务完成质量		30	
	个人对所在小组的参与度		20	
	个人对本次任务的贡献度		20	
	合　　计			
总评＝自我评价（　　　）×20％＋小组评价（　　　）×30％＋教师评价（　　　）×50％＝				

任务二　分析新媒体营销策略与方法

一、任务简介

目前,新媒体营销已经广泛应用于各个领域。作为企业或公司的一员,我们都应该深刻理解新媒体营销在企业经营中的重要性。本任务将引导大家了解新媒体营销的内涵,深入了解其优势,熟悉主要的营销模式,并掌握新媒体营销的现状和发展趋势。

二、任务准备

（1）在网络上搜索两家饮料企业,了解他们分别使用了哪些新媒体营销方式。

（2）访问小红书、知乎等 App,搜集十个经典新媒体营销案例。

扫码阅读:
小米手机的
新媒体营销策略

三、任务实施路径

四、知识链接

（一）理解新媒体营销内涵

新媒体营销是基于特定产品的概念诉求与问题分析，对消费者进行针对性心理引导的一种营销模式。从本质上来说，新媒体营销是企业软性渗透的商业策略在新媒体形式上的实现。它通常借助媒体表达与舆论传播，使消费者认同某种概念、观点和分析思路，从而达到企业品牌宣传和产品销售的目的。

从企业的角度来看，新媒体营销是指企业借助各种新媒体平台如门户网站、搜索引擎、微博、微信、博客、播客、论坛、手机 App 等，在目标消费者中形成广泛且深入的信息传播。通过发布产品或服务信息，让目标消费者参与到具体的营销活动中，最终实现企业品牌形象树立和产品销售等目标。

从消费者的角度来看，新媒体营销可以帮助消费者迅速找到想要的产品或服务。通过新媒体平台，消费者不仅可以享受企业提供的各种优质产品和服务，满足自己的个性化需求，还可以及时与他人分享自己的感受，并与企业之间形成良好互动合作关系。

总体来说，新媒体营销是指企业或个人在新媒体思维的指导下，充分利用新媒体平台的功能和特性。通过对目标消费者的精准定位，研发个性化的产品和服务来满足其需求，并采取新媒体营销方法，在全过程中开展新媒体营销活动。

【课堂互动 6】

请根据表 1-7 的描述确定属于哪种类型的营销活动。

表 1-7　营销活动类型区分

营　销　活　动	新媒体营销	传统营销
在微信社群进行了一场主题内容分享，用户填写个人资料并关注公众号后可获得相关活动资料素材		
某知名博主在微博发起话题活动，评论并转发可获得抽奖资格		
在知乎的音箱发烧友圈"如何选择居家小音箱？"问题中解答并推介某个品牌的音箱产品		

（二）把握新媒体营销的发展现状与趋势

1. 新媒体营销发展的现状

全球知名第三方数据挖掘和分析机构艾媒咨询联合 IMS（天下秀）新媒体商业集团发布的报告显示，新一代用户群体的影响力不断上升，行业规模保持高速发展态势。

1）新媒体营销用户规模稳定增长

用户规模庞大：随着互联网普及率的不断提高，新媒体用户规模也在不断扩大。根据中国互联网络信息中心发布的《中国互联网络发展状况统计报告》数据显示，截至 2024 年 6 月，中国网民规模达 10.99 亿，互联网普及率达 78%。其中，网络视频（含短视频）用户规模为 10.68 亿人，较 2023 年 12 月增长 125 万人，网民使用率达到 97.1%。庞大的用户规模为新媒体营销提供了广阔的市场。新媒体用户以青年为主流，年龄在 26~40 岁的比例超过七成。娱乐、社交、资讯获取为新媒体平台最主要的用途，占比分别达到 57.8%、53.1% 和 51.8%。

2）新媒体平台内容与表达方式丰富，持续吸引用户注意力

新媒体平台具有传播速度快、覆盖面广、互动性强等特点，能够实现精准定位、个性化推广，使得品牌或产品的信息传播效果更加强大。随着内容展现形式的逐渐多元化与消费者对内容化要求的提升，新媒体平台凭借着其内容化强且表达形式多样的优势，使得消费者的互联网日常使用习惯不断向新媒体平台转移。根据艾瑞数据监测产品对各类型媒体的用户使用时长监测结果所示，视频服务、通信聊天、社交网络和电子商务等新媒体营销重点开展类别平台，在使用时长 TOP10 的媒体类型中占据 4 位。并且，在近几年该四类媒体类型平台在所有媒体平台中的季度总有效使用时长总和占比维持在 60% 左右，在注意力碎片化的时代中，新媒体平台脱颖而出，稳定保持着对消费者的较高吸引力。

3）直播短视频热，但是市场缺乏规范培训

直播和短视频的兴起带来了许多人和组织的参与，但也暴露出一些问题：入门容易，但要走红和变现并不容易。这或许证实了一句话：越是容易的事情越难做好。这些问题包括仓促开始、定位不清、策划不到位、创意不足、内容输出不持续、毅力不够以及缺乏策略等。更进一步分析原因，其实是因为相关培训不规范和不到位所致。

2. 新媒体行业发展趋势

2023—2029 年中国新媒体行业市场发展前景及投资风险评估报告显示，新媒体行业在过去几年中一直保持着快速发展的趋势。随着互联网技术的不断进步和人们生活方式的变化，新媒体行业的市场规模也在不断扩大。该报告还指出，未来新媒体行业的发展趋势将主要集中在以下几个方面。

1）新媒体将更加普及和成熟

随着 5G 技术的普及和用户数量的不断增加，新媒体行业将得到进一步发展。同时，新媒体平台也将更加成熟，如社交媒体的崛起，随着社交媒体的普及，品牌和企业越来越多地将其营销活动放在社交媒体平台上。例如，微信、微博、抖音等社交媒体平台成为广告主的首选渠道，用户体验将得到进一步提升。

2）新媒体将更加注重内容创新和质量提升

随着市场竞争的加剧，新媒体平台将更加注重内容创新和质量提升，以吸引更多用户。如视频内容的流行：随着移动互联网的普及和网络带宽的提升，视频内容在新媒体营销中扮演着重要角色。品牌和企业纷纷制作和推广视频内容，通过视频吸引更多用户关注。

3）新媒体将更加融合多元文化

随着全球化的发展，新媒体将更加融合多元文化，促进不同国家和地区之间的文化交流和融合。而新媒体作为信息传播的重要渠道，有着巨大的潜力来促进多元文化的交流与理解。它将不同形式的媒介结合在一起，如文字、图像、音频和视频等，以更直观、丰富和生动的方式呈现信息。通过这些多元化的表达方式，人们可以更好地了解其他文化，并且能够跨越语言和地域的限制进行交流。

4）新媒体将更加注重社会责任和可持续发展

新媒体平台将更加注重社会责任和可持续发展，积极履行企业社会责任，推动行业健康有序发展。随着消费者需求的多样化，个性化营销将成为新媒体营销的重要趋势，通过大数据技术、人工智能等技术手段，对消费者进行精准画像分析，实现个性化推荐、定制化服务等。

五、任务实施

（一）把握新媒体营销的优势

数字技术和互联网技术的快速发展催生了新媒体，利用新媒体开展企业营销成为营销市场的主流。新媒体营销与传统营销相比，具有以下六个特点。

1. 用户的自主选择性

新媒体平台上的用户具有一定的自主选择性。用户可以根据自身需求以及喜好，浏览相关内容，并将感兴趣的内容通过转发、分享等形式，传播给其他用户；也可以根据不同平台、不同用户的使用体验，选择适合自己的产品进行购买，并根据自身使用体验，决定是否对产品进行评价、如何评价、如何选择发表评价的平台等。

2. 营销成本的低廉性

企业在进行新媒体营销时，其成本可以分为平台成本和传播成本。

（1）平台成本。企业进行新媒体营销需要开通相应的新媒体账号，大部分新媒体平台都可以免费注册账号，或者只需要缴纳少量服务费用就可以注册账号。

（2）传播成本。新媒体时代，企业将营销信息通过创意包装，引起新媒体平台用户的注意，使用户产生兴趣，从而进行自发传播。当营销信息足够吸引人时，甚至可以达到用较少的成本、在较短的时间内，就可传播到更广范围的目的。

3. 营销目标的精准性

在新媒体平台上，基于大数据、云计算等技术，通过用户填写的社交资料、浏览记录、消费行为、兴趣爱好等，绘制出产品的目标人群画像，可以为其推荐感兴趣的内容，为其制定更加精准的营销策略并获得良好的投放效果。

4．企业与用户的互动性

新媒体信息的传播是双向的。一方面,企业可以借助新媒体平台开展活动,进行问答,与用户互动,甚至吸引用户参与创造内容或产品,与用户共享利润;另一方面,用户可以对营销信息进行传播、讨论、反馈,甚至参与营销的策划与改进,这样也提升了用户参与感,具有很强的互动性。

5．营销内容的创意性

新媒体的发展使得用户获取信息的渠道越来越多,用户的注意力也越来越稀缺。企业营销方式越来越同质化,只有那些具有创意、能引起用户好奇心的营销内容,才有可能在竞争激烈的营销市场中获得成功。注重强互动性的新媒体营销,鼓励用户参与内容创造,注重内容的创意性。

6．娱乐休闲功能

新媒体营销的娱乐休闲功能是其全球火爆的主要因素之一,也将为其未来发展带来更加辉煌的前景。人们在一生中经历多个阶段、扮演多种角色,面对家庭、工作、生活等方面的压力,因此具备放松身心功能的新媒体营销立即吸引了用户的关注。

（二）聚焦新媒体营销的模式

新媒体营销在传统营销模式的基础上,得益于互联网以及各类手机 App 的帮助,衍生出了许多新型的模式。常用的新媒体营销模式包括病毒营销、事件营销、口碑营销、饥饿营销、知识营销、互动营销、情感营销、会员营销、软文营销九种。

1．病毒营销

病毒营销是一种网络营销方法,常用于进行网站推广、品牌推广等。它通过提供有价值的产品或服务,利用公众的积极性和人际网络,让营销信息像病毒一样传播和扩散,营销信息被快速复制并传向数以万计、数以百万计的受众。"让大家告诉大家",通过别人为你宣传,实现"营销杠杆"的作用。病毒营销已经成为网络营销最为独特的手段,被越来越多的商家和网站成功利用。

2．事件营销

事件营销是当下非常流行的新媒体营销方式,是指企业通过策划、组织和利用具有新闻价值、社会影响以及名人效应的人物或事件,吸引媒体、社会团体和消费者的兴趣与关注,以求提高企业或产品的知名度、美誉度,树立良好品牌形象,并最终促成产品或服务销售的手段和方式。抖音就是通过事件营销迅速地占据网络份额。由于这种营销方式具有受众面广、突发性强,在短时间内能使信息达到最大、最优传播的效果,为企业节约大量的宣传成本等特点,近年来越来越成为国内外流行的一种公关传播与市场推广手段。

3．口碑营销

口碑源于传播学,由于被市场营销广泛应用,因此有了口碑营销。传统的口碑营销是指通过朋友、亲戚的相互交流将自己的产品信息或者品牌传播开来。在今天这个信息爆炸、媒体泛滥的时代里,只有制造新颖的口碑传播内容才能吸引大众的关注与议论。口碑是目标,营销是手段,产品是基石。

4. 饥饿营销

在日常生活和工作中,我们常常碰到这样一些现象,买新车要交定金排队等候,买房要先登记交诚意金,甚至买手机也要等候,还常常会看到"限量版""秒杀"等现象。在物质丰富的今天,为什么还存在大排长龙、供不应求的现象呢?大家的解释是"刚性需求"所致。商家通过大量广告促销宣传,勾起消费者的购买欲,然后采取限制供货量的手段,让用户苦苦等待,结果进一步刺激了消费者的购买欲,这就是饥饿营销。这种营销方式有利于提价销售产品或为未来大量销售奠定客户基础;还有利于品牌产生高额的附加价值,从而为品牌树立起高价值的形象。在市场竞争不充分、消费者心态不够成熟、产品综合竞争力和不可替代性较强的情况下,饥饿营销才能较好地发挥作用,否则,很可能无法达到预计销量。

5. 知识营销

知识营销是指向大众传播新的科学技术以及它们对人们生活的影响,通过科普宣传使消费者重新建立新的产品概念,进而使消费者萌发对新产品的需要,达到拓宽市场的目的。知识营销的五大作用:其一,知识营销要让用户在消费的同时学到新知识,这是做好知识营销的根本。其二,用知识来推动营销,这是知识营销的本质要求,因此我们需要提高营销活动策划中的知识含量。其三,知识营销重视和强调知识作为纽带的作用,通过对相关商品知识的延伸、宣传、介绍,让顾客知晓商品或知识营销服务的特点及优势。其四,知识营销以传播知识为媒介,以传播商品知识为公益诉求,激发顾客的购买欲望,从而达到推销商品的目的。其五,知识营销就是在营销过程中,加入商品的相关知识,提升知识含量,帮助顾客全面认识商品,刺激顾客的购买欲望,从而达到销售商品、树立品牌、开拓市场的目的。教育培训行业最常用的方式就是"知识营销"。

6. 互动营销

在互动营销中,互动的双方一方是消费者,另一方是企业。只有抓住共同利益点,找到合适的沟通时机和方法,才能将双方紧密结合起来。互动营销尤其强调双方都采取一种共同的行为。互动营销可以带来四大好处:促进客户的重复购买、有效地支撑关联销售、建立长期的客户忠诚、实现顾客利益的最大化。将互动营销作为企业营销战略的重要组成部分来考虑,将是未来许多企业的发展方向。

7. 情感营销

情感营销就是把消费者个人情感差异和需求作为企业品牌营销战略的核心,通过借助情感包装、情感促销、情感广告、情感口碑、情感设计等策略来实现企业的经营目标。

8. 会员营销

会员营销是一种基于会员管理的营销方法,商家通过将普通顾客变为会员,分析会员消费信息,挖掘顾客的后续消费力及其终身消费价值,并通过客户介绍等方式,将一个客户的价值实现最大化。会员营销通过会员积分、等级制度等多种管理办法,增加用户的黏性和活跃度,使用户生命周期持续延伸。会员营销是一门精准的营销,通过设计完整的商业环节,把每一项工作不断做到极致,达成更高指标,来实现企业效益和规模的不断放大。会员营销也是一种绑定消费者的手段,在新媒体营销里面运用得非常广泛。

9. 软文营销

软文营销这个概念是相对于硬性广告而言的,指的是通过撰写一些不太生硬的广告文案来进行营销。通常这类文章的前半部分是一些热点或者大众感兴趣的内容,标题不会出现具体的产品品牌和内容,但是文章最后会很流畅、巧妙地转到相关的广告内容。通常大众不会对此类广告有较强的抵触心理,反而还会因为触击内心的文案而增加购买的欲望。

【课堂互动7】

请从平台定位、用户规模、直播门槛、平台优势等方面,对比以下五类直播平台特征,填写表1-8。

表1-8 直播平台初步对比

项目	拼多多直播	快手直播	微信小程序	虎牙	小红书直播
平台定位					
用户规模					
直播门槛					
平台优势					

六、任务工单(作业)

请在表1-9中进行新媒体营销平台对比分析。

表1-9 新媒体营销平台对比分析

任务名称	新媒体营销平台对比分析		
任务目的	通过对比新媒体营销和传统媒体营销两种模式,进一步理解两种模式各自的优缺点。通过对比新媒体营销的几个典型平台,了解各平台的特点及营销形式		
任务内容	尽管新媒体营销有着无可比拟的优势,但其也存在一些劣势。同理,传统媒体营销也有一些新媒体营销所不具有的优势。在对比新媒体营销典型平台时,可以从各平台的内容属性和传播特点、商家与消费者之间的互动特点等方面入手,归纳出各平台的特点		
第( )组	姓名		
	班级		
	学号		
任务实操	1. 从媒体定位、传播目的、传播者、受众、媒体形式、特点、优势、劣势八个方面,对比传统媒体营销和新媒体营销两种模式各自的优缺点,将对比结论填入下表中。 | 项目	传统媒体营销	新媒体营销
---	---	---
媒体定位		
传播目的		
传播者		
受众		
媒体形式		
特点		
优势		
劣势					

续表

任务实操	2.对比新媒体营销的几个典型平台,了解各平台的特点及营销形式。将对比结论填入下表中。

平台名称	平台类型	特点	用户画像	引流
微信小程序				
抖音				
爱奇艺				
哔哩哔哩				
小红书				
拼多多				
今日头条				

七、能力评价

在本次任务完成后,由任课教师主导,采用学习过程评价与学习结果评价相结合,综合运用自我评价、小组评价及教师评价三种方式,由教师确定三种评价方式分别占总成绩的比例,并加权计算出学生个人本次任务的考核评价分,详见表1-10。

表1-10　任务完成能力考核评价表

项目名称	认识新媒体与新媒体营销	任务名称	分析新媒体营销策略与方法
班级		学生姓名	
评价方式	评价内容	分值	成　绩
自我评价	任务工单的完成情况	60	
	对知识和技能的掌握程度	20	
	我胜任了小组的工作	20	
	合　　计		
小组评价	本小组的本次任务完成质量	30	
	个人本次任务完成质量	30	
	个人参与小组活动的态度	20	
	个人的合作精神和沟通能力	20	
	合　　计		
教师评价	个人所在小组的任务完成质量	30	
	个人本次任务完成质量	30	
	个人对所在小组的参与度	20	
	个人对本次任务的贡献度	20	
	合　　计		
总评＝自我评价(　　)×20％＋小组评价(　　)×30％＋教师评价(　　)×50％＝			

任务三 建立新媒体营销思维

一、任务简介

目前,新媒体营销已经广泛应用于各个领域。作为企业或公司的一员,我们都应该深刻理解新媒体营销思维在企业经营中的重要性。本任务将引导大家了解新媒体营销思维的内涵,深入了解其创新性,熟悉主要的新媒体营销思维,并能运用新媒体营销思维指导营销实践。

二、任务准备

在网络上搜索两件著名的新媒体营销事件,了解当事人分别运用了哪些新媒体营销思维;访问小红书、知乎,搜集五个经典运用新媒体营销思维的案例。

扫码阅读:
"五一"你去淄博
吃烧烤了吗?

三、任务实施路径

查找、收集、整理资料,明确新媒体营销思维的优势(30分钟)

认真听教师讲解分析案例,明确运用新媒体营销思维的实践步骤及内容(60分钟)

查阅资料,进行课堂互动,建立新媒体营销思维(90分钟)

四、知识链接

(一)具备新媒体营销思维的重要性

在当今数字化时代,建立新媒体营销思维对于企业的成功至关重要。随着互联网和社交媒体的迅猛发展,传统的营销方式已经不再足够有效。因此,企业需要转变思维,并利用新媒体平台来推广产品和服务。

建立新媒体营销思维意味着将传统的市场营销观念与现代技术相结合。这种思维方式注重与消费者进行互动,并通过多种渠道传播信息。通过新媒体平台,企业可以更直接地与目标受众沟通,并了解他们的需求和反馈。同时,新媒体还提供了更多样化的营销工具,如社交媒体广告、内容营销、搜索引擎优化等,帮助企业更好地推广品牌。

在建立新媒体营销思维时,首先需要明确目标受众是谁。通过分析目标受众的特征和喜好,企业可以有针对性地制定营销策略,并选择适合的新媒体平台。例如,如果目标受众主要是年轻人,则可以选择在微信、微博等社交媒体上开展活动。而如果目标受众是商务人士,则可以通过 LinkedIn 等专业平台进行推广。其次,建立新媒体营销思维还需要关注内容的质量和创意。在互联网时代,消费者对于信息的获取已经变得更加容易,他们更加注重内容的价值性和独特性。因此,企业需要不断提供优质的内容来吸引目标受众,并与他们建立良好的互动关系。通过发布有趣、实用、具有情感共鸣的内容,企业可以增强品牌形象,并赢得消费者的信任和忠诚度。最后,建立新媒体营销思维还需要不断学习和创新。由于新媒体平台和技术的更新速度很快,企业必须紧跟潮流并及时调整策略。同时,企业也应该关注竞争对手的行动,并从他们的成功或失败中吸取经验教训。

1. 用户互动

用户互动是新媒体营销成功的关键所在。传统广告模式中企业是单向发布信息给用户,而在新媒体时代,用户更加注重参与和互动。因此,企业需要积极主动地与用户进行互动,了解他们的需求和反馈。可以通过社交媒体平台开展问答环节、举办线上活动等方式来增加用户参与度,提高品牌知名度。

2. 内容创造

内容创造是新媒体营销的核心。在新媒体时代,内容为王已经成为共识。企业需要创造有趣、有价值的内容来吸引用户的关注。这些内容可以是文章、图片、视频等形式,但必须符合用户的兴趣和需求。好的内容能够引起用户的共鸣,并且被分享和传播,从而扩大品牌影响力。

3. 精准定位

精准定位是新媒体营销不可或缺的一环。在海量信息中找到目标受众并向他们传递正确的信息是至关重要的。通过分析大数据和用户行为,企业可以更好地了解目标受众的特点和喜好,并根据这些信息制定相应的营销策略。精准定位能够提高广告投放效果,降低成本,并且增加转化率。

在新媒体时代建立新媒体营销思维是企业成功的关键所在。通过与用户互动、内容创造和精准定位,企业可以更好地利用新媒体渠道推广产品和服务,吸引潜在客户的关注,并最终实现营销目标。

(二)掌握新媒体营销思维

在新媒体营销中,新媒体营销思维对营销实践起着重要的指导作用,新媒体营销思维主要包括碎片化思维、用户思维、免费思维、社群思维、产品思维、大数据思维、流量思维和复盘思维。

1. 碎片化思维

碎片化是新媒体营销的重要特征之一,因此进行新媒体营销首先必须具备碎片化思维。所谓碎片化思维,是指将各种整体信息分割成信息碎片,利用用户的碎片化时间为其提供各种有价值的信息,满足用户需求。

碎片化思维的核心是时间的碎片化(或称碎片化时间)。碎片化时间不仅影响人们的日常生活,还在更深的层次上影响人们的消费行为和习惯。在互联网时代,碎片化时间已经成了消费的黄金窗口,人们的很多消费都是在碎片化时间内进行的。与以往集中式的消费行为不同,这种碎片化的消费虽然行为碎片化了,但暗藏的消费力却丝毫没有弱化,反而呈现出多样化、个性化的趋势,这会间接促进企业更好地做好营销工作。不过消费行为的改变,也为企业营销带来了难题,企业越来越不知道怎么策划营销活动、怎么分配营销推广费用、怎么控制营销效果及投入产出了。

2. 用户思维

微信自面世以来,仅用了短短几年便发展成为国内最热门、使用人数最多的移动应用之一。之所以能取得这样的成就,最根本的原因在于它的用户思维。微信的用户思维体现在对社交属性的注重上。从社交属性出发,微信在功能设置和载体上力争与用户需求达成最大限度的结合。用户利用微信提供的不同功能可以实现点对点、点对面、面对面的多维社交,构建全方位、立体化的社交网络。

这种多维社交集中体现在微信朋友圈。微信朋友圈是微信社交属性的集中体现,契合了人们对沟通和交流的渴望。它在某种程度上实现了现实中强关系的平行转移,增大了弱关系之间联系的可能性。在快节奏的现代社会,微信朋友圈增强了人与人交往的黏性。

3. 免费思维

免费是新媒体营销的"撒手锏",如网易有免费邮箱,百度为用户提供免费搜索业务,腾讯免费为网友提供 QQ、微信平台,淘宝甚至将免费模式应用到商家的营销和推广中。在移动互联网时代,免费是一把威力巨大的"重武器",现在几乎所有的移动互联网营销都在使用"免费"这一招。

移动互联网时代的企业都在借助免费模式开疆拓土。有人说,如果管理的极致是"无为而治",那么营销的极致就是免费。免费对企业、商家而言,可以扩大宣传;对用户来说,收获的不仅有免费的商品或服务,还有其背后带来的美好心理感受和精神体验。企业、商家免费的目的不是单纯地提供免费产品或服务,而是要通过这些免费产品或服务来吸引用户、培养用户。

通过上面的介绍不难看出,免费只是企业、商家营销推广的工具,表面上是为了吸引用户、增加用户数量,其本质(或者最终目的)还是通过免费来提升用户的消费兴趣,激发用户的消费欲望,进而带动收费,最终实现盈利。

4. 社群思维

随着新媒体营销的兴起,社群越来越受到各方的重视。与此同时,社群本身也呈现出一些新的特征,如功能定位从以往单纯的社交平台向"社交+商业"两栖综合体转变;信息交互方式由单向传播向双向互动转变;内容由商家直接提供转变为以用户需求为主,这些新特征使企业开始注重利用社群营销。

目前的社群主要分为两种,一种是产品型社群,另一种是兴趣型社群。产品型社群以小米社区等为代表,源于用户对产品的喜爱,组织形式包括线上和线下两种,商业变现能力比较强;而兴趣型社群更为常见,如驴友论坛、花艺吧等,这种跨地域、以兴趣爱好为纽带的社群黏度比较弱,商业变现的能力也比较弱。

基于社群的便捷性,用户更容易做出对商品或服务质量的动态评估,形成消费黏性和信任。用户已经从广播、电视、报纸迁移到互联网,从 PC 互联网迁移到移动互联网,从门户网站迁移到社群。对于企业营销而言,这既是一个巨大的挑战,也是一个千载难逢的机会。

5. 产品思维

谈到产品思维,就不得不谈到用户。对于一个产品而言,用户的需求是产品存在的主要价值,产品的其他价值是在满足用户需求的基础上产生的附加价值。产品思维需要将问题梳理成以下几个部分。

(1) 想解决什么痛点,达到什么目的。

(2) 产品的用户是谁,会受到什么样的影响。

(3) 目前的资源和限制,如时间、金钱、其他。

(4) 怎样做才能帮助自身和用户达到目标。

6. 大数据思维

互联网的快速发展带来了大数据。利用互联网技术,企业可以搜集、积累各种数据,从而服务于用户,服务于市场。信息时代,"数据"为王,对于企业而言,谁掌握了海量数据,谁就拥有了竞争主动权,谁就可以获得高额收益。运用大数据思维来思考问题、处理问题,已经成了当下企业最常用的运营思维。

大数据反过来驱动各类移动互联网应用的加速演进。在可以预见的未来,互联网的下一个目标将是通过对大数据的充分挖掘创建更多新应用,催生更多新业态,为人们带来更多便利和惊喜。

7. 流量思维

在互联网领域,拼的就是流量,有流量就会有用户,进而就能开始流量变现。在新媒体的运营过程中,很多人一直采用的都是流量思维,拥有流量思维,能够敏锐地捕捉到流量红利的机会,往往就能实现弯道超车。培养流量思维可从以下 3 点出发。

(1) 多看爆款,多看热榜。

(2) 尝试做爆款拆解,找出规律。

(3) 对一个热点从不同角度和层面进行发散。

8. 复盘思维

复盘思维的本质是"回头看",从过往的工作中总结出经验,不断地和自己的"内心对话"。很多时候我们做完一件事只在乎结果,这其实并不准确,除了结果,我们更应该关注产生这个结果的原因,下次再做的时候就可以避坑。

完成一次复盘的步骤如下。

(1) 回顾目标(数据、目的是什么)。

(2) 评估结果(是否达成? 客观描述执行过程中的问题)。

(3) 分析原因(过程中发生了什么,包括主观和客观)。

(4) 总结经验(收获了什么经验教训)。

(5) 下一步行动(如何避免/坚持)。

五、任务实施

(一)解读新媒体营销思维的优势

1. 通过多屏整合,实现跨界营销,打造多元化的新媒体营销平台

互联网技术和数字媒体技术的出现使得各个传播渠道之间的界限模糊化。新媒体营销要求企业能够系统化地思考整个营销过程,不能仅局限于新媒体本身。在多屏整合上,必须要做到各种媒体之间的对接实现无缝化,以及将传播过程中的协同联动融入现实生活中去。企业也可以用相同的渠道以更加方便和专业的方式获取消费者信息,从而能够以相比过去更加精准而有效的方式将本企业产品的信息传达给受众,投其所好,保持良好互动,做好积极沟通。如何选择有效的媒体是门艺术,企业需根据自己产品的气质和特色选择适合的渠道和媒介,要充分利用各种媒体渠道打好组合拳,多元、有主次地传播。

2. 充分洞察消费者行为

洞察消费者行为是企业做好新媒体营销的起点。所谓消费者洞察,是指企业从深层次挖掘消费者的潜在需求和新需求,研究消费者在心理方面对产品和品牌的认知与态度,以及其消费行为、购买倾向和消费经验。消费者洞察是不断进行的研究过程,需要对消费者购买、重复购买、停止购买企业产品或服务的原因进行跟踪研究。消费者洞察关注更多的是群体行为,而不是个体现象。企业通过消费者洞察一方面可以充分了解消费者需求,另一方面又可以洞悉市场变化。

3. 创新营销内容,挖掘深层价值

新颖的营销内容能够引起社会和用户的广泛关注,能够引起讨论和传播。想要创新和丰富营销内容,企业需要找到一个能够真正触动消费者神经的点,企业通过这些内容能够引起消费者广泛的兴趣,使得消费者渴望认识企业、承认企业并尊重企业。同时,企业及其产品若是得到了消费者的认可,消费者便会积极地进行评价,同时会向周围人传播这些信息内容,或者通过社交媒体平台,积极与企业进行互动沟通,参与到企业的营销过程中来。营销内容的创新需要将消费者放在第一位,传播的内容要有趣和有营养,深入发掘更深层次的价值,这样才能为企业和用户创造新的价值。

4. 新媒体营销内容碎片化

在新媒体营销时代,便捷的移动终端已经让我们实现了随时随地浏览各种信息,新媒体营销信息内容进一步碎片化发展,但每一条碎片化的新媒体营销信息都暗藏着消费者的个性化需求。新媒体营销碎片化思维是互联网带来的全新思维理念,它不仅要求新媒体营销负责人具备在碎片化的时间里进行集中思考的能力,还需要利用碎片化的时间去深刻地影响用户决策;它意味着企业或品牌必须将完整、系统的品牌认知和新媒体营销信息转化成碎片化的信息,进行新媒体营销传播和新媒体营销广告植入,还要能够在用户的印象中重新组合起来。用户时间的"碎片化"只是表象,其实质是消费的"场景化"。短平快、具有娱乐性的内容易获得传播,新媒体内容的写法要适合移动化阅读的特点:碎片化、轻阅读、强交互。

5. 新媒体营销价值观与商业价值的平衡

新媒体经营者需要深刻理解新媒体影响力重塑的本质。标题党只能一时吸引观众的眼球,新媒体变的只是信息的承载介质和传播手段,而其核心法则什么时候都不能变。新媒体的核心法则是,通过正当创新,在不违背媒体主流价值观的情况下,实现自己的商业价值。新媒体如何找到主流价值观与商业利益的平衡是一个长期话题。

6. 新媒体营销由重内容转向重渠道

营销人的策划能力将取代资本,成为新媒体营销成败的关键。例如,巧借话题控制媒体信息流,通过巧妙的话题策划,吸引自媒体来关注并主动传播,再通过系列爆料等引爆社会

化媒体,从而引导舆论走向或扩散传播等,将"声量"无限量放大,这需要操盘者具备复杂而高明的营销能力。

(二)运用新媒体营销思维进行营销实践

运用新媒体营销思维进行营销实践,是当今企业在数字化时代中不可或缺的一部分。随着互联网和移动通信技术的迅猛发展,传统的市场营销方式已经无法满足消费者个性化需求和多样化渠道的挑战。因此,借助新媒体平台来开展营销活动,成为企业获取更多目标客户、提高品牌知名度和促进销售增长的重要手段。

1. 实践步骤

1)明确市场定位和目标受众

在进行新媒体营销实践之前,企业需要明确自身的市场定位和目标受众。只有准确定位自己所处的行业、竞争对手以及目标客户群体,才能更好地制定相应的营销策略和选择适合的新媒体平台。

2)选择适合的新媒体平台

在选择新媒体平台时,企业需要根据自身产品特点和目标受众的喜好来决定。例如,如果企业面向年轻人群体,可以选择微信、微博等社交媒体平台进行宣传推广;如果企业面向专业人士或 B2B 市场,则可以选择 LinkedIn、知乎等专业领域的平台。接下来,在进行具体的营销活动时,企业需要结合新媒体平台的特点和用户行为习惯来制定相应的内容策略。内容质量和创意对于吸引用户关注和提升品牌形象至关重要。此外,还可以通过与网红、关键意见领袖(key opinion leader,KOL)等合作,增加营销活动的曝光度和影响力。

3)创新内容营销

根据目标受众的特点和需求,企业需要创作具有吸引力和价值的内容,包括文字、图片、视频、音频等多种形式,吸引目标受众的关注和兴趣。

4)制定营销策略

根据目标受众的特点和需求,企业需要制定相应的营销策略,包括品牌定位、产品特点、竞争优势、营销渠道、推广手段等,确保营销活动的针对性和有效性。

5)建立品牌形象

通过新媒体平台,企业需要建立品牌形象,包括品牌名称、标识、口号等,加强品牌识别度和认知度。

6)互动与沟通

通过新媒体平台,企业需要与目标受众进行互动和沟通,及时回应用户反馈和需求,提高用户参与度和忠诚度。

7)监测和分析数据

在进行新媒体营销实践时,企业需要不断监测和分析数据,以便及时调整策略并优化效果。通过对用户行为、转化率、互动情况等数据进行分析,企业可以了解用户需求和偏好,从而更好地满足他们的期望。

总之,运用新媒体营销思维进行营销实践已经成为现代企业发展的必然选择。通过明确市场定位、选择适合的新媒体平台、制定内容策略以及不断优化效果,企业可以在激烈竞争中脱颖而出,并实现品牌价值最大化和市场份额增长。

2. 实践方法

请在表 1-11 中了解新媒体营销的实践方法与内容。

表 1-11 实践方法与内容

实践方法	实 践 内 容
制订新媒体营销计划	明确新媒体营销的目标、策略、预算、时间表等,确保营销活动的有序进行
建立新媒体营销团队	组建具备新媒体思维和技能的专业团队,包括内容创作、设计、推广、数据分析等人员,确保营销活动的专业性和有效性
运用多元化的营销手段	营销手段包括社交媒体营销、内容营销、搜索引擎优化、广告投放等,根据实际情况选择合适的营销手段,实现多元化营销
创新营销策略	不断尝试新的营销手段和方法,如短视频、直播、AR/VR 等,提高营销活动的吸引力和效果
加强用户参与和互动	通过活动、话题、投票等方式,吸引用户参与和互动,提高用户参与度和忠诚度
注重数据分析和优化	通过数据分析和监测,了解营销活动的效果和用户反馈,及时调整和优化营销策略,提高营销效果和用户满意度。
与其他品牌或合作伙伴进行合作	通过跨界合作、联合推广等方式,扩大品牌影响力和市场份额
培养品牌忠实粉丝	通过优质内容和互动体验,培养忠实粉丝群体,提高品牌口碑和用户黏性
持续跟进市场变化和用户需求	不断关注市场变化和用户需求的变化,及时调整和优化营销策略,保持竞争优势
定期评估营销效果	定期评估营销活动的成果和效果,总结经验教训,持续改进和提高营销效果

六、任务工单(作业)

请在表 1-12 中分析企业新媒体营销思维的运用。

表 1-12 企业新媒体营销思维的运用

任务名称	分析企业新媒体营销思维的运用					
任务目的	通过查阅资料,进行企业新媒体运营策略分析,掌握新媒体营销思维					
任务内容	1. 学生小组通过查阅资料,进行企业新媒体运营策略分析。 2. 确定新媒体营销思维,对照所学知识,梳理其特点、优势。 3. 总结企业案例要点					
第( )组	姓名					
	班级					
	学号					

续表

<table>
<tr><td rowspan="9">任务实操</td><td>营销思维</td><td>优势分析</td><td>企业案例</td></tr>
<tr><td>碎片化思维</td><td></td><td></td></tr>
<tr><td>用户思维</td><td></td><td></td></tr>
<tr><td>免费思维</td><td></td><td></td></tr>
<tr><td>社群思维</td><td></td><td></td></tr>
<tr><td>产品思维</td><td></td><td></td></tr>
<tr><td>大数据思维</td><td></td><td></td></tr>
<tr><td>流量思维</td><td></td><td></td></tr>
<tr><td>复盘思维</td><td></td><td></td></tr>
</table>

七、能力评价

在本次任务完成后，由任课教师主导，采用学习过程评价与学习结果评价相结合，综合运用自我评价、小组评价及教师评价三种方式，由教师确定三种评价方式分别占总成绩的比例，并加权计算出学生个人本次任务的考核评价分。详见表1-13。

表1-13 任务完成能力考核评价表

<table>
<tr><td>项目名称</td><td>认识新媒体与新媒体营销</td><td>任务名称</td><td>建立新媒体营销思维</td></tr>
<tr><td>班级</td><td></td><td>学生姓名</td><td></td></tr>
<tr><td>评价方式</td><td>评价内容</td><td>分值</td><td>成　绩</td></tr>
<tr><td rowspan="4">自我评价</td><td>任务工单的完成情况</td><td>60</td><td></td></tr>
<tr><td>对知识和技能的掌握程度</td><td>20</td><td></td></tr>
<tr><td>我胜任了小组的工作</td><td>20</td><td></td></tr>
<tr><td colspan="2">合　计</td><td></td></tr>
<tr><td rowspan="5">小组评价</td><td>本小组的本次任务完成质量</td><td>30</td><td></td></tr>
<tr><td>个人本次任务完成质量</td><td>30</td><td></td></tr>
<tr><td>个人参与小组活动的态度</td><td>20</td><td></td></tr>
<tr><td>个人的合作精神和沟通能力</td><td>20</td><td></td></tr>
<tr><td colspan="2">合　计</td><td></td></tr>
<tr><td rowspan="5">教师评价</td><td>个人所在小组的任务完成质量</td><td>30</td><td></td></tr>
<tr><td>个人本次任务完成质量</td><td>30</td><td></td></tr>
<tr><td>个人对所在小组的参与度</td><td>20</td><td></td></tr>
<tr><td>个人对本次任务的贡献度</td><td>20</td><td></td></tr>
<tr><td colspan="2">合　计</td><td></td></tr>
<tr><td colspan="4">总评＝自我评价(　)×20%＋小组评价(　)×30%＋教师评价(　)×50%＝</td></tr>
</table>

项目二

提升新媒体营销团队素养

项目名称	提升新媒体营销团队素养
项目概况	在移动互联网时代,新媒体营销凭借整合性强、交互性强、多媒体手段丰富、成本低等特点,吸引年轻受众。目前新媒体营销已成为企业不可或缺的营销方式和手段,善于使用新媒体营销方法和工具开展新媒体营销活动的人也成为职场上炙手可热的人才。 　　本项目通过新媒体营销团队的组建、新媒体营销人员基本素质培养、新媒体营销人员基本技能培养等三个任务的学习,培养和提升学生的新媒体营销职业素养。 　　通过三个任务的学习,了解新媒体营销的岗位职责和能力要求,能够举一反三,充分了解新媒体营销相关岗位的职业操守,践行知行合一的理念,掌握新媒体营销岗位所需的技能,提升新媒体营销团队素养,达到"1＋X"网络直播运营职业技能等级证书的中高级部分内容和互联网营销师的中级部分能力标准
思维导图	提升新媒体营销团队素养 新媒体营销团队的组建 　知识链接 ── 新媒体运营团队的组成 　　　　　　── 新媒体运营团队的考核 　任务实施 ── 新媒体营销职业发展路径 　　　　　　── 新媒体营销团队运营流程 新媒体营销人员基本素质培养 　知识链接 ── 理解新媒体营销岗位职业道德 　　　　　　── 掌握新媒体营销岗位素质要求 　任务实施 ── 新媒体营销岗位工作职责界定 　　　　　　── 新媒体营销岗位职业素养养成 新媒体营销人员基本技能培养 　知识链接 ── 图片处理工具 　　　　　　── 视频处理工具 　　　　　　── 存储工具 　　　　　　── 微场景工具 　　　　　　── 数据采集工具 　　　　　　── SEO工具 　　　　　　── 二维码生成器 　　　　　　── 电子书工具 　　　　　　── 流量平台 　　　　　　── 运营助手 　　　　　　── 排版工具 　任务实施 ── 新媒体运营经理(主管)岗位技能要求 　　　　　　── 文案编辑岗位技能要求 　　　　　　── 策划岗位技能要求 　　　　　　── 视觉设计岗位技能要求 　　　　　　── 视频编辑岗位技能要求 　　　　　　── 主播岗位技能要求

续表

学习目标	知识目标	1. 明确新媒体营销团队的岗位人才需求。 2. 掌握新媒体营销职业岗位职责。 3. 掌握新媒体营销职业岗位所需的技能。 4. 掌握新媒体营销职业道德
	能力目标	1. 培养团队合作精神。 2. 培养新媒体从业者遵纪守法、规范经营的法治意识。 3. 培养运营团队分析问题、解决问题的能力
	素养目标	1. 利用新媒体讲好家乡故事,助力乡村振兴。 2. 培养"经世济民"的家国情怀和职业品格。 3. 树立对建设数字中国、科技强国、网络强国的信心和责任,培养深厚的中华民族自豪感
项目组织	教学安排	1. 项目目标和介绍:在课程开始前,明确课程的目标和重要性,对提升新媒体营销团队素养项目进行详细介绍。 2. 理论知识学习:通过视频教学、讲座、课堂互动等形式,了解新媒体营销团队的岗位人才需求并掌握新媒体营销职业岗位职业道德、岗位职责、岗位技能。 3. 实操演练:通过教师演示、作业布置等方式,引导学生开展并掌握新媒体营销技能的实操练习。 4. 案例分析:深入分析新媒体营销岗位需求、成功案例和失败案例,让学生能够了解岗位责任及要求。 5. 实践项目:引导学生开展实践项目,锻炼营销能力和解决问题的能力。 6. 教学评估:通过作业、考试、项目报告等方式,对学生的学习成果进行评估和反馈
	教学组织	1. 学习小组:根据班级规模和学生人数,组织学生形成小组,进行讨论、合作和互助学习。 2. 互动交流:通过线上或线下的讨论区、微信群等方式,教师与学生进行及时的互动交流,解答问题和提供指导。 3. 实践辅导:教师根据学生的实践项目情况,进行指导和辅导,给予实质性的帮助和意见。 4. 项目布置和批改:教师布置新媒体营销团队建设实训项目,要求学生完成项目,并及时批改和点评,给予学生反馈和建议
	教学成果	1. 通过企业调研、收集资料,编制一份新媒体营销岗位群说明书。 2. 通过学习,能够设计新媒体营销团队组织结构,并能够绘制组织结构图

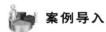 **案例导入**

2020 年 7 月,艾瑞咨询联合微梦传媒发布《2020 年中国新媒体营销策略白皮书》。该报告重点围绕新媒体营销产业链角色方和各新媒体平台营销策略展开分析,进一步发掘新媒体营销的价值。

1. 新媒体营销范畴界定

新媒体营销是指以广告主、营销服务商、MCN、KOL 和新媒体平台等为主要产业链角色方共同支撑运作的(图 2-1),以 KOL 为主体,在社交平台、内容平台、短视频平台等新媒体平台上所开展的内容化营销活动。

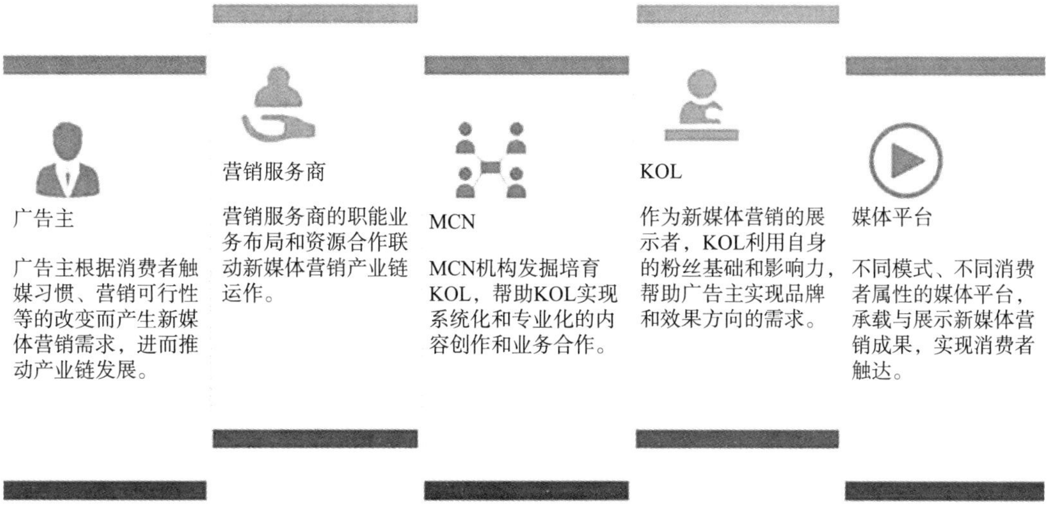

广告主
广告主根据消费者触媒习惯、营销可行性等的改变而产生新媒体营销需求，进而推动产业链发展。

营销服务商
营销服务商的职能业务布局和资源合作联动新媒体营销产业链运作。

MCN
MCN机构发掘培育KOL，帮助KOL实现系统化和专业化的内容创作和业务合作。

KOL
作为新媒体营销的展示者，KOL利用自身的粉丝基础和影响力，帮助广告主实现品牌和效果方向的需求。

媒体平台
不同模式、不同消费者属性的媒体平台，承载与展示新媒体营销成果，实现消费者触达。

图 2-1 新媒体营销主要产业链角色

案例来源：艾瑞咨询、微梦传媒。

2. 新媒体所处的环境概述

2020 年新型冠状病毒感染的出现，使得消费者的注意力和时间更多地向线上倾斜，广告主也以此为风向标，将营销预算与投入更多地分配给线上渠道。在内容形式和营销方法上更具多样性与优势的新媒体营销，进一步凸显能够借此吸引更多用户及其注意力的价值。新媒体营销市场中的营销服务商、新媒体平台等角色方的发展态势可观，共同为新媒体营销产业的发展创造出良好环境。

任务一　新媒体营销团队的组建

一、任务简介

成功的新媒体运营离不开团队的支持，如何搭建一支充满战斗力的高效团队，需要对运营团队的各个岗位有深刻的理解。团队成员的招募与岗位职责敲定可以采用任务倒推的方式：设定阶段任务目标，拆解关键节点，据此得到岗位职责画像匹配。

二、任务准备

登录智联招聘网站，以"新媒体"为关键词进行搜索：首先，查询近一个月新媒体行业相关岗位，对数据进行统计分析，了解它们都集中在哪些岗位、地区、行业等，并找出其中的规律；其次，收集这些招聘岗位的岗位需求，分析哪些要求是高度集中的，有哪些要求是不同的。

三、任务实施路径

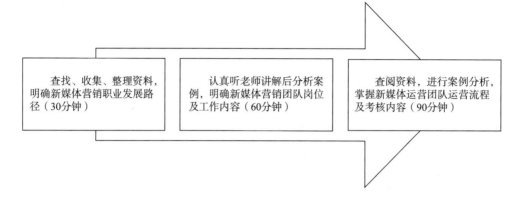

四、知识链接

（一）新媒体运营团队的组成

新媒体运营团队的组成人员包括新媒体营销经理、文案专员、美编专员、运营专员、渠道经理(BD拓展)，他们都需要掌握新媒体营销方法，掌握管理学、营销学、心理学、社会学等知识，需要拥有丰富的行业经验。

1. 新媒体营销经理岗位职责和工作内容

（1）负责团队的管理工作。新媒体营销经理有全面主持新媒体营销工作的指挥、协调、监督及管理的权力，并承担执行公司规程及工作指令的义务。

（2）新媒体营销计划的制订者。新媒体营销经理要有"互联网信仰"，最好是重度使用者，制订新媒体推广计划，执行力强。

（3）新媒体营销实施的统筹者。新媒体营销经理需要熟悉新媒体平台，包括微博、微信等，具备丰富的运营经验，成功运营过微博草根号或微信公众号，还应具备一定的实战经验，参与过论坛交流、微博互动和微信推广。面对热点事件时能做出准确分析判断，善于抓住机遇，同时具备自嘲精神。

（4）新媒体营销实施效果的分析者。挖掘和分析微信用户需求，收集用户反馈，分析用户行为及需求，即时掌握当下热门话题；提高粉丝活跃度，与粉丝做好互动，对粉丝的网络行为进行分析与总结；监控推广效果和数据分析，对推广效果进行评估改进。

2. 文案专员岗位职责和工作内容

调研各大公司新媒体文案专员的相关岗位，其主要职责是新媒体渠道的内容策划及写作、企业各阶段营销活动的策划与推广、热点事件的营销跟进、评估工作效果及其他文案工作。

（1）企业产品的卖点梳理和客户沟通。深入了解行业、项目产品，梳理并包装品牌卖点，同时与用户实现有效沟通，具备和客户方执行团队以及各类合作方的沟通、协调、管理能力。

（2）新媒体渠道的内容策划及写作。新媒体文案应根据企业的品牌和产品撰写对应的宣传文案，负责抖音、微信社区等新媒体平台文案质量把控，制定内容推送及投放策略，根据企业的品牌和产品撰写对应的宣传文案，以及在不同的新媒体渠道上，如微信公众号、新浪微博、社群等，推出并发布各种形式的文案内容，如图文、视频、语音等。

（3）企业各阶段营销活动的策划及推广。新媒体文案应根据企业需要以及节假日这些待定事件策划相应的营销活动，并落实推广。例如，企业发布新产品，需要策划一系列新品发布活动，包括采用何种形式的活动及文案，吸引目标人群的注意，以达到新品发布的最佳效果。

（4）热点事件的营销跟进。新媒体文案应根据社会时事热点，有选择地跟进，达到企业的宣传目的。

（5）评估工作效果。无论是文案内容的投放发布，还是活动策划的落地，新媒体文案在执行后均需收集相关数据，评估内容的投放发布，并对往期工作内容提出相关的优化建议，以便后期进一步参考及工作改进。例如，微信公众号推送一条图文消息后，需要统计阅读人数、转发人数，并与往期数据进行对比，评估效果，并检讨标题及文案内容品质。

3. 美编专员岗位职责和工作内容

（1）美编专员负责微博、微信、朋友圈、官网等新媒体及线上宣传相关的美术编辑，负责文案策划及推广，提高粉丝关注度及活跃度。因此，需要熟练使用 Dreamweaver、Photoshop、CorelDRAW 等设计软件，熟悉 InDesign 等编排软件。

（2）美编专员负责撰写品牌宣传文案，使宣传多样化、品牌化。因此，需要熟练制作 H5 海报及短视频。

（3）美编专员负责活动文案的新媒体编辑和运营，提高访问量和用户黏性，提高品牌影响力，因此，要熟悉移动互联网使用人群的特点及行为习惯，具有微信运营经验，具有活动策划及较强的营销方案撰写能力。

（4）具备时尚敏感度，热爱学习，对市场有独到的见解，对潮流趋势有一定的分析能力。

（5）热爱本职工作，工作细心、责任心强；具有较强的理解能力、领悟能力、工作协调能力和创造力；具有良好的职业操守，细致、耐心、谨慎、踏实、稳重；人际沟通、协调能力强，具有良好的团队合作意识。

4. 运营专员岗位职责和工作内容

新媒体运营专员主要负责企业新媒体项目的运营及新媒体团队的建设，统筹线上新媒体整体运营工作，包括媒体号运营，宣传视频制作，引流方案制定，各类活动策划、线上用户运维，实现端内与端外贯通、粉丝及客户数增长等。其岗位要求如下。

（1）熟悉移动互联网使用人群的特点及行为习惯，深度了解目标客户群体及用户需求，挖掘素材，捕捉实时热点，并能够有效运用资源完成内容、运营策略制定，完成业务目标，提高访问量和用户黏性，提高品牌影响力。

（2）根据上级方针，有创意地开展微博、微信等平台上的活动；负责自主网络媒介平台的开发与维护，有一定的敏感性，善于把握最佳的发布时机。吸引粉丝互动，包括操纵各官方新媒体的联合推广等。具有较强的洞察力和创新能力，能够运作官方网站、微博、微信，确保人气的提升；勤劳肯干，能够承受较大工作压力，并且能按时完成上级交代的工作事项。

执行微信、抖音等新媒体营销线上活动,实施并评估效果,对往期工作内容提出优化建议,以便后期进一步参考及工作改进。

(3)根据公司品牌策略,结合网站、微博、微信等各自的特性,寻找能引起传播的话题,吸引粉丝互动,包括操纵各官方新媒体的联合推广等。具有较强的洞察力和创新能力,具有一定的敏感性,善于把握最佳的发布时机。

(4)收集粉丝的意见和批评建议,及时反馈给相关部门负责人,了解并挖掘粉丝需求,掌握行业内的最新资讯,提供有质量的内容,具有较强的规划、分析能力和创新意识,对待产品和数据敏锐,思维清晰有条理。

(5)定期收集整理运营数据并反馈给相关部门负责人,具备良好的数据分析能力、语言及文字表达能力、跨团队协作能力。

(6)注重团队合作,善于沟通,富有创意,有服务精神,具备良好的职业素质和敬业精神。

5. 带货主播岗位职责和工作内容

带货主播主要在抖音直播、淘宝直播等平台进行产品销售,统筹负责产品知识讲解,对产品进行使用介绍与推荐,调动直播间氛围,与粉丝保持互动,引导观众关注和完成购买流程。其岗位要求如下。

(1)负责公司抖音、点淘等电商平台的日常直播,维护频道健康秩序。

(2)活跃直播间气氛,吸引进入直播间用户的注意力。

(3)熟练介绍产品特性及卖点,及时解答用户疑问。

(4)引导用户并促进成交。

(5)配合公司需求,录制展示产品特色的小视频。

(二)新媒体运营团队的考核

1. 设定明确的目标和指标

为团队设定明确、可衡量的目标和指标,如 KPI(key performance indicator 的缩写)即关键绩效指标,包括阅读量、转发数、新增关注、取消关注、净增关注、回复数、点击率、转化率等。这些指标可以帮助团队了解其工作效果,并为其提供改进方向。

2. 制订运营计划

根据目标制订详细的运营计划,包括内容发布、社交媒体营销、用户互动等。确保计划具有可执行性,并能够跟踪进度。

3. 建立团队沟通机制

建立有效的沟通渠道,确保团队成员之间的信息共享和协作。定期召开团队会议,分享成功案例、反馈和改进建议。

4. 制定考核标准

为团队成员制定明确的考核标准,包括工作质量、工作效率、客户满意度等。根据考核结果进行奖励或惩罚,以激励团队成员努力工作。

5. 关注用户反馈

密切关注用户反馈,了解他们对团队工作的评价和建议。根据反馈调整运营策略,以满足用户需求并提高服务质量。

6. 不断学习和改进

鼓励团队成员不断学习新知识,关注行业动态,以保持其专业素养。根据团队表现和用户反馈不断改进工作流程和方法,以提高团队整体水平。

7. 培养团队合作精神

强调团队合作精神,鼓励成员相互支持、协作共赢。为团队成员提供培训和发展机会,以增强其凝聚力和向心力。

8. 定期评估和调整

定期评估团队的运营效果和目标完成情况,通过完成 KPI 的奖励,给运营者客观刺激、主观动力。合理的 KPI 会成为运营的指路灯,让运营者有明确的方向。根据评估结果进行调整和优化。确保团队始终保持最佳状态,以实现长期稳定的发展。

总之,新媒体运营团队的考核与运营需要关注多个方面,包括目标设定、计划制订、沟通机制、考核标准、用户反馈、学习改进以及团队合作等。通过不断优化和调整,可以确保团队的高效运作并为实现长期稳定的发展奠定坚实基础。

【课堂互动 1】

如何通过设置 KPI 增加团队氛围,调动团队积极性?你有什么建议?

例如:优化团队氛围;增加会议室,以便讨论问题时不打扰其他同事;添置投影设备,丰富沟通手段。

五、任务实施

(一)新媒体营销职业发展路径

对于一般企业的新媒体营销部门来说,新媒体运营人员在岗人数最多、需求量最大,与运营相关的岗位通常有三类,分别是新媒体运营专员、新媒体运营主管和新媒体运营总监。

1. 新媒体运营专员

不同企业对于新媒体运营专员的岗位命名各不相同。在规模较小的团队中,专员岗位一般被称为新媒体运营专员、新媒体专员、运营专员、新媒体运营助理等;在规模较大的团队中,专员岗位又被细分为内容运营专员、活动策划专员、产品策划专员、用户运营专员等,不同岗位所需的专项能力不同。

新媒体运营专员岗位所需能力见表 2-1 所示。

表 2-1　新媒体运营专员岗位能力表

岗　位	所　需　能　力
内容运营专员	账号运营、内容策划、内容选题、内容推广、内容数据等
活动运营专员	活动方案制订、活动细节策划、活动执行、活动效果分析等
产品策划专员	需求挖掘、产品内测、用户反馈、产品调优等
用户运营专员	用户分级、用户拉新、用户留存、用户促活等

2．新媒体运营主管

新媒体运营主管负责整个新媒体部门，因此必须具备提升团队效率的能力，做好评估与拆解工作。

所谓评估，即评估各项工作的意义，剔除无价值工作，将新媒体部门的重点工作放在对绩效有意义的事情上。

所谓拆解，即关注同行及互联网知名企业的最新动作，拆解其背后的方法及意义，将拆解后的优秀方法借鉴到部门工作中。

3．新媒体运营总监

新媒体运营总监作为新媒体部门的最高指挥官，其发出的指令将在一定时期内影响新媒体部门的整体工作安排。因此，新媒体运营总监应结合企业整体的市场定位，设计出独特的新媒体运营思路并落实执行。

成为新媒体运营总监后，有三个继续发展的方向。

（1）成为公司高管，作为副总经理，分管新媒体运营工作。

（2）跳槽到其他公司或其他行业，依然担任新媒体总监工作。

（3）加入创业团队，担任运营合伙人。

（二）新媒体营销团队运营流程

1．确定营销参与者

营销参与者是营销策划中的主要对象，也就是企业的目标用户，是营销最关注的群体。营销策划要努力将用户的积极性和参与性很好地发挥出来，让用户主动参与营销活动，帮助企业进行有效的品牌传播，从而实现营销策划的目的。

2．界定营销参与者

不同企业的不同产品都有不同的消费群体，企业需要对所生产的产品界定用户，这样才能确定该消费群体的消费习惯、爱好等，做有针对性的营销活动。在新媒体环境下，企业可以通过大数据充分了解用户的个人资料，追踪该用户现有的网络活动，找到有价值的信息，分辨出高终身价值的用户，进而发展为忠诚用户。企业进行营销策划，需要用新媒体思维来思考用户的行为，通过多种途径深入用户、了解用户、建立用户档案。用户的一般信息包括用户的交易行为、用户的生活形态、参与者特有语言，以及对以前营销活动的参与度，从用户的角度思考和设计营销方案。

3．调动营销参与者

用户主动参与营销活动能大幅提升企业的营销效果。用户作为企业的核心对象，以用户为中心了解其需求，让用户广泛参与才能使企业生产的产品受到拥戴和支持。例如，小米的营销策划成功就有赖于用户的充分参与，小米通过让用户参与产品研发、宣传推广及服务等方式赢得了许多忠诚用户。在新媒体时代，社交网络的发展使大众成为传播者，因此让用户参与营销活动能够有效提高用户的积极性，让其主动利用人际关系进行传播。这种传播相比传统的传播方式会更加有效，也能够有效地对潜在用户进行营销。在进行新媒体营销策划时，需要更多考虑用户之间的人际关系、社交联结和网络口碑，合理地让用户参与，能帮助企业进行有效的营销活动。

4. 确定营销目标

营销策划人员需要深入市场,结合实际需要确定营销目标。只有确定了营销目标,才能更好地策划具体的营销方案。营销目标包括获得新用户、提高销售量、提高用户满意度、培养忠诚用户、提升用户服务等。

5. 注意粉丝维护

1) 粉丝拥护

新媒体的发展往往带动社群的发展,而社群的发展带来的就是粉丝群体。粉丝群体足够强大的企业和个人足以引爆社会热点。小米公司就是依靠粉丝发展起来的,小米有自己的粉丝和粉丝节,每一个粉丝都是小米产品的拥戴者,并且无条件为小米做宣传。小米粉丝给这些产品带来了巨大效益,在信息传递极速的时代,粉丝对一个企业或个人来说都有着重要的意义,因此,在进行新媒体营销活动时,一定要重视粉丝的作用。

2) 内容为王

新媒体营销不是简单地发布微信和微博,而是需要文案、创意、策划、美编、设计等非常详细的内容,结合创意以适合互联网传播。

6. 互动参与

新媒体营销必须重视用户的参与感,策划用户可参与的点,再结合粉丝效应,实现企业的宣传目标。

7. 整合营销

新媒体营销需要进行整合营销,创意、平台、技术缺一不可。企业在进行新媒体营销时,除软文设计外,还需要图片、一些小游戏等,同时不仅做 PC 端,还要做移动端,只有全面、整体的营销策略,才能取得良好的营销效果。

六、任务工单(作业)

请在表 2-2 中分析新媒体营销岗位需求。

表 2-2   分析新媒体营销岗位需求

任务名称	分析新媒体营销岗位需求					
任务目的	通过网络搜索整理岗位信息资料,明确新媒体营销策划岗位人才需求					
任务内容	1. 教师演示如何通过招聘网站搜索引擎查找所需信息。 2. 小组通过招聘网站搜索引擎进行信息资料搜集,样本数量至少 30 个。 3. 小组对搜集的信息进行总结提炼,编制岗位职责说明书,可参考素材"岗位职责说明书模板"。 4. 完成实训内容后,分小组进行路演,教师对各个小组的实训结果做出评价,展示优秀实训结果					
第( )组	姓名					
	班级					
	学号					

任务实操	岗位职责说明书模板		
	新媒体营销岗位职责说明书		
	1.职责与工作任务		

		职责描述：	
	职责一	工作分析	
		职责描述：	
	职责二	工作分析	
		职责描述：	
	职责三	工作分析	
		职责描述：	
	职责四	工作分析	

2.任职资格

教育水平	
专业	
培训经历	
经验	
知识	
技能技巧	
个人素质	

3.其他

使用工具设备	
工作环境	
工作时间特征	
所需记录文档	
考核指标	
备注	

七、能力评价

在本次任务完成后，由任课教师主导，采用学习过程评价与学习结果评价相结合，综合运用自我评价、小组评价及教师评价三种方式，由教师确定三种评价方式分别占总成绩的比例,并加权计算出学生个人本次任务的考核评价分,详见表2-3。

表2-3　任务完成能力考核评价表

项目名称	提升新媒体营销团队素养	任务名称	新媒体营销团队的组建
班级		学生姓名	
评价方式	评价内容	分值	成　绩
自我评价	任务工单的完成情况	60	
	对知识和技能的掌握程度	20	
	我胜任了小组的工作	20	
	合　　计		
小组评价	本小组的本次任务完成质量	30	
	个人本次任务完成质量	30	
	个人参与小组活动的态度	20	
	个人的合作精神和沟通能力	20	
	合　　计		
教师评价	个人所在小组的任务完成质量	30	
	个人本次任务完成质量	30	
	个人对所在小组的参与度	20	
	个人对本次任务的贡献度	20	
	合　　计		
总评＝自我评价(　　)×20％＋小组评价(　　)×30％＋教师评价(　　)×50％＝			

任务二　新媒体营销人员基本素质培养

一、任务简介

随着新媒体的兴起,新媒体营销已成为企业营销的重要一环。为了更好地适应市场变化,提高新媒体营销人员素质已成为企业和营销人员的必备能力。

本次任务旨在帮助学生全面提升新媒体营销素质,掌握新媒体营销专业术语,了解新媒体运营等职业的岗位职责,并能够实现品牌传播和业务增长的目标。

扫码阅读:
坚韧与
新媒体营销

二、任务准备

利用互联网和校企合作资源,搜索新媒体营销岗位中你最感兴趣的职位,收集、归纳整理最近一个月内的招聘信息(不少于10条),分析该职位入职条件。

三、任务实施路径

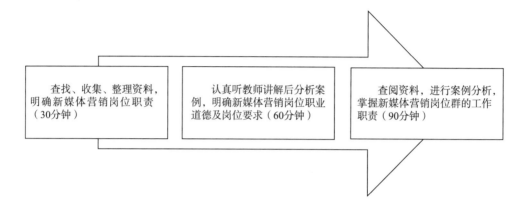

四、知识链接

(一)理解新媒体营销岗位职业道德

近几年,新媒体以方便、快捷、互动性强等优势迎合了大众的口味,迎来了自身发展的春天。但是凡事都有两面性,新媒体营销从业者也暴露出了诸如制造虚假新闻、营销娱乐化、营销软文侵权等职业道德失范问题。2020年5月,国家网信办在全国范围内启动为期8个月的"清朗"专项行动,加大网络生态治理力度,深入整治网上各类违法违规问题,在此背景下,加强新媒体营销从业人员职业道德建设,提升道德水平成为重中之重。

1. 新媒体营销从业者潜在的职业道德问题

(1)过度娱乐化。过度娱乐化的初衷是赢得关注,通过受众的扩大提高曝光率和影响力,但是由此带来一系列问题,譬如新闻内容不实、内容低俗等问题,甚至宣扬色情、暴力等,这些不仅影响社会主流价值观的弘扬,而且不利于正能量的传播,不能正确引导舆论导向,对社会造成极大的危害。

(2)营销软文标题党。所谓的标题党,多指新媒体营销从业者以新媒体为平台,撰造与新闻事实内容大相径庭的软文标题,目的是通过新奇、夸张的标题吸引受众,其内容与实际营销的产品关系不大。

2. 新媒体营销从业者道德失范原因

(1)利益驱使。新媒体的大量出现和快速传播,以其精准的广告效应能够全面地满足用户需求的特点,严重瓜分了传统媒体的广告市场份额,互联网在新媒体发展中扮演了重要角色,新媒体能够更加精准地定位客户喜好,提供个性化服务,大数据能对客户数据进行智能分析,跟踪记录用户消费特点,形成点对点的营销,因此,新媒体逐渐成为商家广告宣传的新宠儿。据统计,广告收入约占媒体收入的九成,因此,为满足盈利需求,依靠单一的广告收入模式生存的新媒体就会受到经济利益驱使,出现"寻租"行为。

(2)新媒体营销从业者缺乏责任意识。新媒体时代也是自媒体时代,人人都可以是新闻事件的报道者和传播者,这种全新的、便捷的、多元的、参与度更高的信息获取方式给生活带来了新的体验,但是同时也逐渐忽视了软文写作应有的严谨态度,于是新媒体营销从业者愈加淡化了自己的责任意识和职业敬业精神,大量不实的报道、低劣的软文作品充斥在各大新媒体平台上。

(3)有效监督失位。新媒体的迅速发展导致了业内激烈的竞争,不同营销人员为了争夺市场,不惜以虚假内容、夸大事实、哗众取宠等手段吸引受众,而这正好迎合了多数人的兴趣。究其根源,一个重要原因就是缺少相关的监督机制,社会缺乏统一的监督制度和明确的行为责任规范,这就造成了新媒体营销从业者逐渐出现道德失范问题。

3. 提升新媒体营销从业者职业道德建议

(1)不能为了营销,忽略传播信息的真实性。在面对网上海量的素材和热点新闻时,营销人员要具备去伪存真的本领,以专业的视角去审视问题,进行营销宣传时,不能过于夸大内容和事实,为公众带来虚假和夸张的宣传,严禁成为虚假信息的传播者。

(2)要强化行业从业监督。新媒体从业者的职业素养需要内部和外部两个方面的因素共同起作用。对于行业内部来讲,行业应建立完善的规则、守则、规范,能够做到有效的自我约束和自我管理,行业协会充分发挥自身作用,同时健全违规惩戒机制,并对道德失范行为进行有效的裁决和处理。

此外,就行业外部而言,政府文化相关部门,要充分发挥自身作用,积极作为,协助行业协会制定管理细则,同时有效发挥监督、管理的职权,规范新媒体从业者行为。

(二)掌握新媒体营销岗位素质要求

如果想要胜任上述新媒体营销岗位,仅仅具备相应的岗位技能是不够的,还需要具备较高的职业素养,具体包括以下几方面。

1. 基本的职业道德

作为一个新兴职业,新媒体营销从业人员应当具备基本的职业道德,如爱岗敬业,工作尽心尽力,不断提高岗位技能,忠诚维护公司利益,保守商业秘密,不在工作时间做与工作无关的事情,具有为社会奉献的崇高品德等。此外,因为新媒体营销直接向广大网民传播信息,对社会影响深远,所以要求从业者具备较高的公民道德水平,多传播些带动社会良好风气的正能量信息,而不能唯利是图,传播低俗、暴力、色情等不良内容。

2. 对互联网和新媒体行业的热爱

新媒体营销工作需要依托新媒体进行,并且已经在短短几年内,迅速成长为一个重要行业领域。从事一个职业,首先要认同这个行业,即认为这是一个有前途的行业,认为工作很有意义,个人也能够得到成长和职业前途,对这个行业和所选择的具体岗位充满热爱,这是在职场取得成功的重要前提。反之,如果从业者对互联网和新媒体行业不感兴趣,那么在未来必然缺乏足够的动力去深入了解这个行业,也没有足够的热情去承受工作中的巨大压力和完成持续学习的要求。

3. 对目标受众需求及心理的精准把握

新媒体营销的重点在于"营销",所以作为从业人员,需要能够精准地把握住目标受众的需求和心理,在此基础上通过提供他们感兴趣的内容,实现吸引注意力的目的。进而根据目标受众的需求策划实施营销内容的传播,最终实现新媒体营销的目的。

4. 对社会热点及趋势的敏锐感知

互联网的普及带来了信息的爆炸,每个网民都被海量信息围绕,其注意力很容易被分散。要想抓住目标受众的眼球,就需要提供能够吸引其注意力的内容。最新的社会热点事件和话题,以及对未来可能出现的热点话题,是吸引受众的重要内容。因此,新媒体营销从业人员需要对社会热点内容保持敏锐感知,能够准确判断短期内可能出现的热点,并据此策划和推送有吸引力的内容。

5. 独立思考能力

工作中经常会出现复杂情况,新媒体营销从业人员需要针对各种各样、不同渠道来源的丰富信息,作出基于独立思考的综合判断和决策。在互联网和新媒体营销领域,没有绝对的权威专家,也没有一成不变的营销策略与方法,一切都需要遵循实事求是的精神。

6. 团队协作能力

在一些小的企业中开展新媒体营销,或者在较大企业中开展新媒体营销的早期阶段,如有时候会由一个人负责实施所有的工作。但是,正常情况下,企业会组建一个团队,甚至成立一个部门,来负责新媒体营销工作。因此,新媒体营销从业人员需要具备团队合作意识,协调团队中各个不同角色,共同完成工作任务。

7. 沟通表达能力

在团队协作的过程中,新媒体营销从业人员还需要具备良好的表达能力和沟通技巧。其中,表达能力是指在工作和日常交往中,在团队中或者在和上级领导沟通时,充分表达自己观点的勇气和能力。沟通技巧是指懂得在恰当的时间和地点,以恰当的方式与团队成员和上级领导交换想法,并说服对方接受自己的意见。

8. 承受压力的能力

新媒体营销工作需要深度思考和不断创新,具有一定的挑战性,而且通常需要投入较长的工作时间。一般在一个热点事件发生后,为了取得最佳的传播效果,需要在尽可能短的时间内,策划、制作并推出相关内容。这些情况会给从业人员带来较大压力,所以要想胜任新媒体营销岗位工作,就需要具备承受压力的能力,并且能够在压力下完成工作任务。

【课堂互动 2】

（1）你是否思考过自己未来的就业方向和岗位？如果要实现这个理想,你需要掌握哪些技术和能力,请填写表 2-4。

（2）互动要求如下。

① 结合自己的兴趣与特长,在智联招聘、前程无忧等招聘网站上搜索相关岗位招聘信息,并与同学进行讨论。

② 教师对学生的回答进行点评和总结。

表 2-4 就业信息

互动内容	就业方向	就业岗位	技术	能力
同学 1				
同学 2				
同学 3				
同学 4				

五、任务实施

（一）新媒体营销岗位工作职责界定

新媒体营销工作的核心是内容运营。据不完全统计,目前全国已有数百万人从事新媒体营销工作,这是一个非常庞大的"族群"。在智联招聘网站上以"新媒体营销"作为关键词搜索招聘信息并进行分析,得到的新媒体营销岗位群包括新媒体营销策划、新媒体运营推广等具体岗位。其职业发展遵循互联网行业的一般规律,成长路径为助理、专员、主管、经理到总监。

新媒体营销相关岗位的日常工作包括选题定位、素材搜集、内容编辑、图文排版、封面配图、内容校对、推送发布、数据监测、留言处理、用户反馈互动、定期总结等。新媒体营销岗位群的工作职责界定如下。

1. 新媒体营销策划

（1）深刻理解公司发展战略和产品特点,聚焦社交平台的最新营销动作和产品舆论资讯,致力于品牌形象提升和营销业绩转化。

（2）与团队共同讨论策划方案,配合执行各种线上线下营销活动,进行媒介对接与内容制作。

（3）具体执行策划类术语如下。

① 用户画像。用户画像是指通过用户年龄、性别、消费习惯、生活习惯、浏览习惯等多重信息,以图示的形式展现出来,以便进行更有针对性的新媒体推广或用户管理。用户画像在各领域得到了广泛的应用。作为实际用户的虚拟代表,用户画像所形成的用户角色并不是脱离产品和市场之外所构建出来的,形成的用户角色需要有代表性,能代表产品的主要受众和目标群体。

② 产品矩阵。产品矩阵是指针对不同用户或同一用户不同需求而设计的系列化产品。例如,某网站为一般消费者、团购消费者、后台商家分别开发三个版本的软件产品,以满足差异化需求。

③ 运营策划。在开展具体的执行工作前,新媒体运营人员必须先进行运营策划,如分析目的、确定方式、讨论创意等。如果前期策划出现错误,在执行同样的工作时,效果就会大打折扣。

2. 新媒体运营推广

新媒体运营推广涉及各新媒体平台的活动策划、日常内容更新、数据分析等运营及推广工作。具体运营术语如下。

1）文案

文案是广告的一种表现形式，也是一种职业的称呼。文案按企业广告目的可分为销售文案和品牌传播文案。按文案篇幅的长短可分为长文案和短文案。按广告植入方式则分为软广告和硬广告。按投放渠道的不同则可分为微信公众号软文、朋友圈营销文案、微博文案、App 文案等。按表现形式的不同又分为纯文字文案、广告图文案、视频文案等。

2）账号矩阵

新媒体账号矩阵是指企业高管、企业员工、企业产品等不同模块与网上的账号组合。好的账号矩阵可以借助团队的力量集中放大运营效果。比如，厦门新媒体账号矩阵有《厦门日报》《厦门晚报》《台海》杂志、厦门网、厦门视频头条、厦门招考等多个账号。

3）KOL

KOL 是 key opinion leader（关键意见领袖）的缩写，通常被定义为：拥有更多、更准确的产品信息，且为相关群体所接受或信任，并对该群体的购买行为有较大影响的人。如微博大V（拥有众多粉丝的微博用户）、论坛红人等。KOL 通常有一定专业度，在粉丝群体中有较大影响力。

4）视觉设计

视觉设计主要包括图像、文案、视频、资料、产品创意的策划、收集、制作与管理。

5）粉丝运营

（1）与各新媒体渠道粉丝进行良性互动，通过有效的新媒体运营手段提升粉丝活跃度，跟进推广效果，分析数据并及时反馈。

（2）聚集各社交平台上的粉丝群体，发展与维护核心用户，提升社群经济的规模效应。

（二）新媒体营销岗位职业素养养成

随着新媒体平台的迅猛发展，新媒体营销策略层出不穷，各行各业纷纷将其作为品牌宣传和营销推广的重要阵地。新媒体营销这一新兴领域的从业人员必须具备一定的职业素养。新媒体营销岗位的职业素养养成是一个综合性的过程，需要不断学习和积累。作为新媒体营销人员，需要具备以下几方面的职业素养。

1. 市场洞察力

新媒体营销人员需要具备对市场趋势和消费者需求的敏锐洞察力，能够及时调整和优化营销策略，以满足市场和消费者的需求。这需要新媒体营销人员不断关注行业动态、市场研究报告、竞争对手的营销策略等，以便及时掌握市场变化。

2. 沟通能力

新媒体营销人员需要具备出色的沟通和协调能力，能够与团队成员、客户以及潜在消费者进行有效的沟通。这需要新媒体营销人员具备良好的口头和书面表达能力，能够清晰地传达自己的想法和观点。同时，也需要能够倾听他人的意见和建议，以达成共识和合作。

3. 创意与创新思维

在竞争激烈的市场中，创意和创新是新媒体营销的核心竞争力。新媒体营销人员需要具备创意和创新思维，不断尝试新的营销手段和策略，以吸引消费者的关注。这需要新媒体营销人员具备开放的思想和勇于尝试的精神,能够接受不同的观点和创意,并将其转化为实际可行的营销方案。

4. 数据分析与运用能力

新媒体营销人员需要具备对数据的分析和运用能力,能够通过数据了解消费者的喜好和行为模式,从而优化营销策略,提高效果和 ROI。这需要新媒体营销人员掌握数据分析工具和方法,能够从海量的数据中提取有价值的信息,并据此制定有效的营销策略。

5. 跨界融合能力

在当今的多元化时代,新媒体营销需要跨越不同的领域和平台,实现跨界融合。需要具备跨界融合能力,将不同领域的知识和趋势融合到营销策略中,以实现更好的传播效果。这需要新媒体营销人员具备广泛的兴趣和好奇心,能够主动学习和探索新的领域,并将其与营销策略相结合。

总之,新媒体营销岗位的职业素养养成是一个综合性的过程,需要不断学习和积累。通过不断提升自己的职业素养和综合素质,更好地适应市场变化,为企业的营销战略贡献自己的力量。

六、任务工单(作业)

请在表 2-5 中分析新媒体营销岗位职业素养养成。

表 2-5   分析新媒体营销岗位职业素养养成

任务名称	分析新媒体营销岗位职业素养养成						
任务目的	了解新媒体从业者的职业素养,培养团队合作精神,提高分析问题的能力,培养职业认同感						
任务内容	新媒体从业者的"网感"并不是上网时间长就能自动形成的,个人的兴趣爱好、关注焦点、思维方式、学习意识都会影响"网感"。通过以下两个任务,训练一下自己的"网感"吧。 1. 请写出你当前在互联网上最关注的 5 件事,并说明关注这些事的理由。 2. 搜索微博上同一时间内最热门的 5 个话题,看看你关注的点有哪些异同。如果有区别,请想一想原因						
第( )组	姓名						
	班级						
	学号						
任务实操	关注的互联网事件						
	互联网事件 1	事件简介:					
		关注的理由:					
	互联网事件 2	事件简介:					
		关注的理由:					

任务实操	互联网事件3	事件简介：	
		关注的理由：	
	互联网事件4	事件简介：	
		关注的理由：	
	互联网事件5	事件简介：	
		关注的理由：	
	互联网热点话题1	话题简介：	
		相同观点	相反观点
	互联网热点话题2	话题简介：	
		相同观点	相反观点
	互联网热点话题3	话题简介：	
		相同观点	相反观点
	互联网热点话题4	话题简介：	
		相同观点	相反观点
	互联网热点话题5	话题简介：	
		相同观点	相反观点

七、能力评价

在本次任务完成后，由任课教师主导，采用学习过程评价与学习结果评价相结合，综合运用自我评价、小组评价及教师评价三种方式，由教师确定三种评价方式分别占总成绩的比例，并加权计算出学生个人本次任务的考核评价分，详见表2-6。

表2-6　任务完成能力考核评价表

项目名称	提升新媒体营销团队素养	任务名称	新媒体营销人员基本素质培养
班级		学生姓名	
评价方式	评价内容	分值	成　绩
自我评价	任务工单的完成情况	60	
	对知识和技能的掌握程度	20	
	我胜任了小组的工作	20	
	合　　计		
小组评价	本小组的本次任务完成质量	30	
	个人本次任务完成质量	30	

续表

评价方式	评价内容	分值	成　绩
小组评价	个人参与小组活动的态度	20	
	个人的合作精神和沟通能力	20	
	合　　计		
教师评价	个人所在小组的任务完成质量	30	
	个人本次任务完成质量	30	
	个人对所在小组的参与度	20	
	个人对本次任务的贡献度	20	
	合　　计		
总评＝自我评价（　　）×20％＋小组评价（　　）×30％＋教师评价（　　）×50％＝			

任务三　新媒体营销人员基本技能培养

一、任务简介

随着新媒体的兴起,新媒体营销已成为企业营销的重要一环。为了更好地适应市场变化,提高新媒体营销技能已成为企业和营销人员的必备能力。

本次任务旨在帮助学生全面提升新媒体营销技能,了解新媒体营销工具,能够创新性地运用新媒体的相关技能及工具完成运营活动,并能够实现品牌传播和业务增长的目标。

扫码阅读:
某院校师生为
村民开展新媒
体技能培训
助力乡村振兴

二、任务准备

利用互联网和校企合作资源,搜索五种新媒体营销工具,了解它们的功能、特点及使用的领域。

三、任务实施路径

查找、收集、整理资料,明确新媒体营销相关岗位技能（30分钟） → 认真听教师讲解后分析案例,明确新媒体营销工具的特点（60分钟） → 查阅资料,进行案例分析,掌握新媒体营销岗位群平台技能要求（90分钟）

四、知识链接

随着移动技术和信息技术的不断发展,在进行新媒体营销时,可以借助很多先进的软硬件工具。新媒体营销人员应熟悉新媒体营销工具的使用。

(一)图片处理工具

图片处理工具用于美化图片,使新媒体平台推送的内容赏心悦目。新媒体常用的图片处理工具有 Photoshop(PS)、光影魔术手、美图秀秀、美颜相机等。

其中 PS 较为常见,在图片处理方面的效果更好;光影魔术手易上手,可以自动 P 图;美图秀秀功能极多,可以在手机上添加水印;美颜相机则是自拍神器,可以处理人物外貌和肤色。总之,不同的图片处理工具各有优势,如果配合使用,可以制作出效果更好的图片。

(二)视频处理工具

在进行新媒体营销时,还会发布一些小视频,这就需要用到视频处理工具。常用的视频处理工具有 Adobe Premiere Pro、剪映、爱剪辑、会声会影、格式工厂、维棠、屏幕录像大师等。其中,剪映、爱剪辑、会声会影比较简单易学;Adobe Premiere Pro 功能比较丰富;格式工厂用于格式转换;维棠用于素材采集;屏幕录像大师用来制作教程动画。

(三)存储工具

在新媒体平台上发布信息后,要想存储下来,就要用到存储工具。常用的存储工具有百度云盘、360 云盘、腾讯微云等,其中,百度云盘不仅可以上传照片和文件,进行视频备份,还可以将资料分享给他人,且注册后就有 15GB 的存储空间;360 云盘和百度云盘类似,并且有 30GB 的存储空间;腾讯微云则特别适合在 QQ 和微信中使用。

(四)微场景工具

微场景是指用 H5 编码的页面,可以用来翻页,呈现动态、3D、简单交互效果,常用于活动召集、论坛邀请函、发放优惠券、发布新品品牌等。常用的微场景工具有易企秀、IH5、微页、点点客海报、秀米秀制作、易传单、最酷网、起飞页等软件用于快速制作网页、海报、应用、传单等各种互动内容。这些工具在市场营销、网络推广和品牌建设等方面都具有很大的应用潜力。

(五)数据采集工具

在进行新媒体营销时,往往需要对数据进行采集分析,这就会用到数据采集工具。常用的数据采集工具有金数据、麦客、问卷星、表单大师等。

(六)SEO 工具

SEO 即搜索引擎优化。在进行新媒体营销时,利用搜索引擎优化,可以改进品牌的关键词排名,获得更多流量,进而将流量转化为利润。常用的 SEO 工具有爱站 SEO 工具包、百度搜索风云榜、百度指数、新媒体排行榜、新榜指数等。

（七）二维码生成器

在进行新媒体营销时,二维码常用于对产品品牌的推广。常用的二维码生成器有草料二维码、联图网、二维工坊等。

（八）电子书工具

新媒体营销在查找内容阅读电子书时,会用到电子书工具。常用的电子书工具有捷速OCR 文字识别软件,其功能在于将 JPG、PNG、GIF、BMP 等格式的图片转换为 Word 和文字格式。

（九）流量平台

流量用于使新媒体营销的企业获得更多的粉丝,进而增加目标消费人群的数量,提高产品的销售额。常用的流量平台有百度贴吧、小红书、知乎、豆瓣等,这些较大的网络平台能够引入较多的流量。

（十）运营助手

营销运营助手用于简化新媒体营销的运营流程,使营销取得更加出色的效果。常用的新媒体运营助手有新媒体管家、易赞、西瓜助手、爱微帮等。

（十一）排版工具

在新媒体平台上推送文章时,赏心悦目的排版更容易让人们接受。常用的排版工具有135 编辑器、秀米、96 微信编辑器、新榜编辑器、小蚂蚁微信编辑器、易点编辑器等,它们提供了丰富的排版模板和设计元素,能够帮助用户快速制作各种精美的排版作品,包括海报、微信文章、宣传资料等。

五、任务实施

每一个新媒体营销岗位,都需要特定的专业技能。如果有些企业只设置新媒体营销员岗位,那么该岗位人员需要具备多项复合技能。

（一）新媒体运营经理（主管）岗位技能要求

新媒体运营经理（主管）岗位技能要求见表 2-7。

表 2-7　新媒体运营经理（主管）岗位技能要求

岗　位	技　能　要　求
新媒体运营经理（主管）	1. 通常具有 3 年以上的新媒体工作经验,熟悉主流新媒体平台的运行机制和规范,有超过两个平台的推广运营经历
	2. 思维活跃,具备敏锐的市场分析能力,精通粉丝营销,文案功底扎实
	3. 网感好,对热点事件和新闻动态反应迅速,能够结合品牌或营销目标作出优质选题

续表

岗　位	技 能 要 求
新媒体运营 经理(主管)	4. 具有创新精神,思维严谨缜密,具备独立策划并落实营销项目的能力
	5. 具备团队管理能力和沟通协调能力,能够推动跨团队项目合作
	6. 具备数据分析能力,能够数据化评估工作效果并提出针对性的改进方案
	7. 较强的抗压能力,能够在压力下顺利完成工作任务

(二)文案编辑岗位技能要求

文案编辑岗位技能要求见表2-8。

表 2-8　文案编辑岗位技能要求

岗　位	技 能 要 求
文案编辑	1. 具备较好的文字功底,了解主流新媒体平台的运行机制和规范,熟练掌握网络流行语,能够驾驭不同种类的写作风格
	2. 掌握多种风格的网络图文排版技巧,具备一定的图片处理能力和视频剪辑能力
	3. 对网络热点事件和新闻动态反应迅速,能够结合品牌或营销目标作出优质选题,并迅速撰写相关文案
	4. 具备用户管理和用户反馈数据的分析能力,并据此作出工作上的相关改进
	5. 良好的团队意识,良好的沟通表达能力,能够独立思考,善于创新
	6. 具备良好的敬业意识和抗压能力,拥有吃苦耐劳的优秀品质

(三)策划岗位技能要求

策划岗位技能要求见表2-9。

表 2-9　策划岗位技能要求

岗　位	技 能 要 求
策划	1. 熟悉主流新媒体平台的运行机制和规范,熟悉各类线上、线下活动的策划与实施
	2. 思维活跃,能够博采众长、独立思考,善于创新。具备敏锐的市场分析能力,精通粉丝营销
	3. 网感好,对热点事件和新闻动态反应迅速,能够结合品牌或营销目标作出优质选题
	4. 具备用户管理和用户反馈数据分析的能力,并能够据此作出工作上的相关改进
	5. 良好的团队意识,良好的沟通表达能力
	6. 具备良好的敬业意识和抗压能力,拥有吃苦耐劳的优秀品质

(四)视觉设计岗位技能要求

视觉设计岗位技能要求见表2-10。

表 2-10　视觉设计岗位技能要求

岗位	技 能 要 求
视觉设计	1. 熟练使用 PS(Adobe Photoshop)、AI(Adobe Illustrator)、CDR(CorelDRAW)等图片设计软件
	2. 有美术功底,了解互联网流行视觉风格和元素,熟悉不同新媒体平台的常用图片尺寸及要求
	3. 对网络热点事件和新闻动态反应迅速,善于搜集和整理网络素材,善于模仿和学习,并具有创新意识
	4. 良好的团队意识,良好的沟通表达能力,能够独立思考
	5. 具备良好的敬业意识和抗压能力,拥有吃苦耐劳的优秀品质

（五）视频编辑岗位技能要求

视频编辑岗位技能要求见表 2-11。

表 2-11　视频编辑岗位技能要求

岗位	技 能 要 求
视频编辑	1. 熟练使用 PR、PS 等视频剪辑与图片处理软件,能够熟练使用手机、单反相机和摄像机拍摄短视频,擅长各类视频的剪辑和制作,对色彩、构图和镜头语言有清晰的认识,能够产生独特、新颖的创意
	2. 熟悉抖音、快手等新媒体平台短视频的流行拍摄和制作风格
	3. 对网络热点事件和新闻动态反应迅速,善于搜集和整理网络素材,善于模仿和学习,并具有创新灵感
	4. 良好的团队意识、良好的沟通表达能力,能够独立思考
	5. 具备良好的敬业意识和抗压能力,拥有吃苦耐劳的优秀品质

（六）主播岗位技能要求

主播岗位技能要求见表 2-12。

表 2-12　主播岗位技能要求

岗位	技 能 要 求
主播	1. 形象气质好,开朗自信,优秀的镜头感,较强的表现欲望,能够在镜头前表现自然,善于通过网络直播与观众开展互动交流
	2. 优秀的口才,遇到突发事件时能够随机应变
	3. 较强的学习能力,能够迅速掌握商品卖点和直播营销技巧,能够根据商品和观众情况撰写直播方案
	4. 具备用户管理和用户反馈数据分析的能力,并能够据此作出工作上的相关改进
	5. 良好的团队意识,良好的沟通表达能力,能够独立思考,善于创新
	6. 具备良好的敬业意识和抗压能力,拥有吃苦耐劳的优秀品质

六、任务工单（作业）

请按表 2-13 中的内容体验新媒体营销岗位职业技能的培养。

表 2-13　新媒体营销岗位职业技能的培养

任务名称	体验新媒体营销岗位职业技能的培养				
任务目的	了解新媒体从业者的职业技能，培养团队合作精神，提高分析问题的能力，激发学生掌握新媒体营销技能的热情				
任务内容	1. 制作在线调查问卷、整理团队数据资料、获得产品反馈，用表单工具制作表单，生成唯一的表单链接和表单二维码，可以把表单载入自己的网站，也可以直接发布到 QQ 群、微信群和微博等平台。 2. 拍摄一段小视频，利用视频剪辑工具进行剪辑及格式转换				
第（　）组	姓名				
	班级				
	学号				
任务实操	1. 表单工具制作表单体验 (1) 学生小组制作在线调查问卷。 (2) 学生小组用表单工具制作表单。 (3) 学生小组生成唯一的表单链接和表单二维码。 (4) 学生小组把表单载入自己的网站，也可以直接发布到 QQ 群、微信群和微博等平台 2. 视频剪辑体验 (1) 学生小组拍摄小视频。 (2) 利用视频剪辑工具进行剪辑及格式转换				

七、能力评价

在本次任务完成后，由任课教师主导，采用学习过程评价与学习结果评价相结合，综合运用自我评价、小组评价及教师评价三种方式，由教师确定三种评价方式分别占总成绩的比例，并加权计算出学生个人本次任务的考核评价分，详见表 2-14。

表 2-14　任务完成能力考核评价表

项目名称	提升新媒体营销团队素养	任务名称	新媒体营销人员基本技能培养
班级		学生姓名	
评价方式	评价内容	分值	成　绩
自我评价	任务工单的完成情况	60	
	对知识和技能的掌握程度	20	
	我胜任了小组的工作	20	
	合　　计		
小组评价	本小组的本次任务完成质量	30	
	个人本次任务完成质量	30	
	个人参与小组活动的态度	20	
	个人的合作精神和沟通能力	20	
	合　　计		
教师评价	个人所在小组的任务完成质量	30	
	个人本次任务完成质量	30	
	个人对所在小组的参与度	20	
	个人对本次任务的贡献度	20	
	合　　计		
总评＝自我评价(　　)×20％＋小组评价(　　)×30％＋教师评价(　　)×50％＝			

项目三

学会新媒体营销——微信营销

项目名称	开展微信营销
项目概况	微信营销是对营销模式的创新,用户之间形成一种联系,既可以发布自己感兴趣的信息或产品,也可以订阅自己所需的信息。商家通过提供用户所需要的信息推广自己的产品和服务。 　　本项目通过认识微信营销、掌握微信营销模式、熟悉微信营销数据分析三个任务的学习,培养和提升学生微信营销的能力
思维导图	学会新媒体营销——微信营销 认识微信营销 　知识链接——了解微信 　　　　　　掌握微信营销类型 　　　　　　熟悉微信公众号的类型 　任务实施——微信优势 　　　　　　微信营销类型 　　　　　　微信公众号的对比 掌握微信营销模式 　知识链接——个人微信营销 　　　　　　微信朋友圈营销 　　　　　　微信公众号营销 　　　　　　微信视频号营销 　任务实施——个人微信营销 　　　　　　微信朋友圈营销 　　　　　　微信公众号营销 熟悉微信营销数据分析 　知识链接——了解微信营销KPI的衡量指标 　　　　　　熟悉微信营销的KPI考核标准及计算方法

学习目标	知识 目标	1. 了解微信营销的概念。 2. 掌握微信营销的模式。 3. 熟悉微信营销的数据分析
	能力 目标	1. 能够清晰地界定微信营销的类型。 2. 能合理地运用个人微信、微信群、微信公众号的合理定位,完成相关营销活动
	素养 目标	1. 培养不断学习、与时俱进的市场敏锐度和职业专业度。 2. 树立以人为本、公平竞争、价值引领的职业操守和网络素养
项目组织	教学 安排	1. 项目目标和介绍:在课程开始前,明确课程的目标和重要性,对微信营销项目进行详细介绍。 2. 理论知识学习:通过视频教学、讲座、课堂讨论等形式,了解并掌握微信的特点、相关理论知识和实用技巧。 3. 实操演练:通过教师演示、作业布置等方式,引导学生开展并掌握微信营销的实操练习。

续表

项目组织	教学安排	4. 案例分析:深入分析微信营销策略、成功案例和失败案例,让学生能够学习到实践经验和教训。 5. 实践项目:引导学生开展实践项目,锻炼营销能力和解决问题的能力。 6. 教学评估:通过作业、考试、项目报告等方式,对学生的学习成果进行评估和反馈
	教学组织	1. 学习小组:根据班级规模和学生人数,组织学生形成小组,进行讨论、合作和互助学习。 2. 互动交流:通过线上或线下的讨论区、微信群等方式,教师与学生进行及时的互动交流,解答问题和提供指导。 3. 实践辅导:教师根据学生的实践项目情况,进行指导和辅导,给予实质性的帮助和意见。 4. 项目布置和批改:教师布置项目,要求学生完成项目,并及时批改和点评,给予学生反馈和建议
	教学成果	1. 利用个人微信开展营销活动。 2. 利用微信群开展营销活动,群里成员参与实际活动。 3. 利用公众号推广营销活动,阅读量有提升

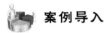 **案例导入**

小米客服微信营销策略

　　微信是腾讯公司于 2011 年推出的一个为智能终端提供即时通信服务的免费社交程序,自诞生以来备受瞩目。近年来,企业开展微信营销收益颇丰,在众多典型案例中,小米客服微信营销策略脱颖而出。

　　据调研,小米手机的微信账号后台客服人员有 9 名,这 9 名员工每天的工作时间是用来回复 100 万粉丝的留言。每天早上,当 9 名小米微信运营工作人员在计算机上打开小米手机的微信账号后台,看到每天用户的留言,他们一天的工作也就开始了。小米自己开发的微信后台可以自动抓取关键词回复,但小米微信的客服人员还是会进行一对一的回复,小米也是通过这样的方式大大提升了用户的品牌忠诚度。相较于在微信上开个店,对于类似小米这样的品牌微信用户来说,做客服显然比销售一些产品更让人期待。

　　当然,除了提升用户的品牌忠诚度,微信做客服也给小米带来了实实在在的益处。黎万强表示,微信同样使得小米的营销策略方案、CRM 成本开始降低,过去小米做活动通常会群发短信,100 万条短信发出去,就是 4 万元的成本,微信做客服的作用可见一斑。

 # 任务一　认识微信营销

一、任务简介

　　微信凭借庞大的用户量吸引了客户的眼球,客户的注意力在哪里,商机就在哪里。微信营销是网络经济时代企业对营销模式的创新,是随着微信而产生的一种网络营销方式。微信为什么能成为最受欢迎的社交应用呢? 微信营销能为企业带来哪些好处呢?

微信营销生态平台有哪些工具？订阅号与服务号到底有什么不同？本次任务将会为你一一解惑。

二、任务准备

关注知名的微信订阅号、服务号、企业微信、小程序。

三、任务实施路径

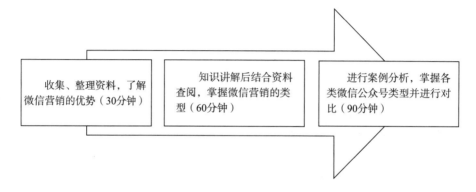

| 收集、整理资料，了解微信营销的优势（30分钟） | 知识讲解后结合资料查阅，掌握微信营销的类型（60分钟） | 进行案例分析，掌握各类微信公众号类型并进行对比（90分钟） |

四、知识链接

（一）了解微信

微信是目前国内应用最广泛的社交软件之一，据腾讯公司发布的报告，2024年第一季度微信及WeChat月活跃账户数为13.59亿，同比增长3%，足以说明微信拥有强大的产品能力和良好的用户体验。微信具有超强的用户黏性，已成为企业非常依赖的社交营销平台，朋友圈、微信支付、公众号、小程序等微信产品成为企业重要的营销工具。因此，了解微信和微信营销的基本知识，是新媒体营销人员的必备技能。

扫码阅读：微信营销的优势

（二）掌握微信营销类型

1. 个人微信号

随着自媒体时代的到来，人人都可以成为内容的创作者，个人微信号的营销价值也变得越来越高。而要利用它来做微信营销，一定要基于人性来考虑。个人微信号不仅可以与好友产生多种形式的交流与互动，而且可以打造自己的个人IP，还可以衍生出社群电商、社群KOL、朋友圈营销等一系列可变现的做法。一个有5万名好友的个人微信号，其影响力相当于一个有50万"粉丝"的订阅号。

2. 微信公众号

2012年8月微信公众平台上线，2013年8月微信公众号细分为订阅号和服务号，2014年9月新增了企业号。

　　微信公众号是开发者或个人、商家在微信公众平台上申请的应用账号,该账号与 QQ 账号互通,在平台上能实现与特定群体之间进行文字、图片、语音、视频的全方位沟通和互动,进而形成一种主流的线上线下微信互动营销方式。

3. 微信小程序

　　微信小程序是一种不需要下载和安装即可在微信上使用的应用,它实现了应用“触手可及”的梦想,用户扫一扫或搜一下即可打开应用。小程序全面开放申请后,企业、政府机构、媒体、其他组织或个人的开发者,均可申请注册小程序。微信小程序、微信订阅号、微信服务号、微信企业号是并行的体系。

4. 微信视频号

　　微信视频号简单理解就是微信生态的短视频。不同于订阅号、服务号,微信视频号是一个全新的内容记录与创作平台。视频号内容以图片和视频为主,可以发布长度不超过一分钟的视频,或不超过九张图片,还能带上文字和公众号文章链接,而且不需要 PC 端后台,可以直接在手机上发布。视频号支持点赞、评论进行互动,也可以转发到朋友圈、聊天场景,与好友分享。

（三）熟悉微信公众号的类型

1. 订阅号

　　公众平台订阅号,旨在为用户提供信息,任何组织和个人都可以申请。对个人用户而言,只能申请订阅号,订阅号每天(24 小时)仅可发送 1 条群发消息。

2. 服务号

　　公众平台服务号,旨在为用户提供服务,仅企业或组织机构可以申请服务号。服务号每个月(自然月)内仅可以发送 4 条群发消息,还可申请自定义菜单。

　　订阅号的消息只能集合在“订阅号消息”文件夹里展示,用户需要点击文件夹才能看到具体的消息;而服务号的消息是直接展示在用户列表里,同时认证服务号还能进行模板消息的发送。

3. 企业微信

　　公众平台企业微信(原企业号),旨在帮助企业、政府机关、学校、医院等企事业单位和非政府组织建立与员工、上下游合作伙伴及内部 IT 系统间的连接,并能有效地简化管理流程,提高信息的沟通和协同效率,提升对一线员工的服务及管理能力。

【课堂互动 1】

分类说明微信给你的生活带来哪些改变?

五、任务实施

（一）微信优势

　　在移动互联网时代,微信开始渗透人们生活的方方面面,改变了一些生活方式,请填写表 3-1。

表 3-1　微信出现前后的对比

微信出现之前	微信出现之后
QQ 聊天	微信聊天
逢年过节发祝福短信	给微信好友发微信红包
打电话	
社交场合互换名片	
拍照片发微博	
网上购物用支付宝	

（二）微信营销类型

从微信运营的角度而言，个人微信号与微信公众平台存在明显的区别，请尝试填写表 3-2。

表 3-2　个人微信号与微信公众平台的对比

对比项	个 人 微 信 号	微信公众平台
功能	加好友、发消息、语音通话、视频通话、朋友圈、位置、支付功能	
用户导入	自动导入手机通讯录，系统会提示用户导入通讯录中开通微信的账号，这就建立了初步的通讯录和朋友圈	
圈子定位	熟人圈子，主要是你认识的朋友	
推广方式	面对面加好友或建群，或者通过朋友推荐的名片加好友	

（三）微信公众号的对比

微信公众号发挥着重要的作用，不同类型的公众号各有侧重，详见表 3-3 的对比。

表 3-3　微信公众号类型的对比

对比项	订阅号	服务号	企业微信
目标定位	为用户提供信息传播服务	给企业和组织提供相关服务	企业的专业办公管理工具，提供丰富、免费的办公应用
适用人群	个人、媒体、政府机构或其他组织	媒体、企业、政府机构或其他组织	企业、政府机构、事业单位或其他组织
类型	个人订阅号 企业订阅号	认证服务号 未认证服务号	
认证费用	个人订阅号不需要认证 企业订阅号认证费 300 元/年	认证费 300 元/年	认证费 300 元/年

六、任务工单（作业）

请在表 3-4 中对比分析订阅号、服务号与企业微信。

表 3-4　对比分析订阅号、服务号与企业微信

任务名称	对比分析订阅号、服务号与企业微信			
任务目的	订阅号、服务号与企业微信，都是微信公众号的具体类别。通过对比分析订阅号、服务号与企业微信，能够深入掌握各自的特点和作用，以便为企业选择合适的微信公众号平台			
任务内容	1. 登录微信公众平台深入了解订阅号、服务号与企业微信的特点。 2. 分别从适用人群、消息发送量、群发消息显示区域、菜单是否允许外链、是否支持微信支付、是否支持高级开发、申请费用等方面，对比订阅号、服务号与企业微信			
任务提示	还可以从验证关注者身份、消息保密、定制应用等方面，深入分析订阅号、服务号与企业微信的区别			
第（　）组	姓名			
	班级			
	学号			
任务实操	1. 分别从适用人群、消息发送量、群发消息显示区域、菜单是否允许外链、是否支持微信支付、是否支持高级开发、申请费用等方面，对比订阅号、服务号与企业微信，将对比情况填入下表中。 | 类型	订阅号	服务号	企业微信 | |---|---|---|---| | 适用人群 | | | | | 消息发送量 | | | | | 群发消息显示区域 | | | | | 菜单是否允许外链 | | | | | 是否支持微信支付 | | | | | 是否支持高级开发 | | | | | 申请费用 | | | | 2. 请详细说明服务号与企业微信的区别			

七、能力评价

在本次任务完成后，由任课教师主导，采用学习过程评价与学习结果评价相结合，综合运用自我评价、小组评价及教师评价三种方式，由教师确定三种评价方式分别占总成绩的比例，并加权计算出学生个人本次任务的考核评价分，详见表 3-5。

表 3-5　任务完成考核评价

项目名称	开展微信营销		任务名称	认识微信营销
班级			学生姓名	
评价方式	评价内容	分值		成　绩
自我评价	表 3-1 的完成情况	10		
	表 3-2 的完成情况	10		
	任务工单的完成情况	40		
	对知识和技能的掌握程度	20		
	我胜任了小组内的工作	20		
	合　　计			
小组评价	本小组的本次任务完成质量	30		
	个人本次任务完成质量	30		
	个人参与小组活动的态度	20		
	个人的合作精神和沟通能力	20		
	合　　计			
教师评价	个人所在小组的任务完成质量	30		
	个人本次任务完成质量	30		
	个人对所在小组的参与度	20		
	个人对本次任务的贡献度	20		
	合　　计			
总评＝自我评价×（　）％＋小组评价×（　）％＋教师评价×（　）％＝				

任务二　掌握微信营销模式

一、任务简介

微信营销的模式直接影响微信营销活动的实施效果。本任务将讲解个人微信营销、微信朋友圈营销、微信公众号营销、微信视频号营销的模式,分析微信营销活动策划的关键点。在此基础上,掌握微信小程序的注册流程以及开店流程。

二、任务准备

思考拟注册的微信公众号的功能和作用,关注一个你最感兴趣的微信小程序。

三、任务实施路径

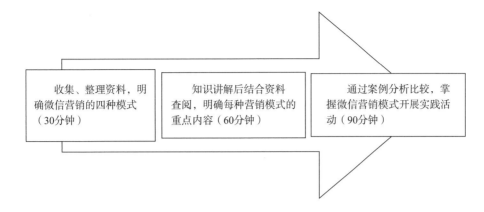

收集、整理资料,明确微信营销的四种模式(30分钟)

知识讲解后结合资料查阅,明确每种营销模式的重点内容(60分钟)

通过案例分析比较,掌握微信营销模式开展实践活动(90分钟)

四、知识链接

(一)个人微信营销

个人微信营销定位需要结合行业的属性、品牌的定位、产品的特性。信息推送、粉丝互动、客户服务、在线交易,任何一种单一的模式都不能够让个人微信号具有持久的生命力。因为频繁的信息推送和粉丝互动会干扰用户,而基于微信的客户服务作为传统服务的延伸,并不唯一,很容易被其他技术手段替代。微信作为移动端最重要的入口和平台,是最好的品牌社区载体。品牌与消费者在其中充分互动,提供有价值的服务,构建和消费者之间强有力的关系,并最终通过交易支付实现粉丝经济。

微信账号一般包括账号名称、昵称、微信号、头像、个性签名和微信朋友圈封面。微信账号申请前需要先进行定位,思考内容方向以及受众对象,思考他们的生活场景和工作场景,了解他们的精神需求和物质需求,从而确定账号名称。

1. 微信昵称设计原则

微信昵称设计应遵循以下四大原则:简单化、具体化、个性化、人性化。这四条原则要求微信昵称与品牌一致,名字简单好记、便于搜索、形成标签。好名称能让人印象深刻,勾起好奇心,让用户一眼就知道账号的传播内容,从而降低用户的教育成本;好名称更应该容易传播,读起来朗朗上口,方便口口相传。

微信要避免任何增加传播成本的意义不明的用语或者字词,晦涩难懂的名字在传播效果上也会大打折扣。常见的创意取名方式主要有谐音式和内涵式。有时候,名字中带有一些数字,包括阿拉伯数字和时间数字,能起到强调的效果。微信可通过热词组合命名。

昵称最多可设置16个汉字,可设置含有中文、英文、数字、符号组合的昵称,但不建议设置特殊字符。

2. 微信头像设计原则

微信头像设置具体要求如下:高辨识度、突出特点。图片要内涵丰富,创意出色,构图新颖,色彩明快,具有高水平的艺术感染力和视觉冲击力。微信头像本来就很小,图片加文字就显得非常凌乱。好的头像必须清晰、有主题、有美感、有关联。把头像、职业和爱好结合起来，别人一看，就会引发联想。尤其是职场人士，形象照和职业结合起来，会更有力度。

3. 微信签名设计原则

微信签名可以加深互动印象，一个好的签名可能比较简短，要精准、吸引人。签名的语句应注意温婉不生硬、不突兀。

（二）微信朋友圈营销

1. 微信朋友圈营销作用

通常认为微信营销具有以下作用：获得海量用户关注、推送实用信息及广告、锁定精准目标用户、在线完成产品销售、维护老客户、塑造企业良好品牌及口碑、有效的危机公关。

微信朋友圈是传播和营销的渠道。朋友圈品牌广告推送就是传播的一种，但是这种方式适合大企业、大品牌，中小企业和创业企业通过朋友圈发展代理建立营销渠道的模式是比较可取的。在朋友圈营销，首先要做到不让人反感，取得朋友圈粉丝的认可和信任以后，再慢慢导入营销。

2. 微信朋友圈设计

社会化媒体中的微信朋友圈信息流广告发展出现新的趋势：一是"转化率"问题。即对于微信广告来说，极高的广告投放成本如何转化为产品的销售额或者 App 的下载量，有待考量；二是"差异化整合营销"问题，即制定符合个性的创意，精准营销，考虑用户体验、用户隐私。

1）个人定位清晰

个人定位一定要与自身的优势、爱好、个性相关。能让别人产生认同感的朋友圈，一定能彰显个性、展现优点，并贴近生活。在微信朋友圈打造个人品牌，就是要展现最真实的一面，而且还要进行适当的包装。定位越清晰，就越容易建立自己的品牌。微信名字、头像、个性签名等都是跟个性相关的。同时，进行个人定位的时候一定不要忘记自己的爱好。

2）坚持原创

无论是产品广告，还是生活分享，都要坚持原创。对于原创的文案，其互动情况和销售效果一般都会好一点：销售产品时，不同的场景需要不同的表达方式，要有针对性，不能千篇一律。营销者要清晰了解自己的粉丝、受众人群。例如，客户是学生，他们更喜欢一些有趣的内容；客户是职场精英，就需要用一些更实用、更严谨的表达去打动他们。要想真正做好微商，驾驭文字和图片的能力很重要，能说会写的人做微信营销会更有优势。如果朋友圈的内容都是原创的，并且个性鲜明，这样的内容自然很有受众。每发一条朋友圈的时候，都应该思考为什么要这么发，为什么这么写，要深思熟虑，要有目的性地去做这件事情。

3）掌握互动技巧

没有互动的朋友圈是缺乏吸引力的。如果朋友圈有很强的互动性，点赞数、评论数就会很多，营销就会水到渠成。例如，初学者可以在朋友圈发一些自己编的段子，这就是娱乐性的一个技巧。也可以把自己不好的一面发出来，自黑需要勇气，同时也是自信的一种表现。

4）配图有讲究

配图要注意文字和图片相匹配。图片要有个性，要有吸引引力。文字不要超过 200 字，一眼就能看完全部内容是最好的。

5）学会借力

懂得借力,借助名人,利用名人做背书,与大咖建立联系。

6）提供价值分享

在朋友圈中可以多一些生活分享,少一点抱怨、牢骚,朋友圈每天分享不宜过多。

7）把握广告时间段

每个时间段发的广告内容不一样,取得的效果也不一样,早晨 7 点至 9 点适合传播正能量的信息内容;中午 12 点至 1 点午饭休闲时间插播广告,效果会好一些;傍晚 6 点至 9 点下班回家的路上适合发布广告;深夜 11 点至凌晨适合情感类内容的分享,不适宜发广告。

3. 微信朋友圈营销内容的发布规则

企业应将微信作为品牌的根据地,吸引更多人成为粉丝,再通过内容和沟通将普通粉丝转化为忠实粉丝。当粉丝认可品牌、建立信任后,自然会成为顾客。以下是结合实践经验总结出的发布微信朋友圈内容的四条规则。

1）内容为王

微信朋友圈内容定位应结合企业的特点,同时站在用户角度,而不是一味地推送企业自己的内容。只有当用户能从你的微信朋友圈获取想要的东西时,才会更加忠实于你,和你成为朋友,接下来的销售才会理所当然。关于微信的内容,有一个"1+X"的模型,"1"是最能体现账号核心价值的内容;"X"则代表了内容的多样性,迎合并满足用户的需求,增强内容的吸引力。

2）拒绝骚扰

微信朋友圈内容推送一周不要超过三次,太频繁了会打扰到用户,最坏的后果可能是用户取消关注;当然,太少了用户也会抱怨。内容不一定都是图文专题式的,也可以是一些短文本,文本字数一般一两百字,关键在于内容能引发读者思考,产生思想火花,形成良好的互动效果。

3）人工互动

微信的本质是沟通平台,沟通需要有来有往,所以人工互动必不可少。从沟通的效果而言,见面显然是效果最好的方法,也更容易拉近感情。线上线下活动结合的意义在于,面对面的交流更容易培养忠实的粉丝,产生更鲜活、更接地气的内容,这样的微信公众号才会显得更加真实,更有亲和力。另外,微信光靠自然增长用户会很有限,线下活动也是增加微信用户的重要手段。

4）他山之石

如果关注了 100 个竞争对手的微信,就会有 100 个账号在教你怎样做好微信营销。微信内容不能靠一招鲜,拼的是投入和执行力,长期坚持下去,在实践中不断积累经验,培养良好的感情,目标才能实现。

4. 微信朋友圈掉粉原因

微信带来的是强关系链。运营微信,为了积累更多客户和人脉,但与此同时,也存在着掉粉问题。原因主要有以下几点。

（1）过于频繁地更新内容,每一个人都有自己的工作、生活,没有时间阅读太多的信息,很多商家为了增加客户对自己品牌的认知,就会大量推送营销信息,其实这是一种错误的做法。因为每一个人的时间都是有限的,所以不要影响客户的生活,浪费朋友宝贵的时间,尊重每一位顾客。需注意更新的频率,一般一周更新两三次就可以了。

（2）没有持续提供价值。刚开始目标客户关注朋友圈,可能是因为好奇心、你提供了一些优惠政策或是一些吸引人的广告,虽然目标客户一时兴起,但是否真正进入你的圈子,还有待时间检验,客户还会进行仔细观察、考虑,看你是不是一直能提供更多的价值。因为他们关注,不仅投入了宝贵的时间,而且希望得到更多有价值的回报,如果没有,他们就会取消关注。

（3）信息质量不高。根据自己的实际经验、特长爱好、生活方式,朋友圈适当发布一些正面、积极向上的信息。如果朋友圈信息有足够的号召力,经常浏览、关注朋友圈的人或多或少都会受到发布信息的影响。有些人可能看到一些公众号发的心灵鸡汤,觉得有用,就会转发到自己的朋友圈,而且会持续转发,从来不发自己的信息,时间久了最终会被大家屏蔽、拉黑,甚至删除。

【课堂互动 2】

你在使用下面哪些产品或服务时更依赖微信朋友圈的社交口碑？为什么有些产品在朋友圈更容易销售？针对不同类型的产品,应该如何发布微信朋友圈的内容？

A. 驾驶员培训　　　　B. 手机　　　　　　C. 商品房　　　　　D. 运动鞋

E. 专升本培训班　　　F. 水果店　　　　　G. 钢材　　　　　　H. 化妆品

（三）微信公众号营销

微信公众号营销是伴随着微信的火热而兴起的一种网络营销方式,与微信个人号相比,微信公众号更具备营销工具的特点,因此一经发布很快就成为企业及个人应用最为广泛的移动营销工具,微信不存在距离的限制,用户注册微信后,可与周围同样注册的朋友形成一种联系,订阅自己所需的信息,商家通过提供用户需要的信息,推广自己的产品,从而实现点对点的营销。

1. 微信公众号营销原则

1）注重用户价值

为用户提供价值是一切营销的基础,这一点在微信公众号营销中体现得更为明显,因为每一位阅读者都有可能是你的朋友,微信内容的创作需要让阅读者觉得这些都是与他们息息相关的内容,从而可以增加阅读量。

2）内容简单

现在的大多数读者,无论在哪一个平台上阅读,体现的都是一种碎片化阅读,他们对于长篇大论的文章可能就取其中的一小段进行阅读,所以在手机阅读模式下,要尽量简单化,为用户提供更关键的信息。

3）注重灵活性

微信公众号的内容不仅仅只是企业的信息或者企业的营销软文,它可以是涉及时尚、旅游、饮食等方面的文章,内容相对灵活,这条原则与上一条原则相结合,更能满足用户的阅读需求。

4）具有可信度

内容的可信度是微信营销的基础。

5）资源共享

在微信内容生态系统中，用户是核心，有了用户，价值才能最大化；因为用户分享，内容得以被传播与关注；因为互动交流，微信内容才可以被更多用户所了解。一个好的微信内容应该具有生态化的思想和策略，这样才能不断发展壮大。

2. 微信公众号营销内容设计

1）美观的封面

好的微信公众号文章要想获得更多的阅读量，就要有美观的封面，这能给读者留下第一印象，对阅读量有着直接作用。

2）吸引人的文章标题

每一篇文章都要有醒目的标题，一个标题是对整篇文章的总结，是文章重要信息所在。其中，文章的标题对文章还起着推广作用。所以，对于每一篇文章的标题，都应该进行合理谨慎的设计。

3）突出重点内容

微信公众号应将自身的功能和服务的核心特点展现出来，用简单通俗的语言来概括最有价值的内容，突出独有的特点。

4）巧妙的推广方式

除了发布个人信息之外，还可以添加一些推广信息。此处的推广有两方面的内涵：第一，可以在文章开头或者结尾添加一些二维码或者相关文字提示，提醒用户关注想让他们关注的内容。第二，可以在文章内容中添加原文链接，对于用户来说可起到引导作用。相对于其他平台来说，微信公众号内容的编辑规范要求可能较高，但是这样可以让用户关注核心内容，不受其他无用信息的干扰。

3. 微信公众号的三种运营方式

微信公众平台的功能定位到底是什么呢？结合微信的消息群发功能，微信公众平台的主要功能定位为群发推送和自动回复。群发推送是公众号主动向用户推送重要通知或趣味内容。自动回复则是用户根据指定关键字，主动向公众号提取常规消息。

微信公众号到底能做什么呢？微信产品总监给出的答案是互动沟通、用户管理、服务定制，见图 3-1。互动沟通就是消息的发送回复，用户管理则提供分组、资料、素材库等服务，服务定制即进行会员卡绑定、提供企业 CRM（客户关系管理）等。这些功能的细分可能会给相关行业的企业或开发者带来更多的机会。

互动沟通： 有序群发信息 单聊会话信息 自定义消息回复	用户管理： 用户分组管理 用户资料查看 用户信息回复 自定义信息回复	服务定制： 会员卡绑定 企业CRM 在线支付 其他

扫码阅读：
微信公众号
基础操作

图 3-1　微信公众号功能

【课堂互动 3】

常用的微信公众号有哪些？简述订阅、使用感受。

（四）微信视频号营销

1. 视频号功能分类

2020 年 6 月,视频号进行了一次大规模的改版,首页分为关注、好友点赞、推荐、附近与个人五个入口,在关注中可以看到个人关注的视频号的更新内容,在好友点赞中可以看到朋友圈好友点赞的视频号内容,在推荐中是根据算法推荐可能感兴趣或喜爱的视频内容,在附近中则是推送地理位置相近的视频博主。在个人视频号页面中,包括浏览设置和我的视频号两部分内容,其中,在浏览设置中主要包括个人关注、点赞和收藏的动态、消息、私信五个部分。

2. 视频号账号分类

视频号主要分为个人号、营销号、官方号三类,个人号主要为网红、带货主播和个人 IP 打造;营销号主要服务个体工商户、企业,以打造爆款内容吸引粉丝流量,从而帮助销售产品或服务;官方号主做品牌,用于输出口碑,扩大产品及品牌的曝光度,提高产品的转化率。

在内容上要选择产品和品牌作为宣传主体,结合时事热点,再围绕产品和品牌产出内容。

3. 视频号的优势

首先,视频号最大的优势是吸引眼球,朋友圈只有关注你的人才能看到,公众号是给粉丝看的,除非粉丝主动分享,否则也不会广泛传播。视频号是开放的,只要作品足够优秀,理论上,微信用户都有可能是视频号的粉丝。

其次,支持添加公众号链接,公众号的变现非常成熟,但涨粉是所有号主的难题,通过视频号引流,为公众号带来新的源头活水,这是公众号的又一波红利。

最后,视频号有类似微博的功能。发布内容支持"＃＃"和"@",这两个符号对视频号的引流异常重要。任何用户都可以一键将视频号内容分享到朋友圈,这个优势极大地方便了视频号粉丝裂变。

【课堂互动 4】

微信视频号与其他视频平台使用有何不同?

五、任务实施

（一）个人微信营销

分析 3 个朋友的微信账号,填写表 3-6,简述有哪些可优化的部分。

表 3-6　个人微信营销分析

账号名称			
昵称			
头像			
个性签名			
微信朋友圈封面			

（二）微信朋友圈营销

填写表 3-7,将自己的朋友圈信息与他人的朋友圈信息对比。

表 3-7 微信朋友圈信息对比

项 目	自己的	他人的
内容主题		
发布时间		
信息配图		
朋友互动		

（三）微信公众号营销

图文并茂的文章不仅受到"粉丝"的喜欢,也是公众号文章编辑的必备条件,所以一定要好好利用图片。一般而言,针对公众号文章使用图片多少这一问题可以从两方面来理解:一方面是平台推送的图文消息的多少,另一方面是文章中排版所用图片的多少,图片数量对平台"吸粉"引流能够起到一定的作用。

对于微信公众号运营者来说,在微信公众平台上发出的文章内容,要让用户第一眼能看到最好的图片显示效果,这样才能吸引用户点击浏览正文内容。

微信公众号文章的配图多种多样,每种配图的尺寸也不一样,请尝试填写表 3-8。

表 3-8 公众号配图的尺寸

公众号配图类型	尺寸(像素)	公众号配图类型	尺寸(像素)
公众号首图	900×383	小程序封面	
公众号次图	200×200	文章配图(横版)	1024×768
表情包		文章配图(竖版)	1280×1920
横版海报		文章配图(方形)	1024×1024
关注二维码	900×500	动态分割线	
引导关注		微信红包	
再看提示		方形二维码	
热文链接		视频封面	

六、任务工单（作业）

请在表 3-9 注册订阅号与服务号中进行练习实践并完成表格填写。

表 3-9 注册订阅号与服务号

任务名称	注册订阅号与服务号
任务目的	通过注册订阅号与服务号,掌握微信公众号的注册流程,能够为个人、企业注册并开通微信公众号,能够策划合适的账号名称和账号定位

任务内容	1. 登录微信公众平台,了解个人订阅号、企业订阅号的注册流程。 2. 注册订阅号,并策划合适的账号名称和账号定位。 3. 登录微信公众平台,了解服务号的注册流程。 4. 注册服务号,并策划合适的账号名称和账号定位
任务提示	无论是订阅号、服务号,还是企业微信账号名称的要求都是 3～30 个字符,功能简介是 4～120 个字符

第(　)组	姓名					
	班级					
	学号					

任务实操	1. 以自己的身份信息,注册一个个人订阅号。将实操过程的主要步骤截图。

2. 将上述的个人订阅号相关信息填入下表。

账号名称		账号定位	
功能介绍		运营地区	

3. 以小组为单位,帮助企业或个体户注册微信服务号。将实操过程的主要步骤截图。

4. 将上述的微信服务号相关信息填入下表

企业类型	□个体/□工商户	账号定位	
企业名称		营业执照注册号	
验证方式		运营地区	
账号名称		功能介绍	

七、能力评价

在本次任务完成后,由任课教师主导,采用学习过程评价与学习结果评价相结合,综合运用自我评价、小组评价及教师评价三种方式,由教师确定三种评价方式分别占总成绩的比例,并加权计算出学生个人本次任务的考核评价分,详见表3-10。

表 3-10 任务完成考核评价

项目名称	开展微信营销		任务名称	掌握微信营销的模式
班级			学生姓名	
评价方式	评价内容		分值	成 绩
自我评价	任务工单的完成情况		60	
	对知识和技能的掌握程度		20	
	我胜任了小组内的工作		20	
	合 计			
小组评价	本小组的本次任务完成质量		30	
	个人本次任务完成质量		30	
	个人参与小组活动的态度		20	
	个人的合作精神和沟通能力		20	
	合 计			
教师评价	个人所在小组的任务完成质量		30	
	个人本次任务完成质量		30	
	个人对所在小组的参与度		20	
	个人对本次任务的贡献度		20	
	合 计			
总评＝自我评价×（ ）%＋小组评价×（ ）%＋教师评价×（ ）%＝				

任务三 熟悉微信营销数据分析

一、任务简介

微信公众号运营一段时间后需要学会看数据分析,数据分析能够帮助我们去做些改进。比如每天推送的图文消息,其浏览量和转发量。设置了自定义菜单之后,这个自定义菜单的点击量,哪个菜单用户比较喜欢等。为了更好地分析微信营销效果,运营者可以使用第三方数据分析工具,从而做好细致且深入的数据分析工作。

二、任务准备

订阅微信公众号的同时利用微信公众号发表若干数量的文章。

三、任务实施路径

收集、整理资料，明确的公众号数据分析的意义（30分钟）

知识讲解后结合资料查阅，了解微信营销KPI的衡量指标（60分钟）

通过案例分析比较，熟悉微信营销的KPI考核标准及计算方法（90分钟）

四、知识链接

（一）了解微信营销 KPI 的衡量指标

关键绩效指标是通过对组织内部流程的输入端、输出端的关键参数进行设置、取样、计算、分析，衡量流程绩效的一种目标式量化管理指标，是把企业的战略目标分解为可操作的工作目标的工具，是企业绩效管理的基础。KPI（关键绩效指标）就是衡量和检验营销的标准，那么，对于微信营销公众号来说，应该包括的 KPI 指标可参考图 3-2。

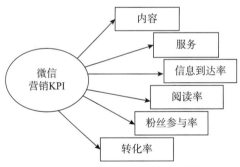

图 3-2　微信营销 KPI 包含指标

1. 微信内容营销衡量指标

（1）独立访问量。独立访问量是最典型的衡量指标，能够明确表示出在特定时间内有多少用户浏览了你的内容。这个 KPI 指标可以用来对比不同类型的内容及发展趋势。

（2）地域分布。可以按地域对阅读的用户进行分析，从而制定更好的营销策略。

（3）图文浏览量。这能够表明读者的参与度，浏览量高通常意味着读者会经常定期访问。这也是一个很好的衡量内容的方式，能够帮助了解内容所获得的传播效果。可以帮助自己针对读者的喜好，优化以后发布的内容。

（4）读者评论。在社交媒体时代，发布的几乎所有内容都将成为双向沟通的话题，评论越多,就代表话题针对性越强。企业可以针对评论进行话题策划。

(5) 社交分享。如果想让自己的内容吸引到更多人的注意,最有效的方式就是让人们在社交网络中进行分享。即便是得到为数不多的社交分享,内容也能够以不可思议的速度迅速传播开来。

因此,衡量成功的最终指标通常就是内容营销策略所获得的潜在消费者数量。然而,在追求潜在消费者或销售额的过程中,不要忽视这些 KPI 指标,这样才能够从内容传播中获得更多的成果。

2. 微信服务衡量指标

微信服务可以从如何留住粉丝,提高粉丝的满意度来衡量。例如,服务号是否提供了400 开头或 800 开头的全国免费电话、在线留言与产品评论、网站帮助、配送范围与物流费用、支付方式、退换货标准等服务,客户遇到的问题是否及时得到解决,客户的满意度是衡量微信服务的主要 KPI 指标。

3. 微信信息到达率衡量指标

微信的到达率是 100%,企业信息可以强曝光。但是切记这里的到达率是指发出去真正的阅读量。信息到达率是指企业发布的信息内容对接受对象的信息需求的有用程度和影响能力。这个定义涵盖以下内容:一是有用性,信息内容有较高的使用价值。二是实用性,信息内容对改变观众的学习、生活、工作和事业发展有实实在在的帮助。三是权威性,信息内容真实可信,准确无误,对社会和公众极为重要。四是公信力,信息内容在观众记忆中留存的时间长,并具有能引发联想的空间。五是覆盖面,信息内容在传播区间内有效的接收数量。

信息到达率应该从粉丝需求、关注度、受众满意度和有效转发等参考指标和要素出发,主要根据粉丝的需求整合信息资源,实现信息传播的时效性和有效性、实用性和共享性,提升信息质量,对粉丝产生较强的吸引力、影响力和说服力。主要从以下三个方面入手。

(1) 需求性。具体来说,企业微信应该从六个方面考虑粉丝对信息的接受程度:需要什么;想看到什么内容;知道了什么;相信了什么;思考了什么;结论是什么。一定要知道"对谁传""传什么""怎么传",把这个作为信息取舍和发布的标准,从而构成信息互动,为信息到达率奠定基础。

(2) 关注度。这是引发粉丝的关注与浓厚兴趣,实现信息到达率的重要手段。企业微信所发的信息,满足粉丝的消费需求越直接、越有用、越实用,粉丝的关注度就会越高,关注面就会越广。因为有用、实用、共享是关注度的重要考核标准。

信息的有用程度越高,接受者越重视,信息也就越有传播价值。例如和人们生活相关的价格信息、供求信息等公众倍加关注的信息。实用性是指信息的及时性、重要性和可靠性,最重要的是解决问题的客观存在性。例如与粉丝相关的日常生活、学习、工作、事业等有实实在在帮助的内容。共享性信息是指能够满足大众生理、心理和欣赏、休闲消费类信息,一般指文化娱乐和知识类资讯,可以简单地理解为精神消费类信息。

(3) 满意度。满意度作为信息到达率的重要指标,主要反映在传播过程中,是否满足了粉丝的急需。一是提供粉丝急需的、能够帮助解决问题的信息;二是提供有利于提高其业务水平的相关信息。

4. 微信阅读率衡量指标

阅读率的下降,暴露出了微信内容不理想的问题。在"快速、快感、快扔"的消费时尚的引导下,以快餐式、跳跃性、碎片化为特征的"浅阅读"正成为阅读的新趋势。读图代替读文,读屏代替读书,读博客代替读经典,读故事代替读思想已成为常态。因此,微信阅读率衡量指标主要从阅读的娱乐化和实用性入手,主要衡量指标有三个:①内容的可读性,只有导读具有可读性,才能吸引更多的读者。②内容的贴近性、鲜活性、趣味性和服务性,如果内容可以成为读者的信息超市、生活帮手和精神伴侣,达到与读者心心相印、水乳交融的理想境界,就能赢得读者的认可和赞誉。③有用性,要抓"有用"的内容。

5. 粉丝参与率衡量指标

微信是线上社交工具,微信用户热衷于虚拟网络世界中的交流和分享,用户在网络中的交流与分享行为,正是微信营销所需要的"粉丝参与率",粉丝参与率主要是指微信营销活动中,通过粉丝的点赞、留言、转发、分享等行为,帮助消费者产生的对产品的认识和记忆以及增强的消费者的购买信心。

粉丝参与率的衡量指标包括互动次数、互动天数、互动内容等。互动次数包括所有互动类型的互动次数,无论是长内容文字还是一个表情都传达了粉丝的参与感。互动天数是指在所观察的时间周期内,粉丝来访互动的天数,该指标反映出与社群的黏度,互动内容中的文字消息更多地传递了粉丝的情感、偏好、建议、投诉等,文字消息量越多越需要用户付出更多的关注、心智和情感,参与度更深。从互动次数、互动天数、互动内容量单项以及单项合成的综合指标,可以计算出粉丝参与度排名和相关互动值。参与率的提升方法,即促销方式,包括折扣促销、有奖促销、免费促销、积分返现促销等。

6. 转化率衡量指标

转化率是企业微信能否盈利的核心,是衡量企业微信综合运营实力的重要指标。企业微信转化率是指微信粉丝当中,有多少比例的人发生过对企业微信有利的动作行为,有利的动作行为包括购买交易行为、收藏微信、对微信进行二次访问、咨询企业微信和宣传微信。

考核企业微信转化率的因素有品牌、用户体验、商品吸引力、客户服务、顾客行为等,这里重点讲述商品吸引力因素。企业微信需要有好的商品、好的客户服务,更需要吸引客户注意力。商品吸引力主要从以下几个方面考虑:商品质量、商品特色、价格优势、商品图片与描述、折扣促销、团购积分活动。特色商品(包括品牌特色和品质特色)有助于企业微信转化率的提升,例如销售其他平台没有的产品,选择竞争对手少的行业去做,垂直化、细分化,做出有品质特色的产品。另外就是价格,价格是直接影响企业微信盈利的关键所在,也是与竞争对手展开竞争的重要手段之一。根据自身优势给产品选择合适的定价策略,让自己的商品在价格上有优势,有助于促进销售、提升企业微信的转化率。

例如,在知名的"新榜"公众号分析平台中,可以选择公众号的排行榜、排名上升最快、文章排行榜等各种数据,由此进行分析,判断自身的定位。

(二)熟悉微信营销的 KPI 考核标准及计算方法

营销的本质是传播,既然是传播,就必须有一个合适的 KPI 标准。如果公众账号没有形成传播或传播的力度不够,无论想借助它实现怎样的营销目的都将很难达成,所以,微信营销要遵循服务、互动的原则,进而为客户创造价值、诱发分享,从而达到营销的目的,另外就是要借助微信提供的手段进行客户锁定、拓展、维系、服务,从而不断地增加客户、产生交易、形成利润、达到最终结果。

综上所述,微信营销一定要本着互动、服务、为客户创造价值的原则来进行。依据这个原则来设定考评公众账号运营的 KPI,从而观察和分析营销的效果,一般包括如下几个 KPI 指标。

1. 粉丝数

粉丝数(累积关注人数):原有关注人数+净增加关注人数(即新关注人数-取消关注人数)。微信公众账号的粉丝超级精准,且来之不易,粉丝数是第一指标,这决定了传播的直接效果,大部分微信传播都不能打破第一环。

2. 流失率

微信公众账号不能主动添加好友,而公众账号的好友却可以随时关闭与账号的互动,这种状况称为流失率,营销理论认为,吸引一个新客户的成本是留住一个老客户的五倍,精准客户流失一个都是极大损失,所以考评微信运营的重要指标是流失率,绝不能因为好友增长大于流失而忽略对流失好友的关注。

3. 传播率

理论上微信传播的到达率为 100%,但是,要实现传播效果的放大,需要打破第一个闭环,通过定位精准的内容诱发传播,生发出不亚于微博的开放传播,但这一点极难实现,所以微信的传播率更难实现,而一旦实现,回报便会呈指数级增长。

4. 转化率

从在线的关注到线下的消费,或是从线上的关注到线上的消费,每一次从好友到客户的转化,以及好友转化的比例,都是最终考评营销效果的关键、打造营销的终极目的。

5. 好评率、分享率、反馈率等

这几个指标也可以作为参照,针对公众号实际营销行业内容的区别,选择适合的 KPI 指标,用于评估营销行为是否有效。

五、任务实施

1. 公众号数据的重要性

通过微信公众号后台,可以了解到哪些数据指标? 请填写在表 3-11 中。

表 3-11　微信公众号后台的数据指标

新增关注数	
取消关注数	
净增关注数	
单篇图文阅读量	
全部图文阅读量	
微信菜单点击数	

2. "掉粉"原因

峰值数据是在分析用户增长时需要特殊注意的情况。当"涨粉""掉粉"在某一天达到波峰时,一定要引起关注,特别是当推送后就"掉粉"的情况发生时,通常说明两种原因。

(1)用户问题通常分为两种:一种是"路人粉",也就是通过活动或者领奖来关注的,因此当推送的文章他们没有产生兴趣时,取消关注也是必然;后种则是"精准粉",通常是精准用户。

(2)文章问题导致的"掉粉"其实很少,除非是账号定位很不明确,推文质量也良莠不齐。采用前人经验撰写的标题、文章总不会太差,不至于一推送就因为文章质量而取关,所以不要妄自菲薄,过于焦虑。如果遇到大批量"掉粉"问题,那么首先要抓住峰值数据。针对经常阅读的公众号,分析其涨粉掉粉的情况。

3. 数据概况

通过单篇图文"数据概况"中的饼图,可以分析出文章标题与内容的关系,进而对运营做出调整。这里要引入"阅读量 & 朋友圈分享占比"四象限图,如图3-3所示。

图3-3 "阅读量 & 朋友圈分享占比"四象限图

通过认识"阅读量 & 朋友圈分享占比"四象限图,可以清晰地分析文章标题与内容的关系。

(1)阅读量高、朋友圈分享占比高:标题吸引人、内容质量上乘。这是我们追求的文章最高境界,是具有最佳传播潜质的爆款文章。

(2)阅读量低、朋友圈分享占比高:说明标题虽然不够吸引人,但看过文章内容的人都觉得不错,乐意分享朋友圈。这时需要反思以后的标题如何优化。

(3)阅读量低、朋友圈分享占比低:标题、内容都不好,标题让人没有点击欲望、内容差。这种情况时喜欢看的人少,愿意分享朋友圈的人就更少。

(4)阅读量高、朋友圈分享占比低:这在一些大号运营中很常见,文章的内容很一般,阅读量高全凭"标题党"及已关注"粉丝"的打开量。"粉丝"看到标题起得太好了,点开看完文章后觉得远远没达到标题描述的预期,便不想转发。

找到1~3篇文章,用"阅读量 & 朋友圈分享占比"四象限图分析文章标题与内容的关系。

六、任务工单(作业)

请在表3-12中进行微信公众号数据分析。

表 3-12 微信公众号数据分析

任务名称	微信公众号数据分析					
任务目的	通过本次实践操作,能够对微信公众号的营销活动进行数据分析,以便优化公众号的运营					
任务内容	1. 登录微信公众平台,进入数据统计分析模块。 2. 绑定某个公众账号。 3. 依次对微信公众号进行用户分析、消息分析、菜单分析、图文分析。 4. 简要撰写数据分析报告					
任务提示	为了更好地分析微信公众号数据,建议使用西瓜数据、清博指数等第三方数据分析工具,获取更多运营数据					
第( )组	姓名					
	班级					
	学号					

任务实操	1. 对微信公众号进行用户分析,将相关信息填入下表。 微信公众号名称 	新增关注人数		取消关注人数	
净增关注人数		累计关注人数	
搜索关注人数		扫码关注人数	
图文关注人数		支付关注人数	
用户的性别		语言	
年龄		城市	| 2. 对微信公众号进行图文分析,将相关信息填入下表。 微信公众号名称 | 送达量		会话阅读量	
首次社群/朋友圈分享量		在朋友圈/社群再次分享量	
在朋友圈阅读量		文章标题与内容的关系度		 3. 简要撰写数据分析报告,不少于 1000 字

七、能力评价

在本次任务完成后,由任课教师主导,采用学习过程评价与学习结果评价相结合,综合运用自我评价、小组评价及教师评价三种方式,由教师确定三种评价方式分别占总成绩的比例,并加权计算出学生个人本次任务的考核评价分,详见表 3-13。

表 3-13　任务完成考核评价

项目名称	开展微信营销		任务名称	熟悉微信营销数据分析
班级			学生姓名	
评价方式	评价内容		分值	成　绩
自我评价	表 3-6 的完成情况		20	
	任务工单的完成情况		50	
	对知识和技能的掌握程度		10	
	我胜任了小组内的工作		20	
	合　　计			
小组评价	本小组的本次任务完成质量		30	
	个人本次任务完成质量		30	
	个人参与小组活动的态度		20	
	个人的合作精神和沟通能力		20	
	合　　计			
教师评价	个人所在小组的任务完成质量		30	
	个人本次任务完成质量		30	
	个人对所在小组的参与度		20	
	个人对本次任务的贡献度		20	
	合　　计			
总评＝自我评价×（　）％＋小组评价×（　）％＋教师评价×（　）％＝				

项目四

学会新媒体营销——微博营销

项目名称	学会新媒体营销——微博营销
项目概况	微博作为一个比较火爆的社交平台,已经成为企业宣传和引流的重要渠道,企业微博作为企业对外宣传的窗口,对于企业开展网络营销活动有着非常重要的意义。 　　本项目通过认识微博营销、微博营销入口设计技能、微博营销推广技能技巧这三个任务的学习,培养和提升学生的微博撰写和营销能力。 　　通过三个任务的学习,掌握微博营销的方法,能够举一反三,充分了解微博与微博营销,运用微博营销策略与方法,实施微博营销,达到《互联网营销师》的中级部分能力标准
思维导图	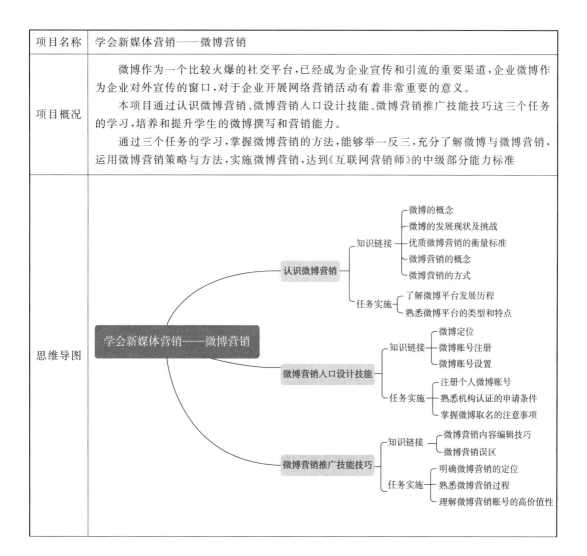

学习目标	知识目标	1. 了解微博的概念。 2. 了解微博内容规划。 3. 理解微博定位的种类和特点。 4. 理解微博内容编辑的原则。 5. 掌握微博认证的类型和条件。 6. 掌握微博营销的概念和特点
	能力目标	1. 具备分析判断微博营销方式的能力。 2. 能够注册微博,并使用相关功能。 3. 能够根据需要合理编写微博内容。 4. 能够在编写微博内容的过程中提升微博内容的趣味性和互动性
	素养目标	1. 培养学生的微博营销思维。 2. 培养学生诚信守法的经营意识。 3. 激发学生利用微博营销工具开展营销活动的热情。 4. 培养学生沟通和团队合作的精神。 5. 在编写微博内容的过程中,引导学生树立正确价值取向,弘扬社会正能量的价值导向。 6. 培养学生精益求精的工匠精神
项目组织	教学安排	1. 项目目标和介绍:在课程开始前,明确课程的目标和重要性,对认识微博营销与微博营销项目进行详细介绍。 2. 理论知识学习:通过微课、课堂互动等形式,了解并掌握微博、微博营销的特征、相关理论知识和实用技巧。 3. 实操演练:通过教师演示、作业布置等方式,引导学生开展并掌握微博营销模式的实操练习。 4. 案例分析:深入分析微博营销策略、成功案例和失败案例,让学生能够学习到实践经验和教训。 5. 实践项目:引导学生开展实践项目,锻炼营销能力和解决问题的能力。 6. 教学评估:通过作业、考试、项目报告等方式,对学生的学习成果进行评估和反馈
	教学组织	1. 学习小组:根据班级规模和学生人数,组织学生形成小组,进行讨论、合作和互助学习。 2. 互动交流:通过线上或线下的讨论区、微信群等方式,教师与学生进行及时的互动交流,解答问题和提供指导。 3. 实践辅导:教师根据学生的实践项目情况,进行指导和辅导,给予实质性的帮助和意见。 4. 项目布置和批改:教师布置新媒体营销实训项目,要求学生完成项目,并及时批改和点评,给予学生反馈和建议
	教学成果	1. 利用微博平台,熟悉微博的类型及特征。 2. 利用微博营销典型案例,熟悉微博营销模式与策略。 3. 利用微博营销典型案例,理解微博营销思维

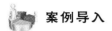 **案例导入**

假微博，真有价——虚假微博衍生"刷粉"经济

打开微博页面，各种账号让人眼花缭乱，各种"资深人士""首席顾问"的微博、官方微博的权威发布让人目不暇接。这些或是言之凿凿，或是加 V 认证的账号背后，有不少猫腻。

目前，几大门户网站纷纷启动微博用户的实名认证，并出台了相关规定对虚假微博账号进行清理。但从虚假名人到虚假媒体，从虚假记者到虚假商铺，微博上虚假账号层出不穷、花样翻新，屡禁不止的网络谣言让微博用户们"很受伤"。更有甚者，虚假微博依靠"刷粉"盈利，公然买卖粉丝、账号，衍生出"变味"的网络营销链。

当前的一批微博虚假账号，有的是子虚乌有、凭空捏造，借助听起来有来头的称谓提升影响力。虽然微博有认证功能，但是有些账号内容比较丰富、粉丝众多，可能会使部分网友犯迷糊。新浪微博表示，虽然新浪一直致力于审核、监测技术和制度的升级，但目前来说，"现在还很难做到对虚假微博账号进行一次性的清理"。

"刷粉"已经成为很多网络营销和微博用户盈利的重要手段之一。一个微博账号，粉丝数量越多，说明它的关注度越高，影响力越大，其经济潜力就越大，"刷粉"经济便应运而生。很多网络营销公司或微博达人便注册大量的虚假账号，专门用于粉丝的买卖。

业内人士介绍，从过去软件自动"刷粉"到现在的半人工半软件操作，从"僵尸粉"到"质量粉"，从单纯的粉丝买卖到日益完善的售后服务，网络营销公司"刷粉"的技巧越来越高，也越来越难被辨识。"刷粉"经济除了粉丝的买卖之外，微博账号的交易也非常"兴隆"。某些网站有专门的微博账号买卖专区。虽然经过数次整顿，但在很多论坛和电商网站上，微博账号的交易依然红火。虚假账号已经成为一种商品，买卖渐成市场。

虚假微博账号出现的根本原因在于利益驱使。"刷粉"业务的出现乃至泛滥，究其原因，说明存在巨大的需求。由于我国法规暂时并未禁止利用微博炒作的行为，导致这种现象愈演愈烈，"刷粉"行为对互联网经济的发展产生了不良影响。微博的公信力和价值都是建立在粉丝的基础上的，无论网民、平台服务商还是管理者，都应该坚守底线，杜绝网络上的虚假行为。

 # 任务一　认识微博营销

一、任务简介

新媒体营销时代，微博运营的优势已经得到了广泛认可。于企业而言，微博营销是一种低成本高收益的营销渠道，能够为营销者的产品起到推广、宣传的作用，从而提高产品的品牌知名度和影响力，为企业争取更大的市场份额。那到底微博与其他新媒体营销工具相比有何特点，优质微博的衡量标准有哪些？微博营销都有哪些方式，开展微博营销都有哪些技巧？带着这些问题，在本任务中可以找到高效的解决方法。

二、任务准备

（1）在手机中安装微博 App。

（2）浏览微博 App 简单了解其功能和应用。

（3）根据兴趣关注相关领域"大V"。

三、任务实施路径

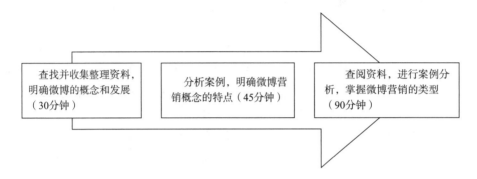

查找并收集整理资料，明确微博的概念和发展（30分钟）　　分析案例，明确微博营销概念的特点（45分钟）　　查阅资料，进行案例分析，掌握微博营销的类型（90分钟）

四、知识链接

（一）微博的概念

微博是一种建立在用户关系上，通过使用文字、图片、音视频等多种媒体形式来实现信息的分享、传播、互动的社交媒体平台。

微博于2009年在我国出现，早期有新浪、搜狐和腾讯等多家平台推出微博功能。由于新浪微博的自身发展与网络运作十分成功，很快发展成为我国国内最有影响力的微博平台。目前，我国国内大部分关于微博的研究工作都集中在新浪微博上，涉及政务微博、营销微博等多个方面。

（二）微博的发展现状及挑战

1. 微博发展现状

1）微博用户全民化

根据《2023年微博用户发展报告》中的数据，截至2023年9月，微博月活跃人数达到了6.05亿，微博活跃用户规模稳步增长，在用户特征上性别比例趋向平衡，用户分布区域覆盖范围较之前进一步扩大，目前微博正朝着建设全民性社交媒体平台的方向迈进。

2）微博内容视频化

微博作为社交媒体平台，其天然优势是移动化、碎片化的互动讨论以及高社交黏性。随着近几年来短视频的火爆，微博也积极与秒拍、美拍等平台合作，进入了视频时代。2017年开始微博为了和抖音等短视频平台争夺用户的注意力资源，推出了微博故事、直播等功能。微博短视频的上线，不仅强化了微博的社交互动性，而且利用社交关系刺激用户拍摄视频，分享更多短视频内容，推进微博短视频创作和消费平台的构建。

3）微博运营垂直化，机构化

微博在垂直领域力求构建每个领域的流量生态、变现生态。因此微博致力于建设微博在各垂直领域的内容生态，基于微博平台，共同发展建设各垂直领域的微博账号和内容。目前，微博已覆盖包括摄影、搞笑、美食、萌宠、游戏、时尚、美妆、舞蹈等55个垂直领域，月阅读量超百亿的垂直领域达25个。随着微博在各垂直领域建设的深化，涌现出的头部账号越来越多，整体规模不断扩大。微博在持续布局垂直内容生态的同时，也在全面推进与短视频机构合作来解决管理头部账号的高成本，专业生产内容输出不稳定，变现能力不足等问题。

2. 微博发展中面临的挑战

1）信息造假情况频发

微博传播信息内容过多，人们也无法有效地分辨真假，经常存在大量的虚假信息和低俗炒作事件，使微博成为不法信息的泛滥之地。例如新冠病毒感染期间，微博等新媒体就存在大量虚假信息的传播，造成社会负面影响。微博和传统媒体不同，传统媒体主要在于事前审查，在发布之前就有一套严格的审查机制，发布的内容经过了严格审查后才允许对外发布。而微博的发布方式更趋向于事后审查，先允许发布再进行审查。如果发现微博发出的内容违反了国家的相关法律法规，其平台会有专门的工作人员进行处理，但会存在滞后现象，微博内容或许已经在网络上存在大规模的传播。微博在处理虚假信息、低俗新闻的审查力度上尚待继续加强，以杜绝不良信息对整个社会带来不利影响。

2）过度商业化引发用户不满

过去作为"公共舆论场"的微博，一度被赋予了"围观改变中国"的宏大愿景，而现在的微博正在全面走向商业化。虽然商业化战略帮助微博转亏为盈，渡过了财务难关，但是过度商业化引发了用户的不满。微博通过电商、广告、内容付费等模式进行流量变现，同时也借助网红的粉丝效应开拓营销市场，将用户按照兴趣做了圈层划分，进行精准化营销。微博这些商业化策略虽然有利于推动发展，但与此同时，频繁出现的广告和过多的营销类信息，使相当一部分的微博用户满意度逐渐下降。

（三）优质微博营销的衡量标准

想要做好微博营销，首先要明确优质微博的评价标准，这样在营销工作中才能有的放矢，微博营销工作才更有方向性。衡量优质微博有四方面的标准。

扫码阅读：
媒介融合背景下
微博对传统报道
方式的挑战

1. 微博账号的活跃度

账号的活跃度是反映微博优质度的首要标准。账号活跃度是指一个微博账号的发布数量和频率，在线时长和微博中进行各种活动的效果就是这个微博账号的活跃度。账号活跃度和微博质量呈正相关的关系。为了提高账号的活跃度，微博的运营者就要增加每天在微博上发布消息的次数，可以通过发布原创和转发相关内容这两种渠道来增加微博的数量和频率。相较于转发相关内容的微博，原创内容因为具有独特性对用户吸引力较强，如果微博账号里全是转发内容而没有原创内容则会降低用户对该账号的看法和印象，所以为了让自己的微博接近优质微博的标准，微博运营者要把握好原创内容和转发内容的比例，提升原创内容比例，账号活跃度才能真正提高。

2. 微博内容的价值性

判断微博账号是否优质的第二个标准就是考虑微博的内容是否是有价值的。一般通过粉丝评论数、转发率和点赞数来评价其账号内容价值的高低。内容的价值性和微博质量呈正相关的关系。第一，粉丝评论数。评论的粉丝数量会直接出现在微博运营者所发布内容的下面，内容的发布者和用户都可以看到，因此粉丝对微博内容的评论数也就成了对内容评价的一个直观依据。显然，较少评论数的账号即使每天发布再多条微博，也难以提高其活跃度。第二，粉丝转发率。粉丝一般看到自己感兴趣的内容会自动转发到自己的微博上，粉丝转发率越高说明微博内容的价值越高，因此要从用户需求出发创作内容，提高粉丝转发率。第三，粉丝点赞数。一般而言，原创内容更容易获得高的点赞数。要想获得高点赞率，除了考虑原创还要在原有基础上增加创意性，平淡的原创内容是无法激发高的点赞数的，因此既有创意又有新意的原创内容才能最大程度吸引用户的关注。

扫码阅读：微有"文化味"的微博——以河南日报微博为例

【课堂互动 1】

分析近期微博上价值性较高的微博账号，找出其粉丝评论数、粉丝转发率、粉丝点赞数，分析该条微博的内容特点，并填写在表 4-1 中。

表 4-1　微博平台高价值性账号举例

细分类别	账号名称	微博内容	对应数据
粉丝评论数			
粉丝转发率			
粉丝点赞数			

3. 活动的参与度

判断优质微博的第三个标准就是活动参与度高低。活动参与度和微博质量呈正相关的关系。一般来说，活动参与度可以从三个维度来判断，即企业用户群的参与数、个人用户群的参与度和相关话题总数量。企业用户群参与数是微博账号被企业微博号关注和参与的数量，如能得到知名企业的关注，引流吸粉的效果会非常好。个人用户群参与数同样是衡量活动参与度标准，虽然企业用户的吸粉能力强，但个人用户的基数占比高，从这两大用户的主流爱好出发能很好地提升用户的关注度和参与度。相关话题的总数越多，活动的参与度越高，要想带动相关话题的热度和参与度，在策划活动的时候就要考虑让活动本身具有更多话题，与外界有更加广泛的联系。

4. 粉丝数量和质量

对微博运营者而言，粉丝数量和质量是非常关键的一个指标，粉丝的数量越多，质量越高，越有利于引流目标的实现。粉丝总数越多，说明该微博发布的内容价值越高，微博的影响力越大。在粉丝质量方面，粉丝结构会影响粉丝质量。如果在粉丝群体中，铁杆粉的数量越多粉丝质量越高，铁杆粉是最有价值的粉丝，因此微博运营应该把吸引和培养铁杆粉作为最终目的。而花钱购买的"水军"数量越多则粉丝质量越差，而普通粉虽然不像铁杆粉那样忠诚度高,但是也可以使得粉丝群体总量扩大,声势增强,这也是微博运营需要重点争取的对象。此外,用户标签也是影响粉丝质量的因素。标签是能非常形象形容某类特征的短语。当看到标签后就会对其内容有大致了解,继而对用户进行具体定位,向其提供有针对性的产品或者服务。最后活动粉丝数、互动粉丝数在总粉丝中所占比例也能很好说明粉丝质量。

(四)微博营销的概念

微博营销是指个人或组织用户在微博平台上通过营销内容的创作、发布、传播、互动来传递商业信息活动。营销者通过在微博平台发布营销内容,为微博用户搭建了一个互动沟通交流的平台,用户进行评论、转发、给他人分享完成营销活动。

微博营销的对象范围广泛,个人、企业、政府及其他类型组织团体都可以开展微博营销活动,但因为营销主体和目的的不同,具体到营销方式上有许多区别。大体上可以把微博营销分成个人微博营销和组织微博营销。个人可以是明星、知名人士、认证用户或非认证用户;组织可以是企业、一般机构、政府部门、公益性组织等。通过微博营销可以在营销过程中更加深入地了解市场需求,进行产品的宣传推广,更好地树立品牌的形象。

(五)微博营销的方式

1. 话题营销

企业利用微博来制造与品牌相关的话题,通过提高用户参与度继而提高了营销效果。在微博平台上,运营者使用"♯♯"这个符号,并在符号之间加

扫码阅读:
微博营销
的特点

上话题名称,即设置了话题议程。对这个话题感兴趣的用户就会主动加入其中,参与话题的讨论。微博运营者通过设置话题议程可以将对话题感兴趣的用户聚集在一起进行沟通与交流,从而提高了用户参与度,进而提高企业的微博营销效果。

在自媒体营销手段中,话题营销是企业或者品牌经常使用的营销方式。通过对新闻事件的把握,制造具有价值的话题,并让这一话题广泛传播,越来越多的企业把话题营销当作吸引用户的重要营销手段。企业在选取热门话题时,要同时考虑到事件的时效性和趣味性,有趣的话题更容易引起用户的共鸣。另外,从用户的搜索习惯来看,用户往往会选择关键词作为搜索的内容,因此企业选取关键词作为话题的名称更能有效提高被搜索的概率。因此,这些关键词要具有吸引力,在高度概括内容的基础上,可以适当地增加趣味性,激发用户的好奇心和阅读兴趣,从而吸引更多的用户参与到话题中。

2. 知识营销

在微博营销中,向用户进行知识传播就是向用户推广产品。企业通过相关知识的有效传播,更为精确地、有针对性地进行精准化营销。通过向用户进行知识营销宣传,让用户建立起对产品的新的认知,进而使得用户萌发对新产品的需求,达到开拓市场的目的。当然,要想在微博中进行知识营销,就必须要遵纪守法、诚实守信、互惠互利,搭建专业的知识型营销队伍,不断强化对微博用户的知识教育和灌输,把营销过程和知识结合起来才能在营销中达到较好的效果。用知识推动营销,最终实现盈利,这就是知识营销的关键。

3. 互动营销

企业在微博平台上发布的信息,用户可以做出点赞、评论以及转发等参与行为,在这个过程中,找到双方利益的共同点,然后在互动过程中抓到恰当的沟通时机和方法,使得双方共同参与,才能达到互动营销的目的。企业在发布微博内容后的较短时间内获得消费者的反馈意见,进而可以与消费者及时沟通。企业微博互动营销策略会影响消费者品牌关系,因此企业可以通过微博平台与消费者之间进行互动获得反馈信息,并据此及时调整产品策略、改善服务,从而提升客户关系,保持客户忠诚度,树立良好的企业品牌形象。

互动营销可以具体从以下几点出发。首先,企业可以在微博平台上多发布抽奖类信息,设置奖品吸引粉丝,强调互动和分享。企业可以用一定量的营销产品吸引消费者的兴趣,作为用户点赞、评论、转发行为的奖励,促进用户的互动参与,从而有效地提高微博营销效果。其次,企业可以利用 KOL 的影响力,让 KOL 之间用有趣的方式发布有关产品信息的微博互动或者 KOL 分享有关产品的生活故事、情感经历与粉丝之间进行互动,以此来提高用户参与行为。再次,企业发布的营销活动的主题要与产品或品牌紧密相连。企业发布与产品相关的营销活动,有助于品牌与用户保持长期的互动。最后,企业可以加强与其他营销渠道的结合,提高用户黏性。企业在发布微博信息时可以添加商城的链接,引导用户全方面地了解产品信息,加强与用户之间的联系。

五、任务实施

(一)了解微博平台发展历程

【课堂互动 2】

收集推出微博服务的门户网站有哪些?收集其上线时间,并思考部分微博服务停止运营的原因,填写在表 4-2 中。

表 4-2　微博平台发展历程收集表

微博名称	相关网站名称	上线时间	是否下线	下线原因分析

（二）熟悉微博平台的类型和特点

【课堂互动3】

通过查找不同类型微博的账号名称和账号粉丝数，比较不同账号的特点，分析其粉丝数量和质量，并填写在表4-3中。

表4-3 不同微博账号类型举例分析

细分类别	典型账号名称	微博内容举例	账号粉丝数	账号特点
企业微博				
政务微博				
校园微博				
个人微博				
其他微博				

六、任务工单（作业）

请在表4-4中分析不同微博营销类型。

表4-4 分析不同微博营销类型

任务名称	分析不同微博营销类型				
任务目的	通过查找举例不同微博营销类型的账号，明确原创微博的重要性				
任务内容	通过举例查找不同微博营销类型的典型账号，查找其账号名称，典型的微博内容和微博的粉丝数，并分析其原创微博在微博总数中的占比				
第（ ）组	姓名				
	班级				
	学号				
任务实操	微博营销类型	微博账号名称	微博内容举例	微博粉丝数	是否原创
	话题营销				
	知识营销				
	互动营销				

七、能力评价

在本次任务完成后，由任课教师主导，采用学习过程评价与学习结果评价相结合，综合运用自我评价、小组评价及教师评价三种方式，由教师确定三种评价方式分别占总成绩的比例，并加权计算出学生个人本次任务的考核评价分，详见表4-5。

表 4-5　任务完成能力考核评价表

项目名称	微博营销		任务名称	认识微博营销
班级			学生姓名	
评价方式	评价内容		分值	成　绩
自我评价	表 4-1 的完成情况		10	
	表 4-2 的完成情况		10	
	表 4-3 的完成情况		10	
	任务工单的完成情况		30	
	对知识和技能的掌握程度		20	
	我胜任了小组的工作		20	
	合　　计			
小组评价	本小组的本次任务完成质量		30	
	个人本次任务完成质量		30	
	个人参与小组活动的态度		20	
	个人的合作精神和沟通能力		20	
	合　　计			
教师评价	个人所在小组的任务完成质量		30	
	个人本次任务完成质量		30	
	个人对所在小组的参与度		20	
	个人对本次任务的贡献度		20	
	合　　计			
总评＝自我评价(　　)×20％＋小组评价(　　)×30％＋教师评价(　　)×50％＝				

任务二　微博营销入口设计技能

一、任务简介

微博如同房屋一样,要想让其吸引更多的粉丝,对其进行建设和装修是非常必要的。本任务中主要讲述了微博注册的方法、认证的类型和条件、微博定位的类型以及微博装修的方法等相关内容,微博运营者只有有效利用以上工具,才能使得微博营销工作顺利开展。

二、任务准备

(1) 在手机中安装新浪微博 App。

(2) 收集相关领域行业的企业 logo、背景图、企业标准色、辅助图形等。

(3) 关注粉丝数量超过 100 万的相关行业"大 V"。

三、任务实施路径

查找并收集整理资料，明确微博的定位（30分钟）

通过注册微博账号，掌握微博账号注册、认证的条件（60分钟）

通过实操，掌握微博设置的方法（90分钟）

四、知识链接

（一）微博定位

在进行微博营销之前,首先要做好的就是账号定位。而微博定位至关重要,微博名字、头像以及整体内容都要围绕这个定位来做。微博就像一个大广场,涵盖了太多的信息,与其费尽心思活跃在每个版块,不如抓住其中一块"做专、做精、做深",目前微博越来越重视垂直内容。垂直微博,是针对某一个行业的专业微博,是微博的细分和延伸。相对通用微博的信息量大、深度不够等提出来的微博服务模式,通过针对某一特定领域、某一特定人群或某一特定需求提供的有一定价值的信息和相关服务。其特点就是"专、精、深",且具有行业色彩,相较于通用微博的海量信息无序化,垂直微博则显得更加专注、具体和深入。

要做好微博定位,首先要明确微博是为谁而写？如为自己、亲朋好友或是为某些特定的人群(美食爱好者、星座痴迷者、明星粉丝团、企业管理者、电子商务圈等);其次想好写微博是为了什么？如交友、记录生活、学习各种知识、与人分享和交流思想、经验,是为了展示自己,还是影响他人,是做纯玩家、自媒体,还是用来推广产品等。把这些想清楚,然后结合自己的微博定位来取名,一是有助于吸引精准粉丝关注,二是在互动过程中,大家只要看到微博名字,便一目了然,可以清楚地知道你是做什么的。按照功能的不同,账号定位又可以大致分为企业微博定位和个人微博定位两种。

（二）微博账号注册

注册微博账号是建立微博的第一步。在注册微博账号的过程中需要设置头像、昵称、简介、个人资料、背景图片等。微博注册成功以后可进行微博认证,资料越完善,账号越真实,越容易建立信任。在微博登录页面单击"立即注册"进入注册页面,分为个人注册和官方注册两个类型。

扫码阅读：
微博定位
的类型

个人注册可以使用手机号来注册。在注册页面输入手机号并获取验证码后,根据页面提示操作即可,如图 4-1 所示。

官方注册主要是针对政府、企业、媒体、网站、应用、机构、公益、校园组织等用户,非官方类用户,请直接在个人注册处注册。官方注册有手机注册和邮箱注册两种方式,如图 4-2 所示。

图 4-1　微博个人注册界面

图 4-2　微博官方注册界面

（三）微博账号设置

1. 昵称设置

在注册微博账号之前要想好微博的昵称,微博昵称实际上就相当于人的名片,一个令人印象深刻的昵称有利于在营销活动中抢占先机。对企业而言,微博昵称其实就是其官方名称,或者是消费者最熟悉的名称,这样做可以使得用户看到名称就想到具体的品牌和产品,以利于营销推广活动的开展。千万注意不要等注册时才去想昵称,更不要随意填写昵称,以免过了一段时间之后觉得昵称不好再去修改。因为大家对之前的昵称早就熟悉、习惯并且建立了信任,一旦更换昵称,大家还要重新习惯和适应,也会影响连贯的个人形象。而且一旦微博认证了,修改昵称也比较麻烦,所以最好在注册之前就把昵称想好。那么,究竟取名有哪些注意事项和技巧呢?

如果微博定位于推广产品,建议取名时可以直接在名字中体现产品,如李家干货、张氏热干面(姓氏+产品名),东北人参(地区+产品名),电商菜鸟小钱、新农人小孙(职业行业+实名),土豆姐李娜、大米妹郑花(产品名+姐、妹、哥、弟、叔、舅、姨等+实名),这类名字在农产品圈子中很常见,显得真实、淳朴、简单、直观,一目了然,便于传播、建立信任。这里需要注意的是,如果是大众熟知的品牌,像华为、小米这类的知名品牌,可以在名字中体现品牌名;如果是大家不熟悉的自有品牌,直接用"产品名+实名"更直观。因为一些自有品牌名,品牌知名度并不高,而且难于记忆,反而产品名更容易。例如,营销滑板车,这个滑板车有自己的品牌名,假如叫"万事力",取名"万事力张三",不如取名为"滑板车张三"。因为大家看到"滑板车"就知道是卖滑板车的,看"万事力"就不知道是什么了,所以还是直接用产品名为好。

2. 微博头像设计

微博账号必须要有头像,通常大家都喜欢关注有头像的博主,微博头像和微博名字、微博定位要匹配,微博头像相当于一个人的"脸面",需要个性化、不要太多人使用,尽量吸引人眼球。在微博的互粉、互动过程中,首先映入眼帘的就是头像和名字,第一印象好,就会获得粉丝关注,一个深受大家喜爱的头像,也是涨粉的利器之一,就像人一般喜欢看颜值的事物一样,爱好美的事物。

微博头像可以直接从网络中搜索,也可以自行设计。企业可以直接使用企业的Logo,也可以自己设计。不要经常更换头像,最好固定用一个头像。

企业的微博认证通常都是蓝V,给人的感觉是具有专业性、权威性,所以头像设计不能太随意,通常围绕自己公司的品牌和业务来设计。有一些企业会针对公司的具体业务来开通几个微博账号同时运营,那么主账号和子账号的微博头像设计风格要统一,稍加区分就可以。例如,唯品会的官微头像设计风格,主账号和子账号整个色调都是玫红色,子账号头像在主账号头像设计基础上多加了网址和具体的业务。从唯品会、唯品会公益、唯品会客户服务、唯品会超级大牌日、唯品会安全应急响应中心的头像上可以清晰地看出这些账号主要负责唯品会的哪一块业务的宣传。如果企业只有一个官微账号,那么直接使用企业Logo或者企业主打产品图做头像即可,如图4-3和4-4所示。

图4-3　唯品会微博主账号头像

图 4-4　唯品会微博子账号头像

五、任务实施

（一）注册个人微博账号

【课堂互动 4】

请注册个人微博账号,并完善表 4-6 内容。

表 4-6　注册个人微博账号信息表

拟设计昵称			
拟申请认证类型	□身份认证 □兴趣认证 □超级话题认证 □金 V 认证 □新鲜事认证 □视频认证 □文章/问答认证	设计意图	
已符合认证条件			
未符合认证条件			

（二）熟悉机构认证的申请条件

注册后,就可以进行微博认证。微博认证秉承自愿原则,包含个人认证和机构认证两种,机构认证主要包括政府、媒体、学校、企业、网站、应用等官方账号等,企业可以申请认证"蓝 V",个人可以申请认证"橙 V"。认证是完全免费的,不会收取用户的费用,认证申请通过之后,微博昵称右下角就会出现"V"的标识,代表已经验证了该用户的真实身份。

【课堂互动 5】

请查找机构认证的申请条件,并将查找结果填写到表 4-7 中。

表 4-7　微博机构认证的申请条件

机构类型	认证条件
企业认证	
机构团体	
政府认证	
媒体认证	
校园认证	
公益认证	

（三）掌握微博取名的注意事项

【课堂互动 6】

请认真阅读表 4-8 的微博取名注意事项，并举例填写。

表 4-8　微博取名注意事项

注意事项名称	注意事项说明	注意事项举例	学生微博昵称查找举例
1. 简单、易记、易传播	一个简单、易记、易传播的名字，很容易被大家推荐。如果在微博上有比较多的熟人资源，像一些明星、名人，通常都会以真实的姓名来宣传，这种以真名的形式更容易被熟悉的朋友们搜索关注；对于熟人资源不多的朋友，可以取一个与自己销售商品或行业相关的名字	例如，卖零食的朋友可以取"零食大王"，卖煎饼的朋友可以取"煎饼婶婶"，具体取名可以根据自己的实际情况来定	
2. 名字不宜过长	微博名字的字数最好控制在 3～5 个字之内，让浏览者容易记忆，带来回头率，字数过少容易有重名。如果是真名，例如叫"张三"的很多，而微博名字有唯一性，就可在真名基础之上加其他的汉字、字母、数字等加以区分，这样既使用了自己的真名，又解决了重名的问题。除了真名之外的名字，字数少，一个字、两个字也不太容易表达出自己想要的效果，字数太多，则不太容易记住	如"张三男神""张三 V"和"新农人张三"等	
3. 不宜使用生疏、冷僻词汇	不宜使用生僻字。如果微博名字中带有生僻字，无论是从微博搜索找人，还是平时互粉互动推荐，不认识的字打不出来，于是大家就找不到你。过于复杂冗长的名字并不方便大家记忆，而且如果仅仅名字就已经这么啰唆，相信用户也会感到厌烦，微博营销也就无从谈起	应尽量避免使用如"桼""枡""枲""柏"等大部分人不认识打不出来的字	

续表

注意事项名称	注意事项说明	注意事项举例	学生微博昵称查找举例
4.汉字为主,少用英文、拼音、特殊符号	微博取名可以全是汉字,也可以是汉字+字母、汉字+英文(大家比较熟知的英文)、汉字+数字等组合格式,少用全是英文、字母或特殊符号的微博名,例如 Verbal、Ho 等。如果只是想在微博做个玩家,不想做营销,也不想做自媒体,可以使用此类名字;如果想做营销、做自媒体,建议少用为好,因为这样的名字不方便大家搜索关注和互粉互动	如,"回忆专用小马甲""Houson 猴姆"等	
5.各个平台名字最好一致	如果微博账号是营销号,建议微博、微信、抖音、快手或其他平台账号的名字都一致。这里需要提前就规划好,以免后面涉及推广的时候,改名字比较麻烦。名字一致,便于识别和传播,方便人们通过社交内容,很快建立起对你的兴趣、爱好、能力的了解,这样就可以很快地切入话题。对于企业来讲,统一名字有助于树立企业品牌形象,节约推广成本,认证了的微博名字尽量不要改	如"中国青年报""谢馥春"等	注:寻找一个各平台名称一致的企业微博名

六、任务工单(作业)

请在表 4-9 中查找不同类型的微博昵称。

表 4-9　查找不同类型的微博昵称

任务名称	查找不同类型的微博昵称						
任务目的	通过查找不同类型的微博昵称,理解微博昵称起名的方法和技巧						
任务内容	注册微博后,在微博上搜索符合以下微博名称类型的粉丝量在 10 万以上的微博账号,并列出其粉丝数量						
第( )组	姓名						
	班级						
	学号						
任务实操	推广产品的微博名称类型					微博账号名称	微博粉丝数
	姓氏+产品名						
	地区+产品名						
	职业行业+实名						
	产品名+姐、妹、哥、弟、叔、舅、姨等+实名						
	品牌名+实名						
	其他类型归纳						

七、能力评价

在本次任务完成后,由任课教师主导,采用学习过程评价与学习结果评价相结合,综合运用自我评价、小组评价及教师评价三种方式,由教师确定三种评价方式分别占总成绩的比例,并加权计算出学生个人本次任务的考核评价分,详见表4-10。

表4-10　任务完成能力考核评价表

项目名称	微博营销	任务名称	微博营销入口设计技能
班级		学生姓名	
评价方式	评价内容	分值	成　绩
自我评价	表4-6 的完成情况	10	
	表4-7 的完成情况	10	
	表4-8 的完成情况	10	
	任务工单的完成情况	30	
	对知识和技能的掌握程度	20	
	我胜任了小组的工作	20	
	合　计		
小组评价	本小组的本次任务完成质量	30	
	个人本次任务完成质量	30	
	个人参与小组活动的态度	20	
	个人的合作精神和沟通能力	20	
	合　计		
教师评价	个人所在小组的任务完成质量	30	
	个人本次任务完成质量	30	
	个人对所在小组的参与度	20	
	个人对本次任务的贡献度	20	
	合　计		
总评＝自我评价(　　)×20％＋小组评价(　　)×30％＋教师评价(　　)×50％＝			

任务三　微博营销推广技能技巧

一、任务简介

在微博营销中,明确了微博的定位后,通过微博互动是吸引粉丝增加流量的重要方法。要想做好微博营销的互动传播,就要能够合理撰写微博内容,展现微博价值,才能达到吸粉的目的。那么在编辑微博内容时需要秉承哪些原则,采取什么样的策略,就是本任务要解决的问题。

二、任务准备

(1)在手机中安装微博 App。

(2)关注粉丝数量超过 100 万的相关行业"大 V"。

(3)收集与微博内容发布相关的趣味或者热点图片。

三、任务实施路径

四、知识链接

在自媒体营销中,微博营销已经成为自媒体人的主要营销工具之一,越来越多的企业也开始加入其中。如果能够很好地运营微博,就可以随时随地召开全世界范围内的"新闻发布会",从而引起更多人关注,将"路人粉"转化为自己的忠实粉丝。对企业来说,在微博上建立一个企业的官方微博,利用微博的互动性实现企业和目标客户群之间的互动和交流;对于个人来说,建立个人品牌微博是为了让更多的人知道自己。因此,微博营销已经成为企业和自媒体人营销的首要选择。

(一)微博营销内容编辑技巧

由上述案例可以看出,微博营销的文案不是一味地去迎合粉丝的想法,其内容的创编是非常关键的。对于大多数自媒体人来说,在微博发布时,虽然没有其他媒体上很多关于编辑、审核等的复杂程序,但还是需要对微博内容有着准确的定位,真正做到有价值地撰写和发布,从而达到最佳营销效果。

扫码阅读:
索契冬奥会
的微博营销

在微博上,信息的发布并不是单一的文字和想发什么就发什么的。要想让自己的微博受到更多人的关注,就需要对微博内容有一个清晰、准确的定位。究竟自己的微博是为谁而写的呢?是为亲戚朋友而写还是为自己而写?是为了记录自己的生活,还是为了社交,分享自己的学习知识呢?对于这些问题一定要思考好,只有这样,才能得到更多人的关注,从而让分享做到最大化。

如何撰写微博内容从而达到营销效果呢?这就要从微博的内容开始设计。如果把微博比喻为馅饼的话,微博内容撰写自然就是馅了。对于馅饼来说,馅的美味程度决定了馅饼的销量,而对于微博来说,微博内容的撰写自然也就决定了微博能够引起多少人的关注,吸引多少粉丝。

1. 微博内容规划

微博的内容一定是围绕着微博的定位来开展的,每一条微博都要与之相关。这就需要自媒体人对自己的产品或者品牌有明确的定位,然后根据定位确定自己的微博内容,并且关注一些这方面的大V,让用户对于自己的微博有一个初步的定位,这样才能更好地进行精准化营销。

在微博内容的比例分布上,一般而言原创内容与非原创内容的比例建议以8∶2为宜,因为原创内容更有价值,原创内容是输出价值让粉丝在分享的内容中有所收获,而非原创内容主要是用来和粉丝进行互动,保持微博的活跃度。

2. 微博内容编辑

从整个微博来看,幽默搞笑类、情感类、教育类、娱乐类的内容粉丝关注度较高,那么除了围绕自己的微博定位来设计内容之外,还要结合整个微博的内容来设计,多关注热点信息,并将其融入自己的产品中来,塑造鲜明的个人形象,让大家记住你。多发布新鲜、有趣、粉丝喜欢的内容,并与用户积极互动,微博内容要足够优质,令用户觉得有价值才会引起广泛转发、传播、扩散。乏味的内容是很少有人愿意转发的,所以可重点从以下几个方面来选取素材、捕捉热点、编辑文字,再通过转、评、赞反馈来调整,直到粉丝越来越喜欢看你的微博内容为止,这是一个长期的磨合过程,在编辑微博内容时要考虑到以下几个方面。

1)微博内容具有强时效性

微博内容的时效性,讲究的就是快速、及时,当别人还没有反应过来的时候,微博已经快速发布了,让粉丝有种只要看你的微博就可以快速获取任何的热点信息的感觉,所以每天都会关注微博更新。微博每天内容更新的速度是非常快的,每天都会有诸多热点信息,企业或个人的微博在运营过程中不能闭门造车,应该随时观察整个微博平台的热点事件、热门话题,并迅速抓取热点信息,加以改进并植入与自己的产品相关的内容再发布微博,或者直接转发评论,但要言之有物,让粉丝直接从你的微博中就可以了解每天各种新鲜事,节省了用户浏览、查看的时间,多筛选对大家有帮助的信息。例如,2022年2月4日北京冬奥会的开幕式表演,引起了大多人的关注,此时要是发布与之相关的内容都会获得超高的转、评、赞和阅读量。一些知名博主迅速做出反应,从不同角度编辑内容、设计图片、制作视频,引起粉丝们疯狂转发,纷纷上了热搜,迅速抓取热点信息,快速编辑内容,转发、传播、扩散,只要内容精彩,基本都是粉丝自发转发。所以,在做微博内容的时候,要关注所有的动态信息,一旦有好的素材就立刻发布出来,这是最快速累积粉丝的一种方法。

2)微博内容要积极向上

微博要多发布一些阳光、积极向上、传递正能量的内容,影响粉丝的价值观更有意义。因为人们都渴望美好,都希望得到他人的支持与鼓励,影响别人比改变别人更重要。有时粉丝会把自己喜欢的博主看成是自己的精神偶像,有什么事都愿意与之倾诉和分享,反之作为博主,一路走来,也是在这些铁粉支持和信任下才越来越好的,所以,博主与粉丝之间是相互支撑的关系,不能总有居高临下之感,与粉丝之间有距离,只能让你的微博越来越冷却,所以要把握好这个度,如图4-5所示。

图 4-5　人民日报 2023 年 7 月 18 日微博内容节选

3）微博内容要有清晰的定位和形象

微博之中，账号众多，微博玩得好的博主不计其数，各行各业都有出类拔萃的博主，因此要从其中脱颖而出，除了优质的微博内容之外，塑造个性鲜明的个人形象也是十分必要的。当别人论起这个博主，能够清晰准确地说出其性格特点、兴趣、特长等。例如，提到知名博主"papi 酱"，大家对她的第一印象就是此人幽默搞笑、崇尚真实，倡导个人自由，曾经凭借变音器发布原创短视频内容引起了广泛的关注；再如人气博主"回忆专用小马甲"，大家对他的第一印象就是此人很神秘、从未露过真容，微博内容以发宠物为主，拥有超高的人气。因其独特的个人表现方式、表达语境、表达情绪、表达思路，足以给粉丝一个清晰的印象。

因此要给粉丝塑造一个清晰的印象，应该让粉丝知道我们擅长什么，能从这里学到什么，有什么样的价值得大家关注。例如，我们擅长淘宝运营、微博营销、平面设计、画漫画或者是人气较高的网红等。而个性形象的塑造需要通过日积月累的微博内容来传达出来，透过文字、图片、视频等媒介来完成这一个形象的塑造，以人格魅力获取粉丝的信任是运营微博中较常见的方式。因为喜欢博主，继而信任博主，包括博主分享的各种产品、经验等。

4）微博内容要有趣味性和互动性

微博内容要有趣、有创意、可参与其中，不要枯燥无味，死板。微博内容要以多种形式展现，可以图文结合，或者视频直播，让粉丝觉得有新鲜感。文字方面，尽量不要把话说满，留给粉丝们参与讨论的空间，调动他们的积极性，让微博活跃起来。

微博营销中，互动是吸引粉丝、增加流量的一个重要方法。微博的传播速度非常惊人，能为企业或个人带来几何倍数增长的影响。只有真正做好微博营销的互动传播，才能更好地将产品营销做好，从而扩大品牌的影响力。在微博营销中，当已经明确了微博的概念和目的时,对微博营销来说,互动策略就显得尤为重要了。微博营销的互动可以帮助企业更好地进行产品营销和互动。越来越多的人开始在微博上开展自媒体营销。要想打造一个出色的品牌微博,就一定要学会引领用户和自己进行微博互动,以求达到更大范围的营销和宣传的目的。那么,在微博的互动中,如何拉近与粉丝之间的距离?如何更好地进行个人品牌的营销和宣传呢?

一方面,要学会与粉丝实现普通互动。在微博的互动营销中,要想达到较好的营销效果,就必须不断地与粉丝进行互动,回答粉丝提出的问题,与客户进行有效的沟通和交流。可以选择引用粉丝的原话,并艾特@他;也可以转发粉丝的微博并加入自己的观点以期形成互动讨论;当然,还可以发布相关微博,并艾特@他。这样可以拉近粉丝和自己之间的距离,更好地增加自己的知名度,从而树立起品牌形象。

另一方面,就是对微博营销提出了更高的互动要求,那就是高级互动。在微博中,粉丝可能是自己的朋友,也可能是自己的同行,这时候,就要学会对微博中的用户进行精确分析、精准定位客户群、观察客户动态,进而判断出对方的喜好,以方便掌握好分寸,不断调整自己的营销推广模式。

在微博营销和互动中,无论是普通互动,还是高级互动,都必须要用真诚的语言和行动打动顾客,充分赢得他们的信任。有了信任做基础,就能够更好地窥探到顾客内心的真实需求,从最适合用户的角度出发,制定出更有针对性的营销方案。

5)微博内容要具有高价值性

博主之所以能赢得粉丝的持续关注,无疑源于其微博内容的实用性与价值性。粉丝们选择长期关注,正是基于对博主微博内容的深度解读,从中能够洞察博主的思想与个性。因此,必须高度重视微博内容的构建工作,唯有提供优质的内容,方能吸引更多人的目光与关注。微博的人气愈高,其蕴含的商业价值便愈发显著。在探讨粉丝经济等实际问题之前,我们应首先聚焦于内容的打造。当微博的价值真正显现时,其他问题自会迎刃而解,无须过分追求目的性,否则只会适得其反,使粉丝渐行渐远。因此,运营微博的首要任务便是让受众喜欢你的分享内容,从而建立起对博主的信任感,这样才能奠定坚实的粉丝基础,构建牢固的关系。

要针对粉丝群体特征来分享实用性、有价值的微博内容,假如是电商企业,粉丝群体特征是一些年轻人,那么就可以多分享一些关于电商方面的干货,如淘宝运营、微博营销方面的内容,如果更具体细分的话,可以分享一些微博如何涨粉丝,如何互动,如何策划活动,如何蹭热门话题等内容。内容是微博运营的核心,只有优质的内容才会得到较高的转、评、赞和阅读量,形成持续的转发、传播、扩散,而且还要与自己的微博定位、企业或个人的产品结合,与粉丝形成良好的互动,吸引粉丝、留住粉丝。

(二)微博营销误区

在微博营销中,企业和个人要想在微博中收获到更好的价值,那么,就要在微博上投入更多时间、精力去维护,这跟最终想要获得的营销效果是成正比的。通过建立自身微博实现品牌形象的口碑营销,可以让更多的用户在微博中了解到产品的信息。但是很多企业和个人来说,很难精准把握微博营销的尺度,很容易走进营销误区。因此,通过分析微博粉丝营销的核心问题,要注意以下事项。

扫码阅读:
国产美妆
品牌的崛起

【课堂互动 7】

请认真阅读表 4-11 的微博营销的注意事项,并举例遵循以下注意事项的微博内容或者截图,将其填写在表 4-11 中。

表 4-11　微博营销误区举例

注意事项名称	注意事项说明	微博内容举例或截图
1. 与粉丝进行良性互动	在微博的营销中,其典型的特点之一就是与粉丝进行互动。如果自媒体者对于粉丝的评论仅仅是看看,却没有与粉丝进行互动,这样不仅会让粉丝丧失对话题的兴趣,更达不到预期的营销效果,最终收效甚微,微博营销自然也就失去了它原本的价值	
2. 广告植入不能过多	在微博的营销中,广告植入是微博营销的一大特点。但是很多人较为明显地将广告信息生硬地植入,仅仅只用微博来进行广告的推广,就体现不出软广告营销的特点,还可能会引起粉丝的反感。要知道软广植入才是最好的营销方式,才能吸引用户,使其产生分享和转发的欲望,只有这样,才能更好地进行更大范围内的营销	
3. 不能仅以粉丝数量评估微博价值	很多企业或者自媒体人将粉丝数量作为考核微博营销开展成功与否的唯一标准,却忽略了与粉丝之间的互动。对很多营销人员来说,利用先进的机器注册账号为企业和个人加粉,已经是常有的事情了。只有更加精准地营销,不盲目追求粉丝数量,真正将潜在用户变成自己的用户,才能更好地进行营销	
4. 内容定位要精准	在营销之中,最为重要的一点就是有一个清晰而准确的内容定位。只有这样,自媒体人在进行营销的过程中才能精确地吸引潜在目标客户,更好地进行精准化营销。因此,自媒体人在开始进行微博营销之时,一定要对产品的信息有深入的了解,从而确定微博的内容定位,才能更好地进行撰写、发布,从而达到营销目的	
5. 粉丝增长不能急于求成	微博营销是一个营销时间长、见效慢的工作。而粉丝作为微博中企业的受众群体,对企业的营销来说至关重要。粉丝增长是一个需要长期积累的过程,而不是花钱去买粉。因此企业和个人微博不要急于求成,盲目地增长粉丝,渐渐地推广企业和品牌才是"王道"	

续表

注意事项名称	注意事项说明	微博内容举例或截图
6. 微博营销期望值要合理	无论是个人还是小微企业,在开通微博的时候都满怀期望。但是,即便微博营销是一个很火热的营销方式,却并不是指它就可以代替一切营销方式了。不要对微博有太高的期望,可以将其作为一种长期的营销宣传手段。利用微博进行品牌营销是需要经历一个长期的过程的	
7. 不能频繁刷屏	在微博营销中,越来越多的企业和个人开始将微博作为营销的一个重要工具。而在这个营销中,刷屏式营销是最不可行的。不可否认,在微博中做一些营销活动,受到了用户的欢迎,但是假如同样的内容不断地、重复地发,或者逢帖必回,很容易造成刷屏,以至于用户看不到主要信息,那就造成适得其反的结果	

微博营销不仅仅是一个关系到企业或者个人品牌进行营销和宣传的方式,更是一个让用户实现即时信息获取的平台,通过最快的更新速度,进行病毒式传播。只有避免了微博营销的误区,才能更好地进行品牌传播,从而提升个人品牌的影响力,提升企业形象,获得意想不到的营销效果。

五、任务实施

(一)明确微博营销的定位

【课堂互动 8】

思考讨论:选择自己喜欢的四个不同行业或者领域的知名博主,归纳该知名博主的定位和形象,并将其填写到表格 4-12 中。

表 4-12 知名博主的定位和形象举例

博主昵称	博主的定位与形象

(二)熟悉微博营销过程

【课堂互动 9】

思考讨论以下问题,并完成表格 4-13。

表 4-13　知名电商博主微博营销过程分析

讨论主题	查找分析某知名电商博主
博主昵称	
运营模式	分享电商相关的内容＋销售产品
任务实操	请用流程图的形式描述该博主从分享电商相关内容到销售产品整个过程的微博营销流程 博主定位、形象　□ ↓ 分享电商相关内容　□ ↓ 销售产品类型　□ ↓ 分享电商知识与销售产品微博数量比例　□ ↓ 促成销售方式　□ ↓ 达成销售

（三）理解微博营销账号的高价值性

思考讨论：请列举下列行业中的知名博主，并截图其高价值性体现的微博内容，粘贴到表 4-14 中。

表 4-14　举例分析微博的高价值性

讨论要求	请列举下列行业中的知名博主，并截图其高价值性体现的微博内容	
行业领域	博主昵称	高价值性微博内容截图
农村电商		
美妆美容		
汽车知识		
教育育儿		

六、任务工单(作业)

请在表 4-15 中利用开放式话题增加微博趣味性和互动性。

表 4-15 利用开放式话题增加微博趣味性和互动性

任务名称	利用开放式话题增加微博趣味性和互动性							
任务目的	通过资料查找举例令学生明确微博趣味性和互动性的重要性							
任务内容	请列举一个利用开放式话题增强粉丝互动性的微博案例,并将截图粘贴到下表中							
第( )组	姓名							
	班级							
	学号							
举例	为什么大家都卖酒? ①快销品;②利润大;③请补充							
举例分析	这种开放式话题,对于第三点不说出来留给粉丝补充,就形成了博主与粉丝之间的互动,而且这个答案很简单,于是粉丝们纷纷来评论,你会看到很多意想不到的答案。微博的魅力就在于此,高手在民间,再创作高手很多,文字简短,配图出彩,那么很快就会得到粉丝们的转、评、赞。或者疑问句式,提问、求助粉丝,这类微博内容也会引起高转、评、赞和阅读量,因为每个人都有自己对某一问题的理解和看法,对于酒类的常识性的问题更能引起大家广泛参与							
任务分析	博主与粉丝之间也是一种互为支撑、学习的关系,博主可以从他们的评论中获得灵感。再将与粉丝之间互动迸发的火花梳理成文,相当于二次创作,这也是微博内容素材积累的一种途径,因此我们一边重点建设微博内容,还要一边与粉丝们积极互动。现在很多人气博主每天都会抛出一个开放式的话题,在这个微话题下,可以看到他发过的所有的与粉丝之间互动的话题,而且他会截取一部分粉丝评论再发微博,这样用户参与的积极性就会更高,可以积极调动粉丝的积极性							
任务实操								

七、能力评价

在本次任务完成后,由任课教师主导,采用学习过程评价与学习结果评价相结合,综合运用自我评价、小组评价及教师评价三种方式,由教师确定三种评价方式分别占总成绩的比例,并加权计算出学生个人本次任务的考核评价分,详见表 4-16。

表 4-16　任务完成能力考核评价表

项目名称	微博营销		任务名称	微博营销推广技能技巧
班级			学生姓名	
评价方式	评价内容		分值	成　绩
自我评价	表 4-11 的完成情况		10	
	表 4-12 的完成情况		10	
	表 4-13 的完成情况		10	
	表 4-14 的完成情况		10	
	任务工单的完成情况		20	
	对知识和技能的掌握程度		20	
	我胜任了小组的工作		20	
	合　计			
小组评价	本小组的本次任务完成质量		30	
	个人本次任务完成质量		30	
	个人参与小组活动的态度		20	
	个人的合作精神和沟通能力		20	
	合　计			
教师评价	个人所在小组的任务完成质量		30	
	个人本次任务完成质量		30	
	个人对所在小组的参与度		20	
	个人对本次任务的贡献度		20	
	合　计			
总评＝自我评价（　）×20％＋小组评价（　）×30％＋教师评价（　）×50％＝				

学会新媒体营销——短视频营销

项目名称	学会新媒体营销——短视频营销		
项目概况	短视频具有年轻化、去中心化的特点,它使每个人都可以成为主角,符合当下年轻人彰显自我和追求个性化的特点。因此,短视频具有非常高的用户黏性。此外,短视频具有较强的传播力,可将信息以视频的形式直观且快速地传达给用户。 　　本项目通过认识短视频营销、短视频创作技能、短视频营销技能三个任务的学习,培养和提升学生的短视频制作和营销的能力		
思维导图	学会新媒体营销——短视频营销 认识短视频营销　知识链接　了解短视频行业的发展历史／明确短视频的基本概念／了解热门的短视频类型 　　　　　　　　任务实施　熟悉主流短视频营销平台 短视频创作技能　知识链接　打造短视频账号／做好短视频内容定位／策划短视频选题／撰写短视频脚本／拍摄短视频 　　　　　　　　任务实施　注册抖音账号／剪辑短视频 短视频营销技能　知识链接　短视频营销的前期准备／短视频的用户运营 　　　　　　　　任务实施　设计封面／设置发布信息		
学习目标	知识目标	1. 了解短视频的基本概念及类型 2. 掌握短视频的内容定位 3. 掌握短视频脚本的撰写 4. 了解短视频发布的方法	
	能力目标	1. 能够分辨不同短视频平台的优势 2. 能够撰写脚本并拍摄短视频 3. 能够剪辑短视频 4. 能够使用合适的方法增强用户的互动	

续表

学习目标	素养目标	我国的快手、抖音等短视频平台用户数量高居世界前列,甚至走出国门,通过本任务的学习,学生能够感受到我国科技事业的蓬勃发展,激发起爱国热情和民族自豪感
项目组织	教学安排	1. 项目目标和介绍:在课程开始前,明确课程的目标和重要性,对短视频营销项目进行详细介绍。 2. 理论知识学习:通过视频教学、讲座、课堂讨论等形式,学习短视频营销的优势、相关理论知识和实用技巧。 3. 实操演练:通过教师演示、作业布置等方式引导学生进行短视频的实操练习,熟悉短视频的创作技能。 4. 案例分析:结合实际案例,对短视频类型、播放量好的视频、粉丝量大的账号进行深入分析,让学生能够学习到实践经验。 5. 数据分析:介绍短视频数据分析指标及短视频平台的底层逻辑,指导学生对短视频平台的运营状况进行评估和优化。 6. 实践项目:引导学生进行短视频策划及制作的实践项目,通过自己实际操作和运用,熟练掌握短视频制作的技能。 7. 教学评估:通过作业、考试、项目报告等方式对学生的学习成果进行评估和反馈
	教学组织	1. 学习小组:根据班级规模和学生人数,组织学生形成小组,进行讨论、合作和互助学习。 2. 互动交流:通过线上或线下的讨论区、微信群等方式,教师与学生进行及时的互动交流,解答问题和提供指导。 3. 实践辅导:教师根据学生的实践项目情况,进行指导和辅导,给予实质性的帮助和意见。 4. 项目布置和批改:教师布置短视频实训项目,要求学生完成项目,并及时批改和点评,给予学生反馈和建议
	教学成果	1. 创建一个短视频账号,选择某一内容定位进行短视频制作发布,粉丝增长 50 人。 2. 参加短视频相关大赛,利用短视频策划与制作的技能,在短视频大赛中获得较好成绩

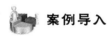 **案例导入**

短视频营销大有可为

　　如今短视频营销,不仅成就了一部分商家,还带动了一些旅游景点的发展。短视频带红了一个又一个景点,这些热门景点带给人美的享受,令人向往,很容易引起用户的关注。

　　抖音联合清华大学发布的《短视频与城市形象研究白皮书》显示,有 21 条介绍重庆的短视频进入抖音城市形象热门视频 TOP100 的榜单,是唯一一个与城市形象相关的视频播放量过百亿次的城市。2024 年的五一期间,重庆洪崖洞成为热门景点,热度跃升至全国第二,仅次于故宫。洪崖洞是逛山城老街、观赏两江风光、品尝当地美食的好去处。该景点以巴渝传统建筑特色的吊脚楼为主体,夜景堪称一绝。除了洪崖洞,李子坝穿楼轻轨、磁器口古镇、解放碑、朝天门、长江索道等也成为抖音网友蹭热度的旅游目的地。重庆原本就是旅游热门城市,再加上洪崖洞夜景非常有名,吸引了不少网友特意前往录制短视频。

　　采用传统的营销方式,运营者需要投入大量的人力、物力、财力进行市场调研,还不一定能取得好的营销效果。但是短视频营销不一样,通过短视频平台,运营者可以根据短视频浏览率、播放发布率、热播点击率了解网友的喜好,网友也可以将短视频分享到自己的微信朋友圈,在社交圈中进行免费的自发传播。

【案例思考】

（1）怎样利用短视频进行营销?

（2）相比于传统的营销方式,短视频营销有哪些特点?

任务一　认识短视频营销

一、任务简介

全面了解短视频的发展历程,深入理解短视频的概念,对掌握短视频及其策划、拍摄和制作都有重要意义。

二、任务准备

（1）在智能手机上安装抖音 App。

（2）在智能手机上安装快手 App。

（3）在智能手机上安装西瓜视频 App。

三、任务实施路径

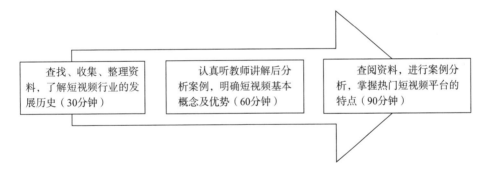

查找、收集、整理资料,了解短视频行业的发展历史（30分钟）　　认真听教师讲解后分析案例,明确短视频基本概念及优势（60分钟）　　查阅资料,进行案例分析,掌握热门短视频平台的特点（90分钟）

四、知识链接

（一）了解短视频行业的发展历史

目前,人们使用短视频的主要目的是记录和分享生活、碎片化学习及吸引流量。然而,短视频发展初期,其主要作用与现在大相径庭。探寻短视频的发展历程,有助于更好地掌握短视频的发展趋势,找到短视频的需求热点。

1. 萌芽发展期（2011—2015 年）——“从无到有”短视频平台兴起

随着移动互联网的发展、智能手机的普及、4G 技术的提升,短视频行业从无到有,用户习惯逐渐养成,关注度逐步攀升。

2. 增长爆发期（2016—2017 年）——"从有到多"短视频应用大爆发

短视频应用爆发式增长，掀起短视频全民化风潮。字节跳动横空出世，依靠智能算法抢占大批用户，占据风口。PGC（professional generated content，专业生产内容）、MCN（multi-channel network，多频道网络）机构入局，内容专业化程度提升，行业走向正规化。

3. 成熟稳定期（2018 年至今）——"从多到优"抖音和快手杀出重围

市场格局逐渐稳定，形成"南抖音、北快手"的两超多强的格局，商业模式逐渐成熟且变现手段多样化，短视频直播电商爆发，"巨头"们以视频号为切入点，对短视频平台发起挑战。

（二）明确短视频的基本概念

什么是短视频？为什么短视频这么火爆？它到底有什么特点？带着这些问题开始学习短视频的基本概念，相关学习过程分为三个步骤。

1. 弄清短视频的概念

艾瑞咨询发布的《2016 年中国短视频行业发展研究报告》中指出，短视频是视频长度以秒计数，一般在 5 分钟以内，主要依托于移动智能终端实现快速拍摄和美化编辑，并可以在社交媒体平台上实时分享和无缝对接的一种新型视频形式。

简单来说，短视频就是指在互联网社交媒体平台上进行传播的、时长在 5 分钟以内的视频短片。这类短片可以在各种各样的社交媒体平台上播放，适合用户利用碎片化时间观看，具有较高的推送频次和相对较短的时长。

2. 了解短视频的特点

短视频具有鲜明的特点，总结起来就是"短、低、快、强"，如图 5-1 所示。

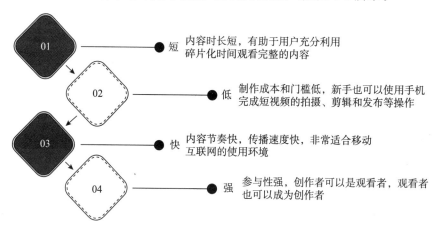

图 5-1　短视频的特点

3. 弄清楚短视频的优势

短视频的上述特点使其拥有独特优势，包括满足移动时代碎片化的信息需求、具备较强的社交互动性、传播效率高，以及具备较强的营销能力等。

1）满足移动时代碎片化的信息需求

短视频不仅符合并满足用户对于内容信息的碎片化需求，也迎合了当下用户的生活方式和思维方式。首先,用户可以利用手机等移动设备在零碎、分散的时间中接收内容信息,如上下班途中、排队等候的间隙等。其次,短视频时长较短,传递的内容信息简单直观,用户不需要进行太多的思考便能够理解其含义。

2)具备较强的社交互动性

短视频拍摄和发布等操作的门槛较低,为创作者与用户之间的互动交流提供了很大便利。另外,各大社交平台都积极开辟短视频板块。用户不仅可以观看短视频,还可以对短视频进行点赞、评论、收藏、转发等操作,这强化了短视频的社交属性。

3)传播效率高

短视频是目前在单位时间内信息传递效率较高的一种表达方式,这种优势使得它在任何时间都能得以广泛传播和分享,因此逐渐占据了人们的碎片时间。

4)具备较强的营销能力

短视频的特点和优势,使得短视频平台越来越受到用户的青睐,大量的用户对短视频的需求从单纯的娱乐和社交转向了购物消费。粉丝量多的创作者可以在短视频中植入商品或品牌广告,从而获得不错的营销效果。

（三）了解热门的短视频类型

短视频的类型多种多样,涉及生活学习和工作的多个方面。按不同的分类标准对其进行分类。常见的短视频分类方式有按表现形式分类、按视频内容分类、按生产方式分类,如图 5-2 所示。

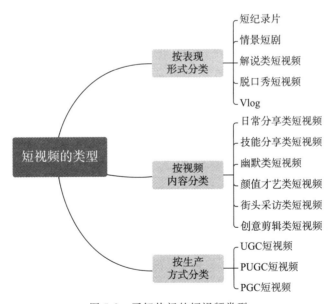

图 5-2　了解热门的短视频类型

五、任务实施

熟悉主流短视频营销平台

除了常见的短视频平台,还有很多电商平台、图文平台逐渐具备了短视频功能。

请列举三个常见的短视频平台的特点和用户群体,填写在表 5-1 中。

表 5-1　短视频平台

短视频平台名称	短视频平台特点	用户群体

请列举三个常见的电商平台的特点和用户群体,填写在表 5-2 中。

表 5-2　电商平台

电商平台名称	电商平台特点	用户群体

请列举三个常见的图文平台的特点和用户群体,填写在表 5-3 中。

表 5-3　图文平台

图文平台名称	图文平台特点	用户群体

六、任务工单(作业)

请在表 5-4 中对比分析不同短视频平台

表 5-4　对比分析不同短视频平台

任务名称	对比分析不同短视频平台				
任务目的	通过对不同短视频平台的对比分析,能够深入掌握各自的特点和使用人群,以便针对不同的平台创造合适的内容				
任务内容	从视频呈现方式、产品定位、目标用户群特征、运营模式、平台特点等方面进行对比				
第(　)组	姓名				
	班级				
	学号				
任务实操	各主流短视频平台对比				

续表

	对比项	快手	抖音	西瓜视频	小红书	微信视频
任务实操	视频呈现方式	竖屏				
	产品定位	记录、分享生活				
	目标用户	三四线城市年轻人、农村用户居多				
	人群特征	自我展现意愿强、好奇心强				
	运营模式	规范社区、内容把控				
	平台特点	去中心化				

七、能力评价

在本次任务完成后,由任课教师主导,采用学习过程评价与学习结果评价相结合,综合运用自我评价、小组评价及教师评价三种方式,由教师确定三种评价方式分别占总成绩的比例,并加权计算出学生个人本次任务的考核评价分,详见表5-5。

表5-5 任务完成能力考核评价表

项目名称	短视频营销		任务名称	认识短视频营销
班级			学生姓名	
评价方式	评价内容		分值	成 绩
自我评价	任务工单的完成情况		60	
	对知识和技能的掌握程度		20	
	我胜任了小组的工作		20	
	合 计			
小组评价	本小组的本次任务完成质量		30	
	个人本次任务完成质量		30	
	个人参与小组活动的态度		20	
	个人的合作精神和沟通能力		20	
	合 计			
教师评价	个人所在小组的任务完成质量		30	
	个人本次任务完成质量		30	
	个人对所在小组的参与度		20	
	个人对本次任务的贡献度		20	
	合 计			
总评＝自我评价( )×20%＋小组评价( )×30%＋教师评价( )×50%＝				

任务二　短视频创作技能

一、任务简介

想尽快胜任短视频制作的相关工作,就需要对短视频制作的各个环节了如指掌,包括短视频的策划、拍摄、剪辑和发布等。本次任务可以在短时间内掌握与短视频制作流程相关的各种知识,从而具备独立制作短视频的能力。

二、任务准备

(1) 在智能手机上安装抖音 App。
(2) 在抖音中观看感兴趣的视频。
(3) 在智能手机上安装剪映 App。

三、任务实施路径

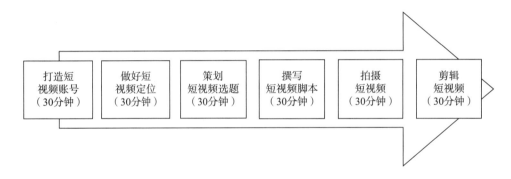

四、知识链接

(一)打造短视频账号

账号就像人的外在形象一样,设计好了,不但能加深用户印象、增加美感和信任度,而且还能塑造个人品牌。接下来是一些打造账号的注意事项。

1. 取一个让人喜欢的昵称

昵称是短视频账号及其创作者身份的象征,也是向用户自我展示和宣传的重要窗口。短视频账号的名字要响亮、有特点,而且最好和定位相关。

2. 设置具有吸引力的头像

短视频头像的设置要根据账号的风格来确定,且要求图像清晰美观,如果是运营公司的账号,可以使用带有公司名称的 Logo 作为头像,方便用户识别和品牌传播;如果是搞笑类账号可以将有趣的图片设置为头像;如果是才艺展示类账号可以将自己的真人照片设置为头像;如果是美食类账号可以将美味可口的食物图片设置为头像;如果不想真人出镜,也可以用一个与人设相关的动漫头像代替。

3. 设置具有特色的签名

签名可以简单理解为创作者向用户自我展示和宣传的文案,因此要求字数简洁、主题突出、能快速引人注意。

4. 设置背景图

背景图片颜色应该与账号的头像颜色相呼应,与账号的主体风格统一,背景图要美观、有辨识度,要传达专业度。背景图上传后会被自动压缩,只有下拉时才能看到下面部分的内容。所以,最好把想表达的信息留在背景图中央的位置。

(二)做好短视频内容定位

要想抢占用户的注意力关键是短视频的精准定位,很多人做短视频迟迟不见起色,其实是在定位上出了问题。举一个简单的例子,有个人看到别人发电影剪辑比较火,就也去做,做了一段时间没有做起来,看别人做搞笑视频火了,就又去做搞笑视频。看着别人火什么就去做什么,这样随波逐流,不仅平台的算法系统不会推荐,用户也不会喜欢。

(三)策划短视频选题

选题就是创作者对内容的设想和构思,短视频的选题主要是指创作者想要表达的主题,或者想要论证或阐述主题的切入角度。好的选题是短视频质量的基础保证。要想策划出优质的短视频选题,可以按照以下几步进行。

扫码阅读:如何
做好短视频
内容精准定位

1. 了解平台规则

短视频选题必须符合短视频平台的内容审核规则,否则就无法发布成功。此外,不同短视频平台的推荐规则也不同,创作者在策划前应适当了解,以制作出被短视频平台大力推荐的短视频。

2. 考虑账号定位

发布短视频之前,创作者需要在短视频平台上创建账号,然后设置头像、标签、相关说明等资料,使用户通过账号能清楚地了解创作者的创作方向、性格等情况。

3. 形成创意

短视频选题应该具有创作者自己的创意,创作者也可以借鉴他人的想法并进行创新。例如,别人的短视频采用了一种方法来解决手机内存不足的问题,而自己的短视频能提供更简便的方法来解决同样问题,那么自己的短视频就能比别人的视频更具有吸引力。

4. 符合用户需求

各大短视频平台都提供了用户画像功能,如在抖音中可进入"创作者服务中心"界面点击"数据中心"按钮,开通数据看板并查看粉丝的具体情况,如性别、年龄、地域、活跃度等。创作者利用这些信息,就可以分析出用户的基本爱好和需求,然后策划并制作出符合用户需求的短视频。

5. 灵活运用选题公式

此外,策划短视频选题时可以参考图5-3所示的短视频选题公式。

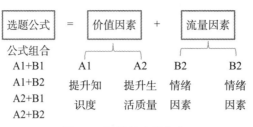

图 5-3　短视频选题公式

通过图 5-3 可知,一个好的选题需要同时具备价值和流量两大因素。其中,价值因素主要体现在提升知识度和提升生活质量两个方面,前者是让用户了解各种信息内容(包括已知信息和未知信息),后者是让用户在身体和精神上都更加舒适。流量因素包括情感因素和情绪因素,前者包括共情心理、猎奇心理、从众心理、窥探心理、安慰心理、期待心理等,后者包括生气、感动、开心、心疼、震惊等。

(四)撰写短视频脚本

短视频脚本是指拍摄短视频时所依据的大纲,它体现的是内容的发展方向,对故事发展、节奏把控、画面调节等都起到重要的作用。要想撰写出高质量的短视频脚本,可以按照以下步骤进行。

1. 搭建框架

为短视频脚本搭建框架的目的是提前设计好短视频中的人物和环境之间的联系。也就是说,在确定短视频选题后,就要搭建短视频的内容框架,即确定制作短视频所需要的角色、场景、时间及道具等内容,明确这些内容的作用、使用途径和使用场合等。

2. 确定主线

无论哪种类型的短视频,都应该具备故事主线,东拼西凑制作的短视频经不起推敲,用户也会很快丧失对短视频的兴趣。只有有价值的短视频才能被更多用户接受。创作者要想一个短视频有价值,就需要设定清晰的故事主线,这样才能支撑其想要传达的信息。

3. 设计场景

根据短视频内容确定需要的场景,以及每个场景中的道具、人物等。

4. 把控时间

把控时间时需要注意两个方面,一方面是短视频的时长控制以及每个场的时长控制;另一方面则是重要画面时间安排。例如,将一个精彩的镜头在短视频开始的 20% 处,以吸引用户观看。

(五)拍摄短视频

1. 学会构图

优秀的短视频,通常画面精美,能让人留下比较深刻的印象。比如某些 KOL 的短视频的画面构图常被人津津乐道,甚至被不少人效仿。其实,画面是否优美,主题是否突出,与画面构图有着直接的关系,在短视频的拍摄过程中,完全可以通过使用构图规则,去引导观众的视线。在短视频的拍摄中有哪些常用的构图方法呢？

1）九宫格构图

九宫格构图也就是黄金分割法的构图方式，是在短视频拍摄时经常用到的一种构图方式。九宫格是利用上、下、左、右四条线作为黄金分割线，这些线相交的点叫作画面的黄金分割点，这样的构图能够让主体展现在黄金分割点上，使画面平衡、有美感。

2）水平线构图

水平线构图法就是以水平线条为参考线，将整个画面二等分或三等分，通过水平、舒展的线条表现出宽阔、稳定、和谐的效果。

3）垂直线构图

垂直线构图法就是画面以垂直线条为参考线，充分展示景物的高度和深度。

4）引导线构图

引导线构图是利用线条将视频画面主体的张力更好地表现出来，使画面更有纵深感，视觉焦点在画面深处。

5）对角线构图

对角线构图是利用线所形成的对角关系，使视频的画面具有运动感和延伸感，体现出纵深的画面效果。对角线的线条也会使被摄主体有一定的倾斜度，将受众的视线吸引到画面深处。

2. 了解各种景别

1）远景

远景视野深远、宽阔，主要用于表现地理环境、自然风貌、开阔宏大的场景等。远景相当于从较远的距离观看景物和人物，画面能包容广大的空间，人物在画面中显得较小，背景占主要空间，给人以广阔、宏大的感觉。

2）全景

全景可以用来表现场景的全貌与人物的全身动作。与远景相比，全景突出的是画面主体的全部面貌，整个画面会有一个比较明确的视觉中心，能够全面展示人物与环境之间的密切关系。换句话说，全景画面需要有一个主体，该主体可以是人物，可以是景物，也可以是人物和景物的组合。

3）中景

中景主要用于表现人与人、人与物、物与物之间的关系。在人物拍摄中通常是表现膝盖以上的范围，着重反映人物的动作、姿态等信息。

和全景相比，中景可以着重表现人物的上身动作，中景是叙事功能最强的一种景别。

4）近景

近景可以表现被摄主体局部的对比关系。在拍摄人物时，通常表现人物胸部以上的神态细节，从而呈现人物的细微动作，展现人物的感情流露，让人物在用户眼中形成鲜明、深刻的印象，有助于刻画人物性格。作为画面主体，这样才有利于表现人物的表情。

5）特写

特写主要用于表现人或物的关键点，通过放大局部的细节来揭示主体的本质。特写中的景物比较单一，直奔主题，让被摄主体充满画面。特写画面可以起到提示信息、营造悬念、刻画人物内心活动等作用。特写画面的细节最突出，能够更好地表现被摄主体的线条、质感、色彩等特征。

3. 活用各种拍摄镜头

除了拍摄方式和构图方法,运镜技巧也是短视频拍摄的主要技巧之一,巧妙的运镜将会使画面内容更加生动而具有吸引力,下面介绍最为常用的五种运镜方法。

1)固定镜头

固定镜头指的是拍摄器材位置不变焦距不变的拍摄方式。固定镜头在短视频拍摄中很常见,可以用于拍摄动态或静态的事物,展现拍摄物的发展变化情况或状态。

2)推镜头

推镜头是指通过调整摄影器材位置或镜头焦距,向被摄主体方向运动的拍摄方式。推镜头使被摄主体在画面中呈现出越来越大的效果,形成视觉前移的感觉,推镜头在描写细节、突出主体、刻画人物、制造悬念等方面非常有用。

3)拉镜头

拉镜头与推镜头相反,是指摄影器材向被摄主体反方向运动,或调整焦距使拍摄框架远离被摄主体的拍摄方式。拉镜头可以使画面呈现出由近及远,由局部到整体的效果。拉镜头可以增加信息量,逐渐显现出被摄主体与整个环境之间的关系。

4)摇镜头

摇镜头是指摄影器材位置固定不动,通过相机三脚架上可以活动的云台(也称稳定器)或拍摄者自身旋转身体进行上下或左右摇摆拍摄的一种拍摄方式。当无法在单个固定镜头中拍摄出想要拍摄的事物,如沙漠、海洋、草原等宽、深远的景物,或悬崖峭壁、瀑布、高耸入云的建筑物等较高的对象时,就可以使用摇镜头来逐渐展现事物的全貌。摇镜头除了适用于介绍环境,也适用于拍摄多个主体进行交流的画面,从而建立其联系。

5)移镜头

移镜头是指摄影器材沿水平面向任意方向移动的拍摄方式。与摇镜头相比,移镜头拍摄时摄影器材会进行直线运动,从而产生出比用摇镜头拍摄更富有流动感、视觉效果更强烈的画面。

五、任务实施

(一)注册抖音账号

(1)打开抖音,来到首页点开底部的"我",进入到账号设置,可以通过微博、今日头条或QQ登录,这里建议填写手机号码进行注册。

(2)输入自己的手机号,勾选"我已阅读同意用户协议及隐私政策"后,点击"验证并登录",输入验证码之后,点击"登录"。

(3)完善个人资料,填写昵称等,也可以先跳过。

(4)以上设置完毕就会来到个人主页了,就可以看到自己的昵称和抖音号了。

(5)点进去就可以填写资料,设置头像、简介、背景图。

(二)剪辑短视频

视频剪辑包括裁剪、变速、美化等基本操作,下面以剪映 App 为例,介绍在手机上剪辑视频素材的基本方法,具体操作如下。

（1）在手机上安装并打开剪映App,点击"开始创作"按钮,如图5-4所示。

（2）在显示的界面中按顺序依次点击需要添加的素材,有拍摄好的视频素材可以在"照片视频"中选择,也可以在素材库中搜索素材,例如在素材库中搜索"城市夜景",选中合适的素材,如图5-5所示。

（3）如果视频太长,可以使用"分割",删除多余的部分,也可以拖拽视频两端的白色控制条裁剪内容,如图5-6所示。

图 5-4　剪映界面　　　　　图 5-5　素材库　　　　　图 5-6　裁剪视频

（4）为两端视频添加转场,点击第1个视频素材与第2个视频素材之间的"转场"按钮,选择"叠化",然后拖拽下方的控制点将转场时长设置为"1.5s",点击"全局应用"按钮,最后点击"√",如图5-7所示。

（5）添加背景音乐,先关闭所有素材的原声,如图5-8所示,点击"关闭原声",再点击"音频",选择一个合适的背景音乐,背景音乐要和视频时长一致,如图5-9所示。

图 5-7　添加专场　　　　　图 5-8　关闭原声　　　　　图 5-9　添加音乐

（6）添加字幕，选择"文字"，点击"新建文本"，输入文字，点击"字体"选择合适的字体，如图 5-10 所示，点击"动画"，选择合适的入场动画，如图 5-11 所示。

（7）点击导出，如图 5-12 所示。

图 5-10　设置字体

图 5-11　设置动画

图 5-12　导出

六、任务工单（作业）

请在表 5-6 中完成短视频个性账号打造，在表 5-7 中完成短视频策划与制作。

表 5-6　短视频个性账号打造

任务名称	短视频个性账号打造				
任务目的	通过完成此任务工单，学生应当能够为自己的账号起一个合适的昵称，设计一个合适的头像，设计账号签名、背景图，选择账号的 BGM				
任务内容	小组讨论后确定账号的昵称、头像、签名、背景图、作品封面、BGM				
第（　）组	姓名				
	班级				
	学号				
任务实操	账号搭建				
	账号昵称				
	账号头像				
	简介	（我是谁？我做过什么？我这个账号要做什么？）			
	背景图				
	背景音乐	（风格、曲库）			
	内容定位				
	内容领域				
	表现形式				
	差异化				

表 5-7 短视频策划与制作

任务名称	短视频策划与制作						
任务目的	通过本次任务,掌握短视频策划、拍摄、剪辑的操作过程,能够对短视频进行内容策划与脚本制作,能够采用恰当的方法拍摄短视频,并利用剪映工具对短视频进行剪辑处理						
任务内容	1. 在抖音上观看自己感兴趣的短视频,自己策划一个短视频,撰写短视频的选题、脚本。 2. 选择合适的构图方法,拍摄一个短视频。 3. 利用剪辑工具的剪辑、特效、音效、导出等功能,对短视频进行剪辑处理						
第( )组	姓名						
	班级						
	学号						
任务实操	自己策划一个短视频,撰写分镜脚本						
	选题						
	脚本						
	根据撰写的短视频脚本,拍摄一个短视频						
	构图方法						
	视频名称						
	利用剪映工具的剪辑、特效、音效、导出等功能,对短视频进行剪辑处理						

七、能力评价

在本次任务完成后,由任课教师主导,采用学习过程评价与学习结果评价相结合,综合运用自我评价、小组评价及教师评价三种方式,由教师确定三种评价方式分别占总成绩的比例,并加权计算出学生个人本次任务的考核评价分,详见表 5-8。

表 5-8　任务完成能力考核评价表

项目名称	短视频营销		任务名称	短视频创作技能
班级			学生姓名	
评价方式	评价内容		分值	成　绩
自我评价	表 5-6 的完成情况		40	
	表 5-7 的完成情况		40	
	对知识和技能的掌握程度		10	
	我胜任了小组的工作		10	
	合　　计			
小组评价	本小组的本次任务完成质量		30	
	个人本次任务完成质量		30	
	个人参与小组活动的态度		20	
	个人的合作精神和沟通能力		20	
	合　　计			
教师评价	个人所在小组的任务完成质量		30	
	个人本次任务完成质量		30	
	个人对所在小组的参与度		20	
	个人对本次任务的贡献度		20	
	合　　计			
总评＝自我评价（　）×20％＋小组评价（　）×30％＋教师评价（　）×50％＝				

任务三　短视频营销技能

一、任务简介

想让创作的短视频成为爆款,除了打造优质内容以外,还要对短视频进行营销推广。

二、任务准备

(1) 在智能手机上安装抖音 App。

(2) 在智能手机上安装剪映 App。

三、任务实施路径

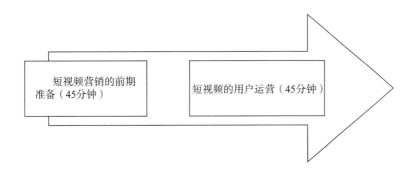

四、知识链接

（一）短视频营销的前期准备

要想让短视频营销的效果更加突出，前期准备是必不可少的。短视频制作好以后不能立即发布，还要设置短视频的封面图、标题、标签和文案，如果设置到位，这些因素都会对短视频的推广起到明显的促进作用。

1. 短视频封面的设计

封面是用户第一眼看到的内容，会给用户留下第一印象。越好看的事物越容易受人欢迎，而一个好看的短视频封面会让用户打开观看的欲望更加强烈，从而增加短视频的点击率。

2. 为短视频设置标题

为短视频起一个好的标题，往往意味着成功了一半。标题是短视频播放量之源，有时即使标题只有一字之差，其播放量也会有天壤之别。为短视频设置标题时，要重点考虑目标用户群体、用户痛点、用户好奇心、热点等方面。

3. 做好短视频标签的设置

在短视频领域，标签是短视频创作者定义的用于概括短视频主要内容的关键词。在推荐算法机制中，用户每天都会收到大量标签化的推荐信息。对短视频平台而言，标签就相当于用户画像，标签越精准就越容易得到平台的推荐，直接到达目标用户群体。而对用户而言，标签是用户搜索短视频的通道，很多标签会在短视频下方展示，用户能够通过点击标签直接进行搜索。

标签是短视频非常重要的流量入口，很多短视频播放量过低，很大程度上是因为没有给短视频打上合适的标签。

4. 撰写极具感染力的短视频文案

在短视频平台中，视频是重心，文案只是"绿叶"，但有时一句极具感染力的文案也可以助推短视频成为爆款。

扫码阅读：
优质短视频
文案的特点

（二）短视频的用户运营

短视频创作者要想把短视频打造成爆款，除了要做好短视频内容，还需要用户的关注和支持。一般来说，观看短视频的用户越多，短视频获得的支持也就越大，被转发分享的概率也就越高。因此，短视频创作者一定要做好用户运营，与用户建立紧密的联系，并尽可能地吸引更多的用户。

1. 增强互动，提升用户黏性

内容是提高用户关注度的基础条件，但并非提高用户黏性的唯一要素。当短视频账号依靠优秀的内容吸引到用户以后，短视频创作者要与用户进行实时互动使其感觉到自己的诚意，对该短视频账号产生信赖，从而提高用户的黏性。要想增强短视频的互动性，可以采用以下两种方法来进行操作。

1）选择互动性强的话题

互动性强的话题一般是指那些容易引起用户模仿、参与讨论的话题，如美食健身、时尚、穿搭等。每个用户或多或少都会在这些方面有经验、体会或需求，在观看短视频以后会积极讨论相关话题，并对短视频进行评论、点赞或转发。另外，有争议性的话题也容易引发用户讨论。

2）引导互动

除了要选择互动性强的话题以外，短视频创作者要在短视频中对用户进行引导，吸引用户更积极地参与互动。

2. 发起活动，提高用户活跃度

吸引用户以后，短视频创作者不要让用户只扮演"看客"的角色，而要积极地发起活动，与用户经常互动，激发用户的参与激情，进而提高他们的活跃度。短视频创作者可以发起两种活动，一种是挑战类活动，另一种是创意征集活动。

扫码阅读：
引导互动的
四种方法

1）挑战类活动

挑战类活动一般具有竞技性，不仅充满趣味性，还具有强烈的代入感，可以最大限度地满足用户的好奇心，刺激其竞争意识。因此，这类活动往往可以激发用户的关注度，提升其参与感。

2）创意征集类活动

创意征集类活动要求短视频创作者先发布一条有创意的短视频，然后引导用户展示自己的奇思妙想，鼓励他们拍摄并上传相关的短视频，从而增强用户的参与感和成就感，促使其更积极地对短视频进行转发分享。

3. 强化情感连接，让用户具有归属感

在短视频运营中，短视频创作者要强化与用户之间的情感连接，让用户找到家的感觉，在情感上产生强烈的认同感。为用户营造归属感时，可以运用以下两种方法。

1）营造情怀

情怀是归属感的灵魂，很多时候用户是因为受到某一情怀的感染，才对平台或个人产生亲切的感觉，进而产生归属感。

2）展现人文关怀

短视频创作者要在短视频中展现出一种人文关怀，让用户感觉到自己受到了尊重和重视,从而产生安全感和价值感。

五、任务实施

（一）设计封面

短视频发布时需要设计一个封面,其用途是方便用户选择和创作者管理。下面设置短视频封面并发布短视频,具体操作如下。

（1）在剪映 App 中导出短视频后,在显示界面中点击"抖音"图标,启动抖音 App,在显示的界面点击"下一步"按钮,如图 5-13 所示。

（2）显示抖音 App 的"发布"界面,点击缩略图中的"选封面",如图 5-14 所示。

（3）在显示的界面中拖拽中间的预览条,选择合适的画面作为封面,然后点击"保存"按钮,如图 5-15 所示。

　　图 5-13　启动抖音　　　　　图 5-14　选择封面　　　　　图 5-15　保存封面

（二）设置发布信息

除设置封面外,发布短视频时还可以设置标题,添加相关话题和提醒好友观看,以增加短视频热度。具体操作如下。

（1）在发布界面的文本框中输入合适的短视频标题,如图 5-16 所示。

图 5-16　设置标题

（2）然后点击"♯话题"按钮，在弹出的下拉列表中选择与短视频相关的热门话题，如"城市的夜晚""生活感悟"，如图 5-17 所示。

图 5-17　添加话题

（3）选择"公开所有人可见"，点击发布。

六、任务工单（作业）

请在表 5-9 中完成短视频营销活动。

表 5-9　短视频营销活动

任务名称	短视频营销活动						
任务目的	通过本次任务，能够让学生掌握短视频封面设计、标题设置、标签设置和文案撰写的方法及用户运营的技巧						
任务内容	1. 设计短视频封面、标题、选择合适的标签。 2. 使用合适的方法提高用户的黏性、活跃度、归属感						
第（　）组	学号						
	班级						
	姓名						
任务实操	短视频营销前期准备						
	封面设计						
	标题						
	标签设置						
	文案						
任务实操	短视频用户运营						
	提升用户黏性						
	提高用户活跃度						
	提升用户归属感						

七、能力评价

在本次任务完成后,由任课教师主导,采用学习过程评价与学习结果评价相结合,综合运用自我评价、小组评价及教师评价三种方式,由教师确定三种评价方式分别占总成绩的比例,并加权计算出学生个人本次任务的考核评价分,详见表5-10。

表 5-10　任务完成能力考核评价表

项目名称	短视频营销		任务名称	短视频营销技能
班级			学生姓名	
评价方式	评价内容		分值	成　绩
自我评价	任务工单的完成情况		60	
	对知识和技能的掌握程度		20	
	我胜任了小组的工作		20	
	合　计			
小组评价	本小组的本次任务完成质量		30	
	个人本次任务完成质量		30	
	个人参与小组活动的态度		20	
	个人的合作精神和沟通能力		20	
	合　计			
教师评价	个人所在小组的任务完成质量		30	
	个人本次任务完成质量		30	
	个人对所在小组的参与度		20	
	个人对本次任务的贡献度		20	
	合　计			
总评＝自我评价(　　)×20％＋小组评价(　　)×30％＋教师评价(　　)×50％＝				

项目六

学会新媒体营销——直播营销

项目名称	学会新媒体营销——直播营销
项目概况	近年来,直播销售的热度不断提升,易观分析发布的《中国直播电商发展洞察2023》中的数据显示,直播电商的交易规模不断扩大,从2018年的0.14万亿元上涨到2023年上半年的4.14万亿元,在网上零售额中的占比也越来越高,在2023年上半年达到27.5%。越来越多的商家投身直播销售中,并将其运用到新的领域,不断开拓新路径,例如将直播销售运用到外卖直播、跨境贸易中,这推动了直播销售向新的台阶迈进,并带动了电子商务格局的转变。 本项目通过认识直播营销、做好直播准备、设计直播活动、实施直播活动四个任务的学习,培养和提升学生的直播策划和开展直播活动的能力。
思维导图	学会新媒体营销——直播营销 认识直播营销——知识链接——了解直播营销的概念与优势、认识直播电商;任务实施——观看一场电商直播 做好直播准备——知识链接——打造直播团队、搭建直播场景;任务实施——选择直播商品 设计直播活动——知识链接——设计直播脚本、筹备直播宣传资料;任务实施——设置直播预告、发布短视频预告 实施直播活动——知识链接——直播开场话术、直播引关注话术、直播促留存话术、直播促转化话术、直播下播预告话术;任务实施——直播商品管理、优化直播过程

续表

学习目标	知识目标	1. 了解直播团队的岗位及其职责。 2. 熟悉直播选品的依据、要点与货品来源。 3. 掌握整场直播脚本与单品直播脚本的设计要点。 4. 掌握直播话术的运用
	能力目标	1. 能够完成直播场景的基本搭建操作。 2. 能够利用直播电商数据分析工具进行选品。 3. 能够设计整场直播脚本与单品直播脚本。 4. 能够熟练运用开场、引关注、促留存、促转化、下播等环节的话术
	素养目标	引导学生养成遵纪守法的良好素养,培养脚踏实地、坚持不懈的职业素养、团结合作的宝贵品质
项目组织	教学安排	1. 项目目标和介绍:在课程开始前,明确课程的目标和重要性,对直播营销项目进行详细介绍。 2. 理论知识学习:通过视频教学、讲座、课堂讨论等形式,学习直播营销的优势、相关理论知识和实用技巧。 3. 实操演练:通过教师演示、作业布置等方式引导学生进行直播的实操练习,熟悉直播的流程及直播话术。 4. 案例分析:结合实际案例,对整场直播进行深入分析,让学生能够学习到实践经验。 5. 数据分析:介绍直播数据分析指标,指导学生如何对直播数据进行分析,从而发现直播过程存在的问题及解决方案。 6. 实践项目:引导学生进行直播实践,通过自己实际操作和运用,熟练掌握直播过程的注意事项及各环节的流程。 7. 教学评估:通过作业、考试、项目报告等方式对学生的学习成果进行评估和反馈
	教学组织	1. 学习小组:根据班级规模和学生人数,组织学生形成小组,进行讨论、合作和互助学习。 2. 互动交流:通过线上或线下的讨论区、微信群等方式,教师与学生进行及时的互动交流,解答问题和提供指导。 3. 实践辅导:教师根据学生的实践项目情况,进行指导和辅导,给予实质性的帮助和意见。 4. 项目布置和批改:教师布置直播实训项目,要求学生完成项目,并及时点评,给予学生反馈和建议
	教学成果	1. 各小组完成一场直播,完成整场直播的脚本策划,及各个商品的单品脚本撰写,直播时长不小于一个半小时。 2. 参加直播相关大赛,利用直播技巧,在直播赛项获得较好成绩

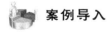 **案例导入**

做好直播活动的运营推广

当前,直播营销活动为销售行业注入了新的活力,成为行业的热点。无论是线上卖场还是线下卖场,流量都是非常重要的。直播活动策划与运营就是商家通过一定方法和手段吸引更多消费者来自己的直播间购买商品或服务。在直播之前商家可以采取下面的方法进行直播活动的运营推广。

（1）直播预热：在每天的直播过程中为下一次的直播进行预热，告知下次直播时间。

（2）添加预告：在个人昵称、简介处添加直播预告。

（3）站外流量预热：社群、微博、公众号、小红书引流。

（4）优化直播间标题：直播间标题是吸引用户点击的直观部分，优质的标题可以激发用户的点击欲望。直播间标题的字数不宜过多，以3～15个字为宜，短视频创作者应用一句话来展示直播内容的亮点，要避免空洞无物。

（5）打造优质封面图：在封面图中将直播的亮点和精华展示出来，让用户直接了解直播的内容，吸引其点击观看。

很多人做直播之所以没人看，在很大程度上是因为他们的直播活动策划与运营推广做得不到位。所以如果想要直播间更具人气，就要加强对直播活动的策划与运营推广。

【案例思考】

（1）怎样做好直播前的短视频预热引流？

（2）直播间标题的写作方法有哪些？

任务一　认识直播营销

一、任务简介

了解了短视频营销后，继续学习直播营销，了解直播营销有什么优势，直播电商有哪些模式，常见的直播平台有哪些。

二、任务准备

安装直播电商平台所需 App。

三、任务实施路径

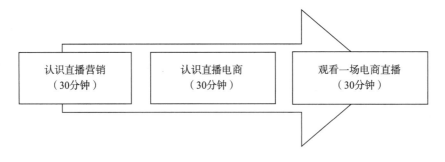

| 认识直播营销 | 认识直播电商 | 观看一场电商直播 |
| （30分钟） | （30分钟） | （30分钟） |

四、知识链接

（一）了解直播营销的概念与优势

直播营销不同于微博、微信的图文形式内容，直播的传播方式更加立体地完成品牌文化以及产品的展示。那么，什么是直播营销？直播营销有何优势？

1. 了解直播营销的概念

直播营销,是指在现场随着事件的发生、发展进程制作和播出节目,以直播平台为载体的营销活动,达到企业获得品牌的提升或销量的增长的目的。直播的核心价值在于其聚集注意力的能力,未来直播营销将成为每一种产品营销的标配。

2. 了解直播营销的优势

(1)精准用户。在观看直播时,用户需要在一个特定的时间共同进入直播播放页面。这种直播时间上的限制,确保在特定时间里进入直播页面的大多是具有较高忠诚度的精准目标人群。所以,直播吸引到的都是较为精准的"目标用户"。

(2)实时互动在直播过程中,由于是即时性的内容,用户可以发起弹幕发表自己的看法,与主播产生有效的互动,甚至还能动用民意的力量改变节目进程。这种实时互动的真实性和立体性,大大提升了用户的参与感。

(3)维系情感。现在许多企业在直播营销时非常注重营造"粉丝"的归属感,将一批志趣相投、有共同爱好的人聚集在一起,"粉丝"之间、"粉丝"与主播之间情绪相互感染,达成情感气氛上的高位时刻,增强了"粉丝"对于企业品牌的黏性。

(4)增加认同。在互联网时代,用户的目光总是聚焦在热点的周围,喜欢集体性地吐槽,这就是从众心理的体现。在直播营销的过程中,利用从众心理让用户参与到品牌的整个建设过程之中,自然可以增加大众对此品牌后期的一种认同感。

(二)认识直播电商

直播电商究竟是什么?直播电商是以直播为渠道来达成营销目的的一种电商形式。由于直播电商提高了交易效率,带给了用户更直观生动的购物体验,因此其为电商行业提供了强劲的增长动力。要进行直播电商运营,需要先了解直播电商的特点、模式和"人""货""场"三要素。

扫码阅读:商家
自播和达人
直播的特点

1. 了解直播电商的模式

直播电商根据主播主体的不同分为商家自播和达人直播两种模式。

2. 了解直播电商的"人""货""场"三要素

直播电商为电商行业注入了新的活力,但仍旧离不开电商中"人""货""场"三要素的结合。

扫码阅读:
直播电商的
"人""货""场"
三要素

3. 认识典型直播电商平台

微信、抖音、快手、淘宝、第三方直播,成为电商直播业务中被应用最广的平台或类型。2020 年,微信官方宣布上线"小程序直播功能",为商家小程序提供直播技术支持,立刻引发行业关注。

五、任务实施

观看一场电商直播

在抖音上观看电商直播,可以参考以下步骤进行操作。

（1）打开抖音 App，点击"直播"，进入抖音直播频道。

（2）点击直播画面，进入直播间观看直播，上下滑动可切换直播。

（3）点击直播画面右上角的"更多直播"选项，在打开的界面上方的搜索框中输入"购物"文本内容搜索带货类直播，搜索结果展示了带货直播的缩略图列表。

（4）在带货直播画面左上角显示了"带货榜"按钮，点击该按钮，在打开的界面可查看带货榜单，此时，可选择带货榜单中排名靠前的直播进行观看。

观看直播后请根据表 6-1 罗列的评测内容谈一谈自己对直播销售商品的认识，"直播效果"可从该场直播的观看人数及人数变化情况、用户针对商品的问询情况、用户针对互动活动的问询情况等方面衡量。

表 6-1　直播观后感

序号	评 测 内 容	影响占比
1	主播的个人形象对直播效果的影响	
2	主播的语言表达对直播效果的影响	
3	直播间的互动活动对直播效果的影响	
4	商品价格对直播效果的影响	

六、任务工单（作业）

请在表 6-2 中对比分析直播电商平台。

表 6-2　对比分析直播电商平台

任务名称	对比分析直播电商平台						
任务目的	直播电商平台已成为直播营销最重要的平台。通过对比直播电商平台，收集各直播电商平台的相关信息，深入分析各自的特点						
任务内容	1. 分别登录快手、抖音、淘宝直播、京东直播、小红书、拼多多的直播平台。 2. 了解上述 6 个平台的平台属性、电商载体、带货 KOL 属性、带货商品属性、带货模式、机会点、转化率、客单价等情况						
第（　）组	学号						
	班级						
	姓名						
任务实操	分别从平台属性、电商载体、带货 KOL 属性、带货商品属性、带货模式、机会点、转化率、客单价等方面，对比分析直播电商平台，并将对比情况填入下表中。						

对比项	快手	抖音	淘宝	京东	小红书	拼多多
平台属性	社交＋内容					
电商载体	淘宝、天猫、京东、拼多多、快手小店					

续表

	对比项	快手	抖音	淘宝	京东	小红书	拼多多
任务实操	带货 KOL 属性	主播达人					
	带货商品属性	高性价比的白牌商品较多,产业带直播比重较大					
	带货模式	达人直播打榜、连麦					
	机会点	擅长维护高价值的私域流量,转化率较高,带货能力强					
	转化率	较高					
	客单价	中等					

七、能力评价

在本次任务完成后,由任课教师主导,采用学习过程评价与学习结果评价相结合,综合运用自我评价、小组评价及教师评价三种方式,由教师确定三种评价方式分别占总成绩的比例,并加权计算出学生个人本次任务的考核评价分,详见表 6-3。

表 6-3 任务完成能力考核评价表

项目名称	直播营销		任务名称	认识直播营销
班级			学生姓名	
评价方式	评价内容	分值	成 绩	
自我评价	任务工单的完成情况	60		
	对知识和技能的掌握程度	20		
	我胜任了小组的工作	20		
	合 计			
小组评价	本小组的本次任务完成质量	30		
	个人本次任务完成质量	30		
	个人参与小组活动的态度	20		
	个人的合作精神和沟通能力	20		
	合 计			
教师评价	个人所在小组的任务完成质量	30		
	个人本次任务完成质量	30		
	个人对所在小组的参与度	20		
	个人对本次任务的贡献度	20		
	合 计			
总评=自我评价( )×20%+小组评价( )×30%+教师评价( )×50%=				

任务二　做好直播准备

一、任务简介

做好直播准备工作,包括打造直播团队、直播场景搭建和选择直播商品三个方面。

二、任务准备

选好团队成员和直播设备。

三、任务实施路径

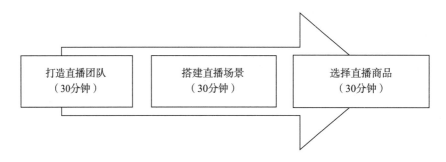

四、知识链接

(一)打造直播团队

一场好的电商直播不仅依赖主播的专业能力,还需要直播团队人员之间的默契配合。打造直播团队需要做好两个方面的事情:一是配置团队人员,二是培养主播素质。

1. 配置团队人员

个人或商家一般根据自身的业务需求和预算配置直播团队的人员。在进行直播团队人员的配置时,分确认人员配置和明确职能分工两个方面执行。

1)确认人员配置

在直播电商岗位需求研究的基础上,组建一支标准的直播团队,人员配置包括主播1名、助理1名、场控1名、策划1名和招商1名。

2)明确职能分工

确认团队人员配置后,列出了团队人员的职能分工,见表6-4。

2. 培养主播素质

主播是直播团队的核心人物,而任何新手主播成长为优秀成熟的主播都要经历自我修炼的过程。

1)日常训练

"台上一分钟,台下十年功",只有通过朗诵、速读、背诵、对镜训练的练习,才能熟能生巧,提升直播的基本功。

表 6-4　团队人员的职能分工

人员	职 能 分 工
主播	负责直播,主要工作包括介绍与展示商品、与粉丝互动、引导粉丝关注、参与直播策划与复盘等
助理	协助主播工作,主要工作包括准备直播商品与道具、担任临时主播等
场控	负责软硬件调试及整场直播的后台操作,如直播间数据检测与反馈、处理询单、解决答疑和售后问题等
策划	负责策划直播方案,设计商品脚本、活动脚本、话术脚本,以及直播预热宣传策划、引流方案策划和粉丝福利方案策划等
招商	负责商务合作、商品招商、商品信息整理、对接店铺等

2)培养良好的礼仪修养

主播应具有的良好的礼仪修养主要表现在以下三个方面。

(1)着装。着装能展示主播的风采,应干净整洁、自然大方。

(2)妆发。妆发应干净自然,可重点勾画眉毛和打造眼睛部分的妆容,让自己显得更有神采、精神饱满。

(3)肢体语言与表情神态。在直播间展示商品时,主播往往需要辅以丰富的肢体语言与表情神态,并且应时刻集中注意力,保持微笑,态度真诚。

(二)搭建直播场景

搭建直播场景包括直播设备的配置直播场景的布置。

1. 配置直播设备

直播包括手机直播和电脑直播,表 6-5 列出了一份直播设备配置清单。

表 6-5　直播设备配置清单

设备名称	配 置 说 明
计算机	用于 PC 直播、直播后台管理、脚本设计,以及修图、剪辑视频等。如果没有特殊需求(如游戏直播),购买目前主流的笔记本电脑即可
摄像头	PC 直播时,外接摄像头需满足主播对摄像头的美颜、瘦身、清晰度、拍摄角度等方面的需求。一般而言,1000 元左右的摄像头即可满足直播需求
手机	手机直播的主要设备,适用于室内直播和室外直播。直播用的手机,其运行内存应不低于 4GB,摄像头不低于 1200 万像素
支架	用于固定手机、摄像头、话筒等设备,以保证直播画面稳定。根据固定设备的数量和大小选购
补光灯	用于为直播提供辅助光线,以得到较好的光线效果。补光灯的类型主要分为柔光灯(包括柔光球或柔光箱与环形灯)。室内直播需要补充自然光时,可以优先选择柔光灯来模拟太阳光对拍摄对象进行补光。如果要拍摄人脸近景或特写,或者需要在晚上拍摄,就可以选择环形灯,以掩饰人物的面部瑕疵,起到美颜的效果

续表

设备名称		配　置　说　明
其他辅助设备	话筒	用于直播收音,使声音更有层次,音效饱满、圆润。一般可以选择价格在 200～1000 元、电压为 48V 的电容话筒
	耳机	耳机可以让主播在直播时监听自己的声音,从而更好地控制自己的音调、分辨伴奏等。一般可选购入耳式耳机或蓝牙无线耳机
	自拍杆	使用手机进行移动直播时,可以使用自拍杆进行拍摄,能在一定程度上增加拍摄范围,提升画面的稳定性
	移动电源	一场直播的持续时间往往较长,对手机电池电量的需求较高,因此移动电源是手机直播的必备辅助设备

2. 布置直播场景

布置直播场景应重视规划直播间场地、布置直播间背景、布置直播间灯光和摆放直播间物料。

扫码阅读:
布置直播场景
的要点

五、任务实施

选择直播商品

团队可以利用蝉妈妈、飞瓜数据等直播电商数据分析工具选品。下面以蝉妈妈为例查看抖音直播中的商品走势情况,以快速完成选品,具体操作如下。

(1)在计算机上打开蝉妈妈官方网站,在左上角单击"抖音分析平台"然后单击右上角的"注册/登录"按钮,如图 6-1 所示。

图 6-1　单击"注册/登录"按钮

(2)在打开的页面中单击"短信登录/注册"选项卡,输入手机号码和验证码,单击"登录/注册"按钮,如图 6-2 所示。

(3)登录成功后,将光标移到页面上方的"商品"选项卡上,在打开的列表中选择"商品库"选项,如图 6-3 所示。

(4)打开"商品库"页面,将光标移到"商品分类"栏中的"服饰内衣"选项上,在打开的列表中选择"女装"选项,再选择"T 恤",如图 6-4 所示。

(5)在"筛选"栏中将"佣金比例"设置为"10％～20％",将"销量"设置为"≥2000",筛选在抖音上销量较高的商品。在"带货方式"中单击"直播带货为主"选项,如图 6-5 所示。

图 6-2 注册并登录

图 6-3 选择"商品库"选项

图 6-4 选择"T恤"选项

图 6-5 设置商品筛选条件

（6）在页面下方的搜索结果列表中浏览商品信息，找到所需的商品，然后单击"商品"列中的商品缩略图或标题超链接，如图 6-6 所示。

图 6-6　浏览商品信息

（7）打开商品详情页面，如图 6-7 所示。在页面上方可查看商品的名称、分类、价格、佣金等，数据分析中可以看到"商品销量""推广达人数""出单率"，详细查看商品信息后主播可以综合分析该商品的优劣、目标用户和销量走势等情况。

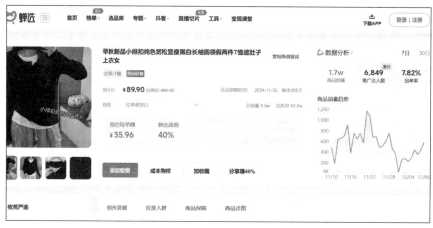

图 6-7　查看商品详细页面

（8）在商品详情页面上方单击"添加橱窗"按钮，在打开的对话框中单击"添加抖音号"按钮，在打开的页面使用抖音 App 扫描二维码，进行抖音账号登录授权，然后返回"将商品添加至达人橱窗"对话框，选中抖音号前的单选项，单击"确认"按钮，如图 6-8 所示，将商品添加至橱窗，即可完成直播带货对接工作。

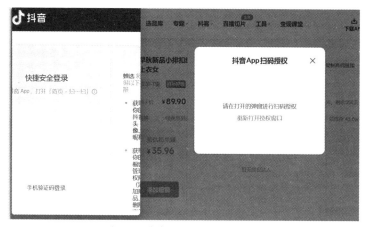

图 6-8　将商品添加至达人橱窗

六、任务工单（作业）

请在表6-6中完成筹备直播环境。

表6-6　筹备直播环境

任务目的	通过筹备直播环境，能够设计直播团队架构，制定硬件设备配置清单，并且做好直播人、货、场的准备工作		
任务内容	1. 观看一场直播活动，了解直播团队的岗位职责。 2. 确定设备配置清单。 3. 布置直播场景		
第（　）组	学号						
	班级						
	姓名						

任务实操	1. 搭建直播团队

岗位名称	职责分工	姓名
主播		
助理		
场控		
策划		
招商		

2. 确定设备配置清单

设备名称	数量

3. 布置直播场景

项目	内　容
直播间场地规划	
直播间背景	
直播间灯光	

七、能力评价

在本次任务完成后，由任课教师主导，采用学习过程评价与学习结果评价相结合，综合运用自我评价、小组评价及教师评价三种方式,由教师确定三种评价方式分别占总成绩的比例,并加权计算出学生个人本次任务的考核评价分,详见表 6-7。

表 6-7　任务完成能力考核评价表

项目名称	直播营销		任务名称	做好直播准备
班级			学生姓名	
评价方式	评价内容		分值	成　绩
自我评价	任务工单的完成情况		60	
	对知识和技能的掌握程度		20	
	我胜任了小组的工作		20	
	合　　计			
小组评价	本小组的本次任务完成质量		30	
	个人本次任务完成质量		30	
	个人参与小组活动的态度		20	
	个人的合作精神和沟通能力		20	
	合　　计			
教师评价	个人所在小组的任务完成质量		30	
	个人本次任务完成质量		30	
	个人对所在小组的参与度		20	
	个人对本次任务的贡献度		20	
	合　　计			
总评＝自我评价(　　)×20％＋小组评价(　　)×30％＋教师评价(　　)×50％＝				

任务三　设计直播活动

一、任务简介

直播活动效果的好坏,都与策划者能否深谙用户心理,提前设计好各个环节和细节相关。那么,直播活动策划的流程是怎样的?在直播活动策划中需要注意哪些关键点?一定要为直播互动撰写直播脚本吗?直播脚本如何撰写?本次任务将会为你一一解惑。

二、任务准备

在快手、抖音、天猫直播等平台观看直播活动。

三、任务实施路径

四、知识链接

（一）设计直播脚本

整场直播脚本是对直播流程和内容的细致说明，可以让直播团队各岗位人员根据工作职责实现默契配合。在为本场直播设计整场直播脚本时，按以下两个步骤进行。

1. 设计整场直播脚本

1）明确整场直播脚本的要点

首先明确了整场直播脚本应包括的要点，可作为以后设计整场直播脚本的要点模板，见表 6-8。

表 6-8 设计整场直播脚本的要点

要　点	内 容 说 明
直播时间	明确直播开始到结束的时间
直播地点	明确直播地点
直播主题	明确直播主题，使用户了解直播信息，如"××品牌冬装新品上市特卖会""××文具旗舰店开学大乐购"
直播目标	明确直播目标，是以积累粉丝为主，还是以提高销售额为主等。注意要将直播目标设定为可量化的指标，以便衡量直播效果
商品数量	注明商品的数量
主播介绍	介绍主播的名字、身份等
人员分工	明确直播参与人员的职责，如主播负责讲解商品、演示商品功能、引导用户关注、下单等；助理负责协助主播与用户互动、回复用户问题等；场控、客服负责商品上下架、修改商品价格、发货与售后等
注意事项	说明直播的注意事项
直播流程	直播流程应规划详细的时间节点，并说明开场预热、商品讲解、用户互动、结束预告等时间节点的具体内容

2）撰写整场直播脚本

整场直播脚本通常以表格的形式呈现，整场直播脚本中的直播时间、直播地点、直播主题、直播目标、商品数量等按实际直播情况填写，直播流程需详细具体，以便主播把控直播节奏。明确整场直播脚本的要点后,为本场直播撰写一份完整的整场直播脚本,见表6-9。

表 6-9　撰写整场直播脚本示例

××直播概述	
直播时间	×年×月×日,20:00~22:00
直播地点	××直播室
直播主题	××品牌女装上新促销
直播目标	吸引1万人进入直播间,涨粉1000人
商品数量	10个
主播介绍	××,某品牌主理人
注意事项	1. 丰富互动玩法,提高用户活跃度,提升粉丝数量。 2. 直播讲解节奏:单品讲解+回复用户问题+互动; 　直播讲解占比:商品讲解60%+回复用户问题30%+互动10%。 3. 不同商品契合不同的应用场景。 4. 多讲解××系列新品

直 播 流 程				
时间段	流程规划	人员分工		
		主　播	助　理	场控/客服
20:00—20:10	开场预热	自我介绍,与进入直播间的用户问好,介绍开场直播截屏抽奖规则,强调开播时间,简单介绍今日主推款商品,引导进入直播间的用户关注直播间	演示直播截屏抽奖的方法,回答用户的问题	向各平台分享开播链接,收集中奖信息
20:10—20:20	活动剧透	简单介绍本场直播的所有商品,说明直播间的优惠情况	商品配套展示,补充主播遗漏的内容	向各平台推送直播活动信息
20:20—20:30	商品推荐	讲解、试穿第一、二款商品	与主播完成"画外音"互动,协助主播回复用户问题	发布商品链接,回复用户的订单咨询,收集在线人数和转化数据
20:30—20:35	红包活动	与用户互动,发送红包	提示发送红包的时间节点,介绍红包活动规则	发送红包,收集互动信息
20:35—20:40	商品推荐	讲解、试穿第三、四款商品	与主播完成"画外音"互动,协助主播回复用户问题	发布商品链接,回复用户的订单咨询,收集在线人数和转化数据
20:45—20:50	福利赠送	新增关注500人进行抽奖,中奖者获得新衣一件	提示发送福利的时间节点,介绍抽奖规则	收集中奖者信息,联系中奖者
20:50—21:10	商品推荐	讲解、试穿第五、六、七款商品	与主播完成"画外音"互动,协助主播回复用户问题	发布商品链接,回复用户的订单咨询,收集在线人数和转化数据

续表

直播流程				
时间段	流程规划	人员分工		
		主播	助理	场控/客服
21:10—21:20	福利赠送	新增关注 500 人进行抽奖,中奖者获得新衣一件	提示发送福利的时间节点,介绍抽奖规则	收集中奖者信息,联系中奖者
21:20—21:35	商品推荐	讲解、试穿第八、九、十款商品	与主播完成"画外音"互动,协助主播回复用户问题	发布商品链接,回复用户的订单咨询,收集在线人数和转化数据
21:35—21:40	红包活动	与用户互动,发送红包	提示发送红包的时间节点,介绍红包活动规则	发送红包,收集互动信息
21:40—21:50	商品返场	对销售情况较好的商品进行返场讲解	协助场控向主播提示返场商品,协助主播回复用户问题	收集、分析每款商品的在线人数和点击转化数据,向助理与主播提示返场商品,回复用户的订单咨询
21:50—22:00	直播预告	简单介绍下次直播的商品,引导用户关注直播间,强调直播开播时间和福利	协助主播引导用户关注直播间	回复用户订单咨询

2. 设计单品直播脚本

设计好整场直播脚本后,就要着手设计单品直播脚本了。单品直播脚本是基于单个商品的脚本设计,其核心是突出商品卖点,对应整场直播脚本的商品推荐部分。以服装为例,其单品直播脚本设计可以围绕尺码、面料、颜色款式、细节特点、适用场景、搭配方法等进行说明。

单品直播脚本一般以表格形式呈现,其要点包含商品导入、商品卖点、商品利益点、引导转化等,各要点呈现层层递进的关系,见表 6-10。

表 6-10 设计单品直播脚本的要点

要点	脚本内容
商品导入	为引出商品做铺垫,向用户说明"为什么要买"。常用方法是用话题引出商品,如用"眉型对气质的影响"的话题引出修眉工具,用"夏天容易晒黑甚至晒伤"的话题引出防晒霜或防晒喷雾等
商品卖点	介绍商品属性和商品的功能或作用,向用户说明"为什么值得买"。介绍商品属性如商品款式、颜色、材质、品牌、尺寸等,以及商品的功能或作用如加厚加绒的衣服能御寒保暖
商品利益点	介绍商品给用户带来的利益,即商品所具有的作用,能够给用户带来的好处,如安全、舒适、经济、耐用、耐看、方便等,向用户说明购买的理由。例如,高密织数的针织衫轻薄修身,且方便清洗
引导转化	引导用户"马上买",通常采用"限时限量"的手法营造出紧迫感,或通过"比价"体现价格优势促进用户下单。"限时限量"如"本款商品仅有 100 件,先拍先得","比价"如"商品的市场价是 169 元,直播间只要 69 元"

（二）筹备直播宣传资料

直播宣传也就是直播预热，其作用是扩大直播的声势、提前为直播引流。这就需要直播团队提前筹备直播宣传资料。包括设计直播标题与封面、撰写直播宣传文案和拍摄与编辑直播预告短视频。

1. 设计直播标题与封面

1）设计直播标题

标题的核心作用有两点：一是给用户看，吸引用户点击和观看直播；二是给平台看，以获得平台更多的流量推荐。能让人眼前一亮的标题可以吸引更多用户观看直播，也更容易获得平台的推荐。

2）设计直播封面

用户在决定是否观看直播时，首先会注意直播标题和封面。直播封面可直观体现直播内容，好的直播封面能带来明显的引流效果。总的来说，直播封面应清晰完整、构图美观。

2. 撰写直播宣传文案

设计直播标题和封面后，接下来要撰写直播宣传文案。直播宣传文案实质上是直播营销广告，是引导用户进入直播间、让用户了解直播详情的重要途径。通常情况下，直播宣传文案多在微信、微博等平台上发布。

3. 拍摄与编辑直播预告短视频

直播预告短视频一般有两种思路，一种是采用真人出镜直接进行直播预告，告知用户直播时间和直播内容等，另一种是先拍摄与平时风格相同的日常内容，然后公布直播信息。

完成直播预告短视频的拍摄后，还需要用短视频剪辑工具对短视频素材进行编辑。

五、任务实施

筹备完本场直播所需的宣传资料后，接下来要投入到发布直播预告的工作中。

（一）设置直播预告

在发布直播预告时，可先设置直播标题和封面，具体操作如下。

（1）打开抖音 App，点击"+"按钮，在打开界面的下方选择"开直播"选项。打开"开直播"界面，在上方点击"添加封面"按钮，在弹出的面板中点击"从手机相册选择"选项，选择提前设计好的封面图片。

（2）在打开的界面中调整封面图的显示范围，点击"确定"按钮。

（3）在返回的界面中点击"设置"按钮，弹出"设置"面板，点击"直播预告"栏中的"去设置"选项，弹出"直播预告"面板，点击"创建新预告"按钮。

（4）点击"开播时间"栏中的"请选择"选项，在打开的"预告开播时间"面板中设置开播时间，点击"确定"按钮。

（5）在"预告内容"栏下方的文本框中输入直播预告内容，点击"创建预告"按钮。

（二）发布短视频预告

发布短视频预告即将制作好的直播预告短视频发布到直播电商平台中，具体操作如下。

（1）打开抖音 App，点击"+"按钮。在打开的界面中点击"相册"按钮，再在新打开的界面中选择剪辑好的短视频。

（2）上传短视频后，在打开的界面中点击"下一步"按钮。

（3）打开"发布"界面，在标题文本框中输入短视频的标题，在下方点击"♯添加话题"按钮，在打开的列表中选择相关的话题。添加适当的话题将有助于抖音识别短视频的内容类型并对其进行精准推荐。

（4）在话题栏下方的"你在哪里"栏添加地点定位，丰富短视频的信息，让用户了解短视频的发布地点，完成后，点击"发布"按钮。

六、任务工单（作业）

请在表 6-11 中完成设计单品直播脚本。

表 6-11　设计单品直播脚本

任务目的	设计单品直播脚本		
任务内容	现有一款设计简约、休闲百搭的短袖 T 恤，本次实训将依据该 T 恤的商品简介设计单品直播脚本。 （1）材质：由高档棉质面料精制而成，质地柔软、亲肤。 （2）领口：采用拉架式螺纹工艺，较普通领口有不易变形的优势，弧度适当，穿上无松弛和紧绷现象。 （3）肩部：独特修型剪裁，贴合肩部，更加凸显肩部的线条，舒适不紧绷。 （4）印花：采用国际领先的热烫印技术，图案清晰，经多次洗涤检验，图案不脱色，时尚美观。 （5）袖口：双车线缝制高品质袖口，便于活动，舒适自如。 （6）下摆：精密车线缝制的下摆，做工细致，不易脱线、变形，耐穿耐洗。 （7）颜色：绿色、白色、蓝色、粉蓝色和浅紫色。 （8）优惠：电商平台旗舰店 108 元 1 件，直播间 78 元 1 件，再送 2 双全棉袜子		
第（　）组	学号		
	班级		
	姓名		
任务实操	单品直播脚本示例		

	要点	脚本内容
	商品导入	（1）衣服不仅是一种服饰，还是人们内心深处对美的理解与展现，更是精神生活的一种体现，这就是××T 恤想传达的生活理念。 （2）夏天来了，T 恤可以说是我们最常穿的衣服。那么大家想不想要高品质但又不贵的 T 恤……
	商品卖点	这是一款做工精良、时尚个性的 T 恤。××T 恤由高档棉质面料精制而成，质地柔软、颜色丰富，它的领口、肩部、袖口、下摆，每一次剪裁、每一处收边，都经得起挑选和检验，穿上不易变形、无松弛和紧绷现象
	商品利益点	××T 恤穿着贴身，舒适但不紧绷，耐穿耐洗不脱色，也不易变形，既满足人们对 T 恤外观靓丽、穿着舒适的物质需求，又满足人们追求创意与个性的精神需求。在阳光灿烂的春天，如何让您在人群中展示品位，××T 恤帮助您！细节的处理和 T 恤上别具匠心的印花，才是展现您品位气质的首选。黏糊闷热的夏天让人郁闷烦恼，××T 恤让您在潮流前线行走，跳出都市铁笼般的沉闷、枯燥、单调与乏味，让都市的生活不再单调

续表

任务实操	单品直播脚本示例	
	要点	脚本内容
	引导转化	××T恤电商平台旗舰店 108 元一件,现在直播间只要 78 元一件,下单再送 2 双全棉袜子
	根据示例设计单品直播脚本	
	要点	脚本内容
	商品导入	
	商品卖点	
	商品利益点	
	引导转化	

七、能力评价

在本次任务完成后,由任课教师主导,采用学习过程评价与学习结果评价相结合,综合运用自我评价、小组评价及教师评价三种方式,由教师确定三种评价方式分别占总成绩的比例,并加权计算出学生个人本次任务的考核评价分,详见表 6-12。

表 6-12　任务完成能力考核评价表

项目名称	直播营销	任务名称	设计直播活动
班级		学生姓名	
评价方式	评价内容	分值	成　绩
自我评价	任务工单的完成情况	60	
	对知识和技能的掌握程度	20	
	我胜任了小组的工作	20	
	合　计		
小组评价	本小组的本次任务完成质量	30	
	个人本次任务完成质量	30	
	个人参与小组活动的态度	20	
	个人的合作精神和沟通能力	20	
	合　计		
教师评价	个人所在小组的任务完成质量	30	
	个人本次任务完成质量	30	
	个人对所在小组的参与度	20	
	个人对本次任务的贡献度	20	
	合　计		
总评＝自我评价(　)×20％＋小组评价(　)×30％＋教师评价(　)×50％＝			

任务四 实施直播活动

一、任务简介

为了提高直播效果,可以采用哪些热场方式和互动策略?主播在直播中可以运用哪些内容编排方法呢?直播复盘的内容是什么?直播的常用功能操作有哪些?本次任务将会为你一一解惑。

二、任务准备

(1) 在快手、抖音、天猫直播等平台观看直播活动。
(2) 提前制作直播脚本,并在直播前熟悉直播脚本。

三、任务实施路径

四、知识链接

直播话术即在直播场景中说话的技巧。一场完整的直播包含开场话术、引关注话术、促留存话术、促转化话术、下播预告话术等环节,每个环节都涉及相应的话术。主播话术表达是否恰当,是否有吸引力,将对直播效果产生影响。

(一)直播开场话术

直播开场话术用于直播暖场,主播可以讲一些具有个人特色的欢迎语,例如:欢迎大家来到我的直播间,主播是直播新人,希望大家多多支持,多多捧场哦。也可以告知用户本场直播的主要内容,例如:大家好,我们是厂家自播,没有中间商赚差价,我们会给你想象不到的折扣。

(二)直播引关注话术

在直播过程中,随时都有用户进入直播间。所以,主播要熟练、灵活地运用引导关注的话术,反复提醒用户关注,提高直播间的人气。例如:欢迎××来到我的直播间,喜欢主播的点个关注哦;刚进来的宝宝可以关注主播,以便领取更多福利。

（三）直播促留存话术

将用户留下来,使用户愿意持续观看直播,可以为后续的商品销售创造更有利的条件。留存用户需要在直播间输出直观的利益或价值,常见的方法有发红包、抽奖、与用户互动、解答用户问题等。而采用不同的留存用户的方法,需要配合相应的话术,才能起到更好的效果。例如:再过5分钟就要开始抽奖了,大家千万不要走开;想看××号的评论"1",想看××号的评论"2"。

（四）直播促转化话术

直播带货的最终目的是促使用户下单购买商品,促进商品转化。促进商品转化话术的设计逻辑主要是打消用户的顾虑,取得用户的信任;制造稀缺感和紧迫感;提供优惠等。例如:这个商品我自己也在用,真的特别好用;今天这个商品数量有限,只有100件,喜欢的宝宝们赶紧下单。

（五）直播下播预告话术

直播时开场、引关注、促转化、促留存环节的话术应用很重要,但是每一场直播都要有始有终,每一个陪主播到下播的用户都是忠实的粉丝,因此,临近下播的时候也应该有一套话术,可以向用户表示感谢,也可以进行下一场直播的预告。例如:感谢××位在线粉丝陪我下播,更感谢从开播一直陪我到下播的粉丝××、××……,陪伴是最长情的告白,你们的爱意我记在心里了。

五、任务实施

（一）直播商品管理

厘清直播相关话术后,需要通过其运营管理的抖音直播账号来管理直播商品,包括添加直播商品与上架直播商品。

1. 添加直播商品

可以添加抖音电商精选联盟商品,或者添加淘宝、京东等第三方平台上的商品,要添加第三方平台上的商品首先要绑定第三方平台的 PID(平台标识用户的编码),然后通过插入链接的方式来添加。

2. 上架直播商品

主播进行抖音直播带货时,需要将橱窗中的商品添加到购物车中,便于在直播过程中对商品进行讲解或管理。

（二）优化直播过程

直播不只是主播在直播间内讲解商品,要想吸引更多用户参与直播,必须优化直播过程。

1. 付费推广获取更多流量

直播平台内的付费推广是提高直播间人气的有效手段。为了增加直播间的曝光率,提升直播间的人气,在主播开播前 2 小时内,可以进行付费推广。

2. 引导用户互动活跃气氛

直播时引导用户互动十分重要,营造一种热闹且活跃的氛围,可以调动用户的热情,从而吸引更多的用户进入直播间。以下是一些引导用户互动活跃气氛的方式。

1)引导用户点赞

直播间的点赞数代表着主播的人气值和直播间的活跃度,点赞数越多,主播的人气越高,也越能吸引更多用户进入直播间。引导用户点赞的常用方法是,点赞数达到某个数值时发放优惠券、红包等福利。

2)引导用户评论

主播可以采用提问、玩猜谜语或脑筋急转弯、商品知识问答等方式引导用户评论。此时,主播可开启评论功能发送评论内容。

3)派发红包

派发红包的方式多种多样,既可以在点赞或关注数量达到一定数值时发送红包,也可以每间隔 5 分钟、10 分钟发送红包,或在 20:00、21:00 定点发送红包,还可以在用户输入指定内容、拍下订单以后发送红包。主播在派发红包时,可以适当引导用户,如"宝宝们,点赞数量达到 5 万,主播就发红包"。

4)发放福袋

发放福袋是抖音直播的互动玩法,主要以抖币的方式发送福利。1 抖币等于 0.1 元,可直接提现,福袋的发放方式与发放红包的操作相似。

5)设置抽奖

观看直播的用户一方面想要购买到实惠的商品,另一方面也想体验直播的乐趣,抽奖这种互动方式就充满乐趣,是调动用户互动积极性的有效方法之一。在直播过程中,主播可以重复提醒将要开启的直播抽奖环节,并说明抽奖时间节点和抽奖规则等,以延长用户在直播间的停留时长。

六、任务工单（作业）

请在表 6-13 中完成实施直播活动。

表 6-13　实施直播活动

任务名称	实施直播活动						
任务目的	通过本次任务,能够熟练操作直播活动常用功能,开展一场直播活动						
任务内容	1. 观看一场直播活动,熟练直播活动的完整环节。 2. 自主选择商品,实施一场直播活动						
第(　)组	学号						
	班级						
	姓名						

	自主选择商品,实施一场直播活动,并将相关信息填入下表	
任务实操	直播活动信息	具体内容
	开场话术	
	引导关注话术	
	互动策略(促留存话术)	
	促转化话术	
	下播话术	

七、能力评价

在本次任务完成后,由任课教师主导,采用学习过程评价与学习结果评价相结合,综合运用自我评价、小组评价及教师评价三种方式,由教师确定三种评价方式分别占总成绩的比例,并加权计算出学生个人本次任务的考核评价分,详见表 6-14。

表 6-14　任务完成能力考核评价表

项目名称	直播营销	任务名称	实施直播活动
班级		学生姓名	
评价方式	评价内容	分值	成绩
自我评价	任务工单的完成情况	60	
	对知识和技能的掌握程度	20	
	我胜任了小组的工作	20	
	合　　计		
小组评价	本小组的本次任务完成质量	30	
	个人本次任务完成质量	30	
	个人参与小组活动的态度	20	
	个人的合作精神和沟通能力	20	
	合　　计		
教师评价	个人所在小组的任务完成质量	30	
	个人本次任务完成质量	30	
	个人对所在小组的参与度	20	
	个人对本次任务的贡献度	20	
	合　　计		
总评＝自我评价(　)×20％＋小组评价(　)×30％＋教师评价(　)×50％＝			

学会新媒体营销——自媒体平台营销

项目名称	学会新媒体营销——自媒体平台营销
项目概况	随着互联网的普及和技术的进步,自媒体平台的出现和发展为个人提供了直接发布内容和获得可观受众的机会,自媒体的发展和兴起为个人和企业提供了更多的传播渠道和机会,同时也带来了挑战和责任。用户需要具备一定的创作能力和专业素养,同时要遵守相关法律法规和道德规范,确保内容质量和信息真实性,以建立可信和有影响力的自媒体品牌。 　　本项目旨在帮助学生掌握新媒体营销的相关知识和技能,特别是自媒体平台营销方面的内容。通过四个任务的学习和实践,学生将能够了解自媒体平台的特点和优势,学会有效地利用自媒体平台进行品牌宣传、产品推广和内容营销等活动
思维导图	学会新媒体营销——自媒体平台营销 认识自媒体平台营销 　知识链接——自媒体的兴起与发展 　　　　　　自媒体营销认知 　任务实施——熟悉自媒体平台类型 自媒体平台账号申请与设置 　知识链接——平台矩阵运营的优点 　　　　　　今日头条账号申请与注册 　任务实施——百家号账号注册与创建 自媒体平台运营 　知识链接——自媒体领域选择 　　　　　　自媒体审核机制 　　　　　　自媒体推荐机制 　任务实施——自媒体的目标用户定位 　　　　　　今日头条营销图文编辑 自媒体营销效果分析 　知识链接——自媒体营销推广策略 　　　　　　自媒体营销效果分析流程 　　　　　　自媒体营销效果分析统计指标 　任务实施——自媒体营销效果评估方法 　　　　　　利用爱站网进行营销数据分析

学习目标	知识目标	1. 理解自媒体平台的特点、优势和发展趋势。 2. 掌握主流自媒体平台的基本操作和功能。 3. 了解自媒体内容创作的原则、技巧和案例,如标题吸引、写作结构、图文搭配等。 4. 熟悉粉丝运营的方法和策略,如粉丝增长、互动活动等
	能力目标	1. 能够选择适合自己的自媒体平台,并进行个人账号的创建和设置。 2. 能够撰写具有吸引力和分享性的自媒体内容,包括文章、图文、视频等。 3. 能够运用有效的粉丝运营策略,增加粉丝数量并提升用户互动。 4. 能够运用数据分析工具和指标,对自媒体平台的运营状况进行评估和优化
	素养目标	1. 培养自我表达和传播能力,能够通过自媒体平台传递自己的观点和价值。 2. 培养创新思维和创造力,能够不断创新自媒体内容和运营策略。 3. 培养数据思维和分析能力,能够理性分析数据,科学决策和优化自媒体运营。 4. 培养社交互动和沟通能力,与目标受众建立积极的互动关系
项目组织	教学安排	1. 项目目标和介绍:在课程开始前,明确课程的目标和重要性,对自媒体平台营销项目进行详细介绍。 2. 理论知识学习:通过视频教学、讲座、课堂讨论等形式,学习自媒体平台的特点、相关理论知识和实用技巧。 3. 实操演练:通过教师演示、作业布置等方式,引导学生进行自媒体平台的实操练习,熟悉自媒体平台的操作和功能。 4. 案例分析:结合实际案例,对自媒体平台的营销策略、成功案例和失败案例进行深入分析,让学生能够学习到实践经验和教训。 5. 数据分析:介绍自媒体平台数据分析工具和指标,指导学生如何对自媒体平台的运营状况进行评估和优化。 6. 实践项目:引导学生进行自媒体平台的实践项目,通过自己实际操作和运营,锻炼营销能力和解决问题的能力。 7. 教学评估:通过作业、考试、项目报告等方式,对学生的学习成果进行评估和反馈
	教学组织	1. 学习小组:根据班级规模和学生人数,组织学生形成小组,进行讨论、合作和互助学习。 2. 互动交流:通过线上或线下的讨论区、微信群等方式,教师与学生进行及时的互动交流,解答问题和提供指导。 3. 实践辅导:教师根据学生的实践项目情况,进行指导和辅导,给予实质性的帮助和意见。 4. 项目布置和批改:教师布置自媒体实训项目,要求学生完成项目,并及时批改和点评,给予学生反馈和建议。
	教学成果	1. 创建一个自媒体账号,选择某一领域进行图文发表,收获粉丝 100 人。 2. 参加市场营销技能大赛,利用自媒体图文排版等技巧,在新媒体营销赛项获得较好成绩

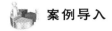**案例导入**

今日头条十年，用内容创造更多营销价值

基于对消费者需求的深入洞察，今日头条首先以优质内容的精准推送激活消费者兴趣，配合高效流量广告放大内容收益，并打通交易转化链路，让用户在看到感兴趣的品牌内容后，可以直接跳转购买。

用户也已经形成在今日头条"种草—拔草—种草他人"的消费路径。今日头条后台数据显示，用户在观看内容后有很强的"看后搜"行为，特别是在奢侈品、耐销品、教育培训等家庭高额商品消费时，会尤为关注搜索结果及口碑评测，看后搜数量提升 25%，下单购买用户量对比 2021 年提升近 500%，且购买后近 96% 的用户会进行口碑分享，并种草他人。

长安欧尚与《众行远方》IP 项目的内容合作是一个典型案例。

长安欧尚通过联动平台内汽车行业专家发起内容征集活动，并投放优质达人种草内容、引发大众关注，最终帮助品牌实现 A2 及 A3 人群超 60% 的拉新增长、优质线索留资达 4000 多条，为品牌积累可观的潜在消费者，有效助力解决汽车行业长期存在的"线索留资难"营销痛点。

OPPO Find X5 手机新品发布的成功案例，验证了今日头条在品牌重大节点营销优势。

OPPO Find X5 联动《科技上新了》内容 IP，打造总裁首发开箱的官方事件，并跨圈合作数码、财经、科技等领域十余位优质创作者，相关话题阅读量迅速超过 1.4 亿，使新机信息刷屏头条热榜，并成功登上了头条机型热榜榜首，助力品牌在新品发布时成功破圈、找到营销新增量。

【案例思考】

（1）今日头条如何助力品牌营销？

（2）用户如何通过今日头条"种草"？

任务一　认识自媒体平台营销

一、任务简介

自媒体的兴起可以追溯到 2000 年年初。在这个时期，随着互联网的普及和技术的发展，个人博客成为自媒体的先驱。个人可以通过博客平台自由发表自己的想法和观点，实现创作和传播。2012 年之后的今日头条、企鹅号、百家号、大鱼号等平台以及喜马拉雅、荔枝、蜻蜓 FM 等音频平台，2016 年之后的快手、抖音等短视频平台，均属于自媒体。这些平台为个人提供了更广泛的传播渠道和更大的影响力，使得自媒体得以迅速崛起并不断发展壮大。

二、任务准备

（1）让学生了解自媒体平台营销的相关知识，包括了解各种自媒体平台的特点、使用方法和营销策略。

（2）通过实践,让学生根据品牌目标受众,选择合适的自媒体平台。

三、任务实施路径

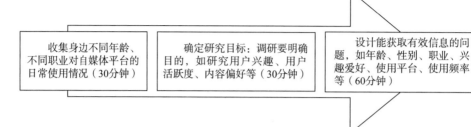

四、知识链接

（一）自媒体的兴起与发展

按照运营主体,自媒体可以分为个人自媒体和机构自媒体(非新闻机构);按照内容的来源,可分为原创类和资讯整理类两种;按照内容涉及范围,可分为垂直类和综合类;按照内容的表现形式,可分为社交媒体平台、视频平台、图文平台、图片平台、音频平台、网络直播平台、短视频平台类。从 2015 年开始,自媒体的活跃平台也朝向多元化发展,从微博、微信等社交平台扩展至各大主流新闻客户端以及当下流行的直播平台;一些自媒体也开始探索商业模式,既有与传统媒体类似的广告营销模式,也有基于社群经济的电商模式,还有兼备广告、电商的混合模式。

（二）自媒体营销认知

1. 自媒体定义

自媒体的定义是指个人或团体利用互联网和新媒体技术进行自主创作、发布内容的行为。通过自媒体可以传播信息,建立影响力,与用户互动,具有自主性、开放性、多样性、实时性、反馈性、低门槛和营利性等特点。

2. 自媒体营销定义

自媒体营销是指利用自媒体平台和自媒体创作的内容来进行营销推广的一种策略,通过发布有吸引力和有价值的内容,吸引用户的关注,建立品牌形象,提高产品或服务的曝光度,从而达到营销目标。

3. 自媒体营销特点

（1）精准定位:自媒体平台可以提供用户数据分析和精准推送功能,帮助企业精准定位目标受众,将内容传递给潜在的消费者。

（2）低成本:相对于传统的广告投放,不需要投入大量资金和资源,自媒体营销的成本相对较低。创作者可以通过自主创作和发布内容,减少中间环节,降低宣传推广的成本。

（3）互动性:自媒体平台提供了直接与用户互动的机会。企业可以通过与用户的互动,了解用户需求和反馈,并根据用户的意见和建议进行优化和改进。

（4）内容营销:自媒体营销更注重内容的质量和吸引力。企业需要提供有价值、有趣、有创意的内容,吸引用户的关注和参与,从而提高品牌认知度和用户忠诚度。

（5）反馈及时:自媒体营销可以通过用户的评论、点赞、分享等方式,实时获取用户对内容的反馈和意见,及时调整和优化营销策略。

（6）品牌建设:通过自媒体营销,企业可以建立自己的品牌形象。通过持续发布优质的内容,传递企业的核心价值观和品牌理念,从而赢得用户的信任和忠诚度。

扫码阅读:
2008—2022 年
国内自媒体
发展概述

（7）数据分析:自媒体平台提供了数据分析的功能,企业可以通过分析用户的行为数据和反馈,了解用户的偏好和需求,优化营销策略,提升效果。

【课堂互动 1】

请从以下几方面对比传统媒体与自媒体的特点,完成表格 7-1。

表 7-1　传统媒体与自媒体的特点

项　目	传统媒体	自媒体平台
定义与形式		
内容来源		
传播渠道		
信息传播速度		
互动性		
成本投入		
受众反馈速度		
影响力		
盈利模式		

五、任务实施

熟悉自媒体平台类型

目前除微博、微信、快手、抖音等自媒体,新兴资讯类和娱乐类自媒体平台主要有今日头条、企鹅号、百家号、大鱼号、喜马拉雅、荔枝等,下面主要分析几家自媒体平台类型。

1. 今日头条

今日头条是由字节跳动公司推出的一款基于个性化推荐的新闻资讯平台,于 2012 年 3 月创建,2012 年 8 月发布第一个版本,致力于为用户提供个性化的、多样化的新闻内容,涵盖了政治、经济、娱乐、科技、社会等多个领域。用户可以根据自己的兴趣选择关注的内容,通过推荐算法,头条会为用户推送感兴趣的文章、视频、图片等内容。今日头条不仅是一个新闻资讯平台,也是一个社交平台。用户可以在上面发布自己的观点、评论、点赞等互动行为,还可关注其他用户并与之互动。今日头条作为一种自媒体平台,也为个人和机构提供了创作和发布内容的渠道,用户可以在头条上开设自己的头条号,创作和发布文章、视频等,并通过广告、推广等方式实现商业化变现。

2. 企鹅号

企鹅号是腾讯公司旗下的内容创作和分享平台,于 2017 年推出。它为自媒体创作者提供了一个发布和推广原创内容的平台,涵盖了新闻、娱乐、科技、财经、美食、旅游、健康等多个领域。在企鹅号平台上,创作者可以通过注册和申请,成为企鹅号作者,然后发布自己的原创内容,包括文章、图片、视频等形式。企鹅号平台也提供了丰富的工具和功能,方便创作者进行内容编辑、排版和发布。企鹅号平台通过智能推荐算法,将创作者的内容精准地推荐给用户,提升内容曝光和传播效果。同时,企鹅号平台还支持创作者进行粉丝管理和互动,创作者可以与粉丝进行互动、回复评论、开展活动等,加强与用户的互动和沟通。在变现方面,企鹅号平台为创作者提供了多种变现方式,包括广告分成、付费阅读、付费问答、品牌合作等。

3. 百家号

百家号是百度为创作者打造的集创作、发布、变现于一体的内容创作平台,于 2016 年推出。它为自媒体创作者提供了一个发布和推广原创内容的平台,涵盖了新闻、娱乐、科技、财经、健康、美食等多个领域,也是众多企业实现营销转化的运营新阵地。平台支持发布图文、视频、动态、直播、图集等多类型内容,创作者发布的内容将在百度 App、好看视频等多平台分发,并被百度搜索收录,影响亿万用户。2023 年 5 月 25 日,百家号宣布 AI 创作产品升级,为创作者提供百度 AI 创作六大件,百家号 AI 笔记、AI 成片、AI 作画、AI BOT 等 AI 创作辅助工具,帮助创作者一键提效多体裁创作,让创作更简单。

4. 大鱼号

大鱼号是阿里巴巴旗下的自媒体平台,于 2017 年推出。它为内容生产者提供"一点接入,多点分发,多重收益"的整合服务。大鱼号作为阿里文娱旗下的内容创作平台,为内容创作者提供畅享阿里文娱生态的多点分发渠道,包括 UC、土豆、优酷等阿里文娱旗下多端平台,同时也在创作收益、原创保护和内容服务等方面为创作者提供了充分的支持。大鱼号注重内容推广,通过阿里系生态资源和智能推荐算法,将优质内容推送给符合目标受众的用户,提高内容的曝光度和影响力。创作者可以通过与广告主合作、接受用户的赞赏打赏、推广自己的商品或服务等方式实现商业化变现。

5. 喜马拉雅

喜马拉雅是中国领先的音频分享平台,也是全球最大的中文数字音频平台之一,于 2013 年成立。喜马拉雅提供了广泛的音频内容,涵盖了音乐、有声书、电台、娱乐节目、教育培训、新闻资讯等多个领域。喜马拉雅打破了传统音频的时间和空间限制,用户可以根据自己的兴趣和需求选择自己喜欢的音频内容,并且可以随时随地进行收听。平台上有大量的独立音频制作者和知名机构,他们提供了高质量的音频内容,满足了用户对不同领域的需求。同时,用户还可以通过点赞、评论和分享来与其他用户互动,分享自己的听音体验和观点。除了个人用户,喜马拉雅也为企业和机构提供了音频内容的发布和管理平台,支持他们进行品牌宣传、知识传播和商业推广。

6. 荔枝

荔枝是中国领先的在线音频平台,致力于为用户提供高质量的音频内容和优质的听觉体验。2013年,荔枝上线,倡导"人人都是主播",用户通过手机就能注册账户和录制、上传节目,通过手机应用和网页平台,提供了丰富多样的音频内容,包括广播节目、有声读物、音乐、娱乐节目、新闻资讯等。荔枝拥有庞大的音频资源库,涵盖了音乐、有声书、电台、娱乐节目、情感心理、商业财经、教育培训、新闻资讯等各个领域的内容。

六、任务工单(作业)

请在表7-2中完成自媒体平台用户使用情况调研。

表7-2　自媒体平台用户使用情况调研

任务名称	自媒体平台用户使用情况调研						
任务简介	本次任务的主要目的是调研不同年龄、不同职业的用户对自媒体平台的日常使用情况,挖掘用户对自媒体的需求情况						
任务准备	1. 收集身边不同年龄、不同职业对自媒体平台的日常使用情况。 2. 确定研究目标:调研要明确目的,如研究用户兴趣、用户活跃度、内容偏好等。 3. 设计能获取有效信息的问题,如年龄、性别、职业、兴趣爱好、使用平台、使用频率等。 4. 探索不同自媒体平台在消费群体中的信任度,挖掘用户对自媒体的需求情况,为后期运用此类媒介奠定基础						
任务实施	姓名						
	班级						
	学号						
	任务描述:收集不同年龄、性别、职业、兴趣爱好的用户对自媒体平台使用频率、关注内容、使用行为展开调查,样本参考不少于30人。						
	用户	年龄	职业	兴趣	自媒体平台	使用频率	关注内容	使用目的
	用户1							
	用户2							
	用户3							
	用户4							
	……							
实施要点与难点	实施要点 1. 目标人群的定位准确性:确定真实反映自媒体平台用户使用状况的群体,避免非目标人群的干扰。 2. 数据的真实有效性:保证数据的采集过程中不出现偏差。 3. 保护用户的隐私:在进行调研的过程中,需要保证用户的个人信息不被泄露。 实施难点 1. 数据的收集:可能部分用户不配合调查,导致数据收集困难。 2. 数据的分析:大量的数据需要有效的方法进行筛选和分析						

七、能力评价

在本次任务完成后,由任课教师主导,采用学习过程评价与学习结果评价相结合,综合运用自我评价、小组评价及教师评价三种方式,由教师确定三种评价方式分别占总成绩的比例,并加权计算出学生个人本次任务的考核评价分,详见表 7-3。

表 7-3　任务完成能力考核评价表

项目名称	自媒体平台营销		任务名称	认识自媒体平台营销
班级			学生姓名	
评价方式	评价内容		分值	成　绩
自我评价	任务工单的完成情况		60	
	对知识和技能的掌握程度		20	
	我胜任了小组的工作		20	
	合　　计			
小组评价	本小组的本次任务完成质量		30	
	个人本次任务完成质量		30	
	个人参与小组活动的态度		20	
	个人的合作精神和沟通能力		20	
	合　　计			
教师评价	个人所在小组的任务完成质量		30	
	个人本次任务完成质量		30	
	个人对所在小组的参与度		20	
	个人对本次任务的贡献度		20	
	合　　计			
总评＝自我评价(　　)×20%＋小组评价(　　)×30%＋教师评价(　　)×50%＝				

任务二　自媒体平台账号申请与设置

一、任务简介

本任务将引导学生了解自媒体平台的概念、特点以及常见的自媒体平台类型。学生将学习如何根据自己的需求和目标选择合适的自媒体平台,并通过实际操作完成账号的申请和设置。

二、任务准备

(1) 在大鱼号、头条号、百家号搜索主流账号,并浏览关注。

(2) 下载 App,准备图片素材。

(3) 创建和设置自媒体平台账号,使用平台提供的各类功能和工具。

三、任务实施路径

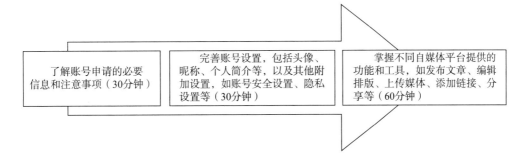

了解账号申请的必要信息和注意事项（30分钟）

完善账号设置，包括头像、昵称、个人简介等，以及其他附加设置，如账号安全设置、隐私设置等（30分钟）

掌握不同自媒体平台提供的功能和工具，如发布文章、编辑排版、上传媒体、添加链接、分享等（60分钟）

四、知识链接

（一）平台矩阵运营的优点

平台矩阵运营指的是在不同的时间阶段，对自媒体平台进行不同程度的运营，最终达到多平台运营与变现的目的。在自媒体行业发展初期，很多账号都是以公众号运营为主，到了后期，为了将收入最大化，同时降低风险，很多账号纷纷展开了平台矩阵化的运营方法，如有书、樊登读书等，基本都是同时在公众号、头条号、百家号、抖音号和小红书等多平台上展开运营活动。对于自媒体运营者来说，多平台矩阵发展有许多优点，主要体现在以下六点。

1. 平台矩阵运营有利于打造全网影响力

单平台发展虽然省心省力，但从长远来看，影响力无法和全网矩阵运营相比。通过在多个平台上建立账号，品牌或内容可以更广泛地传播。不同平台的用户群体和使用习惯也不同，因此通过在多个平台上发布内容，可以吸引更多类型的用户，从而增强其在全网的影响力。这种跨平台的推广策略可以帮助品牌或内容更容易被潜在受众发现。

2. 平台矩阵运营有利于粉丝增长

矩阵运营意味着有更多的流量入口。不同的平台或账号之间可以进行资源互换，从而提高总体的粉丝数。此外，不同平台的产品及调性可以形成互补，进一步吸引不同类型的粉丝。

3. 平台矩阵运营能够赢得多重收入

拥有自己的自媒体体系不仅可以提高品牌的曝光度和影响力，可以获得更多的流量和关注度，还可以为企业带来多重收入来源。例如，通过广告、赞助、付费内容等多种方式，企业可以实现更高的盈利。

4. 平台矩阵运营可以降低账号风险

在多个平台上分散投资，可以降低单一平台的风险。即使某一个平台出现问题或受到限制，其他平台仍然可以继续为品牌或内容提供支持。

5. 平台矩阵运营更容易获得隐性资源

每个平台都聚集着庞大的用户群，也存在着不同的机会，自媒体在不同的平台持续曝光自己，可以匹配到更多资源，获取更多机会。通过在多个平台上建立账号并积累粉丝和影响力,如合作伙伴、投资机会、媒体报道等,这些隐性资源可以帮助个人或企业更快地发展。

6. 平台矩阵运营更有利于保护作品版权

在多个平台上发布内容,可以增加对作品的保护。一旦发现有侵权行为,品牌或内容创作者可以更快地采取行动,维护自己的权益。如果在一个平台上发现侵权行为,可以通过其他平台上的账号进行维权和投诉。

(二)今日头条账号申请与注册

账号的总体设置及运营对营销效果会产生直接影响。账号设置宜遵循简洁明了、容易记忆及输入方便的原则。目前有多个平台为方便用户使用,推出第三方登录模式。以今日头条为例,支持多种第三方平台账号快速登录,用户可在平台提供的第三方账户中选择其一进行注册登录,也可以利用字节跳动旗下产品"抖音"账号进行注册登录。可以说,今日头条借助与第三方平台账号的联动性,降低了传统平台账号注册的烦琐度,从而提升了用户转化率,如图 7-1 所示。

第一步,找到自媒体注册平台,如果不知道自媒体平台在哪里可以直接在网上搜索。例如搜索"今日头条",排在搜索第一位的就是"今日头条"这个自媒体平台。

图 7-1　今日头条账号注册详解

第二步,选择注册,系统会提供多个选择,有手机号注册、QQ 注册和微信注册等。如果选择手机号注册,在填写完手机号后平台就会发送验证码,只要填写验证码,单击注册即可。

第三步,注册完成后,会跳转到第二个选择类型的页面,这时会有四个类型以供选择,即个人、媒体、国家机构和企业。自媒体是个人操作,因此选择个人即可。

第四步,选择个人后,会跳转到完善资料页面,名称和简介一定要突出自媒体人的专业领域,这样更有吸引力。例如,自媒体人运营的是健身教学类账号,那么在简介中写"健身达人"会显得更专业,其他的内容根据要求填写即可。

第五步,提交资料之后,平台会要求进行实名认证。此时登录手机今日头条客户端,用注册的手机号登录移动端今日头条,再单击实名认证,提交身份证正反面照片即可,审核通过后就会有短信通知,如图7-2所示。审核通过后自媒体人就可以发布图文、视频、音频、专栏、问答了,但注册成功并不表示能获得收益,想要获得收益还需要自媒体人耐心地经营一段时间,累积一定的粉丝量。

图 7-2　今日头条账号注册详解

【课堂互动 2】

小组讨论,回答今日头条平台账号设置需要注意的问题有哪些? 见表7-4。

表 7-4　今日头条平台账号设置注意事项

问　题	注　意　事　项
账号类型选择	
账号名称	
账号头像	
账号简介	
账号认证	
账号绑定手机	
账号隐私设置	
内容发布规范	
互动管理	

五、任务实施

百家号账号注册与创建

小 A 是一家文具品牌公司的市场推广专员,为了拓宽新媒体推广渠道,主管要求他尝试运用资讯媒介营销平台获取更多自然搜索流量。为了拓宽品牌推广维度,小 A 决定围绕国货工艺和文具行业发展情况进行资讯媒介账号注册,同时完成各平台的账号设置流程。掌握账号注册是实施自媒体营销的第一步。在了解不同平台运营规则的前提下,遵从规则设置统一或配套的账号,是小 A 开展自媒体营销的第一步。

任务分析:该任务背景介绍的是自媒体平台的账号注册流程及主要规则,对不同平台的注册规则进行解析,需要对账号设置、相关用户协议、隐私权限保护声明等内容进行阅读及理解。另外,为方便用户注册,多数平台支持微信、QQ 及同公司跨品牌产品的账号进行授权登录,简化了用户注册流程,增加了使用便利性。拥有账号后,需要进入后台进行账号基础设置。

扫码阅读:如何申请和设置百家号账号

六、任务工单(作业)

请在表 7-5 中完成自媒体多平台账号注册。

表 7-5　自媒体多平台账号注册

任务目的	自媒体平台多数以账号识别作者,同时用户以账号形式浏览平台。因此,在内容营销之前,通过账号设置可以获取用户初步印象,是实现用户获取的第一步。通过学习本任务,学生能够分析不同平台账号的设置规则及特性,小组为小 A 创建具有统一性但又各具特色的文具品牌系列账号			
任务内容	1. 手机端分别下载今日头条、百家号、大鱼号、企鹅号等 App。 2. 在 PC 端或手机端,根据不同平台要求,以相同品牌名完成账号注册			
第(　)组	姓名			
	班级			
	学号			
任务实操	1. 罗列出今日头条、百家号、大鱼号、企鹅号的注册要求,并总结其优缺点。 2. 完成账号注册,并上传头像、简介等内容。将账号内容的呈现形式列入下表			
	平台	账号名称	头像	简介

七、能力评价

在本次任务完成后，由任课教师主导，采用学习过程评价与学习结果评价相结合，综合运用自我评价、小组评价及教师评价三种方式，由教师确定三种评价方式分别占总成绩的比例，并加权计算出学生个人本次任务的考核评价分，详见表7-6。

表7-6 任务完成能力考核评价表

项目名称	自媒体平台营销		任务名称	认识自媒体平台营销
班级			学生姓名	
评价方式	评价内容		分值	成绩
自我评价	任务工单的完成情况		60	
	对知识和技能的掌握程度		20	
	我胜任了小组的工作		20	
	合计			
小组评价	本小组的本次任务完成质量		30	
	个人本次任务完成质量		30	
	个人参与小组活动的态度		20	
	个人的合作精神和沟通能力		20	
	合计			
教师评价	个人所在小组的任务完成质量		30	
	个人本次任务完成质量		30	
	个人对所在小组的参与度		20	
	个人对本次任务的贡献度		20	
	合计			
总评＝自我评价（　　）×20％＋小组评价（　　）×30％＋教师评价（　　）×50％＝				

任务三　自媒体平台运营

一、任务简介

本任务旨在帮助学生全面了解和掌握自媒体平台的运营技巧和方法。通过学习本任务，学生需了解目标用户的兴趣、需求和行为习惯；掌握优质内容的要素，图文结合，懂得如何撰写吸引人的标题和正文；具备撰写优质内容的能力，包括文字、图片、视频等；能够熟练管理各大自媒体平台的账号，并与用户进行互动。

二、任务准备

（1）根据用户信息，准备营销图文内容。

（2）利用创客贴、稿定设计等工具，进行营销图文优化。

三、任务实施路径

研究目标用户：了解目标用户的兴趣、需求和行为习惯，确定自媒体的定位和内容（30分钟）

学习撰写优质内容，标题的撰写、文案的编写、图片、视频、音频的制作等（60分钟）

学习如何制定和执行有效的推广与营销策略，包括内容分发、社交媒体推广、合作推广等（60分钟）

四、知识链接

（一）自媒体领域选择

在每一个自媒体平台上注册时，都要选择领域，并且一旦选择就不允许修改了。如果发布其他的领域内容就会影响自媒体账号的相关指数等，尤其是对百家号、大鱼号及网易号在新手考核期的影响比较严重。所以一般来说自媒体选对了领域，相当于成功了一半。自媒体领域范围非常广泛，包括娱乐、搞笑、科技、历史、情感、社会、汽车、游戏、动漫、军事、美食、文化、生活小贴士、生活、时尚、家居、育儿、母婴、体育、健康、职场、宠物、财经、时政等多个领域。自媒体领域一方面是自媒体创作的方向，另一方面是便于用户选择。用户选择领域，只看相关资讯即可，平台也可推荐该领域较热门热议的话题，有效地解决了信息的拥堵和泛滥。

领域选择一般从喜好、特长、能力及职业四个方向入手进行选择。尤其是热门领域的流量较大，如果盲目选择，无法产生优质内容，最终也就无法保证自媒体的成功。自媒体在选择领域时，社会、军事、时政三个领域的审核十分严格，而且会查证其真实性，相对其他领域难度较高；健康及财经领域需要相关的资质认证，门槛也相对较高。

扫码阅读：
运营自媒体
需要的能力

（二）自媒体审核机制

目前主流的自媒体都采用"机器＋人工"双重审核机制，其中机器审核是审核中的重点，这里以今日头条为例说明自媒体审核机制。今日头条中的一篇文章从发布出来到用户共分为五个过程，即消重、文章审核、特征识别、文章推荐、人工干预，每一步对阅读量的影响都是至关重要的。

1．消重

消重的主要工作为相似内容的消重,也包括相似标题和预览图片的消重以及相似主题的消重,同一主题中一般只推荐一篇,其他类似的文章推荐度就降低了。

2．文章审核

文章审核主要指拦截敏感内容、低质内容和低俗内容。一般为了快速通过头条号的审核,可以从三个方面入手:一是制作规范的标题;二是提供优质、原创的文章;三是抵制推广信息。

3．特征识别

今日头条中的文章之所以能被精准推荐,主要是因为智能推荐系统,它既能"读懂"文章,又能"猜出"用户的阅读兴趣,还能把文章和用户的兴趣对应起来。

用户特征识别主要包括以下内容。

(1)用户的基本信息:地理位置、手机机型、性别、年龄、职业等。

(2)用户主动订阅或喜欢的内容:如订阅、搜索、关注的小频道等。

(3)系统通过计算得出的用户阅读兴趣:用户每一次行为都是一次轻微的主动表达,包括点击、阅读深度、评论、收藏、转发等行为,以及对不喜欢的文章有不感兴趣的操作等,这一系列行为都会影响个人兴趣模型。

4．文章推荐

文章与用户兴趣的匹配过程不是一步到位的,而是一步步探索完成的。首先机器会把文章推荐给最可能感兴趣的用户,根据这些用户的行为,再决定要不要扩大范围,推荐给其他相似用户。随着推荐范围逐渐扩大,不断触发推荐的直接因素就是用户的有效阅读完成的点击率。

5．人工干预

平台主要通过人工干预的方式来规避算法的缺陷。人工干预有两个方向,即保量和降权,保量主要是保证优质头条号文章获得足够多的展示量/推荐量;降权主要是通过干预展示量,限制低质内容在频道中呈现。

(三)自媒体推荐机制

自媒体推荐机制中具体有哪些因素会影响文章的推荐呢?

1．标签识别

(1)平台标签就是自媒体平台给账号打的标签。申请账号时选择的"领域"是平台给自媒体账号打的第一标签。因此,在申请领域的时候,必须要提前做好规划,确定自媒体账号的领域。

(2)文章标签。自媒体平台机器会在文章里提取标签,进行关键词的抓取。关键词可以分为用户搜索的关键词和热点关键词两种。

(3)用户标签。自媒体平台会给每个用户都打上标签,根据兴趣特征,如用户选择、平常的阅读爱好,身份特征如性别、工作、娱乐方式,行为特征如时间、地点,消费特征如购买力等因素绘制用户画像将文章和用户进行智能匹配。

2．自媒体平台推荐特征

文章是否被推荐的主要决定因素有文章的相关度、用户阅读属性和文章匹配度、文章发布地域及发布时间、用户的地域及时间匹配度、热度（全局热度、分类热度、主题热度以及关键热度）、用户需求及阅读需求的匹配度。

3．账号权重

平台在推荐的时候也会考虑账号的权重。今日头条主要是头条指数，包括健康度、原创度、传播度、垂直度和关注度。头条指数提升后，传播度也会更广。

扫码阅读：
《关于加强"自媒体"管理的通知》

【课堂互动3】

小组讨论，请选择一个成功的自媒体账号，分析以下问题，见表7-7。

表7-7　成功的自媒体账号分析

自媒体账号	
自媒体账号的领域是什么	
这个领域有哪些优势	
内容和推广策略是什么	
目标受众是谁	
受众的年龄、性别、地域、兴趣爱好等特点是什么	
受众在平台上的行为习惯是什么	
账号的成功因素有哪些	

五、任务实施

（一）自媒体的目标用户定位

1．锁定用户群体

在自媒体运营过程中，用户都是具有差异化的个体，不管是个人爱好还是个人属性都是不同的，而运营者要想锁定用户并留住用户，让用户对自己产生认同感和归属感，应该以打造差异化、个性化的产品和内容为运营主旨，让用户觉得他们是被重视的。这样不仅有利于留住用户，还有利于后续营销的实现。

在对用户的不同爱好、属性有一定了解的情况下进行的运营工作，能够精准和快速地锁定用户。而差异化和精准化的运营需要做到以下三点。

（1）及时——急用户之所急。

（2）周到——想用户之所需。

（3）暖心——荐用户之所喜。

2．分析竞争环境

在锁定用户群体后，需要进行市场分析，其主要工作是分析市场上有哪些与自己运营领域相同的账号，并且能否分割出一块属于自己的市场。自媒体做内容推送，一方面是为了满足用户的技能、精神或文化等需求,另一方面则是为了吸引用户关注,从而获得更多的收益。实现这两个目标的根本前提就是进行市场竞争环境的分析。只有细致、深入地对竞争环境进行分析之后,自媒体人才能认清自身的优势和劣势,进而扬长避短,让自己的内容创作更优质,被更多用户关注,而不会因为对自身认知不足被市场淘汰。

3. 分析自身特点,找到目标用户的切入点

1) 了解用户需求

在自媒体人清楚地了解了用户需求的情况下,有针对性地解决用户提出的不同问题,对于留住用户、降低用户的流失率有很大帮助。从用户需求出发解决问题,可以改善用户体验不如意的情况,从而极大地提升用户对自媒体人的好感度;从用户需求出发还可以让用户感受到自媒体人对他们的关注和重视,从而提升用户的参与度和关注度。

2) 深耕垂直领域

自媒体运营者希望追求全面发展,吸引很多用户,但是想要达到这一运营目标需要耗费巨大的人力、财力,且在追求全面的过程中,若不能面面俱到,会犯知识性的错误,从而让用户产生不信任的心理,最终得不偿失。因此,对于自媒体运营工作,应该选择的方向是专攻一点,深耕某个领域。深耕垂直领域意味着专注于一个特定领域的内容创作。这种专注可以使自媒体作者在该领域具备专业知识和经验,能够提供高质量、有深度的内容,满足用户对于专业知识的需求。在垂直领域中,自媒体作者能够更准确地了解目标受众的需求和兴趣。这有助于创作者更好地把握受众心理,提供更符合受众需求的内容,提升粉丝黏性和转化率。相对于大众化的内容创作领域,垂直领域的竞争压力相对较小。在垂直领域中,创作者可以更容易建立起自己的品牌形象和内容风格,有更大的机会在该领域取得竞争优势。

3) 定位创作领域

自媒体运营者选择自己深耕的领域需要遵循三点:自己喜欢的领域;自己擅长的领域;市场前景好的领域,能够满足这三个因素的领域就是一个好的领域。

(1) 自己喜欢的领域。选择自己感兴趣并热爱的领域,能够保持长久的动力和热情。自媒体运营需要投入大量的时间和精力,对于自己喜欢的领域,更容易坚持下去。

(2) 自己擅长的领域。选择自己有一定专业知识和经验的领域,能够提供有价值的内容和深度分析。这样能够建立起自己的权威形象,吸引更多读者的关注。

(3) 市场前景好的领域。了解目标受众希望了解什么,能够帮助自媒体运营者更好地定位自己的内容,提高吸引力和影响力。了解所选择领域的竞争格局和市场机会。如果某个领域竞争激烈,且市场机会较小,可能需要重新评估选择。选择具备一定的竞争优势和潜在机会的领域,有更大的发展空间。

现在大多数人喜欢的内容有三种:一是技能提升的,二是开阔眼界的,三是满足情感需求的,也就是关于正能量和情感的。自媒体人在选择内容领域时选其中一种即可。①涉及利益的领域是比较容易被大众关注的,这个领域包含四个主要类别,即理财类、创业类、房产类和职场类。②母婴育儿和教育领域的关注量也是可观的,因为只要是关于孩子的内容,父母都会特别关心。③关于社会生活的领域。因为在物质生活得到满足之后,大家都想提升生活品质,于是大量地追求高品质生活的群体出现了。例如情感类、美食类、时尚穿搭、明星八卦、运动健身等内容,都是追求高品质生活的群体会主动关注的。

（二）今日头条营销图文编辑

本次任务以今日头条为例，进行图文编辑。如图 7-3 所示为头条号图文制作界面。

图 7-3　头条号图文制作界面

1. 标题设计

一个好的自媒体标题能够吸引读者注意力，能够让读者停下来，点击进入文章继续阅读；能够简洁而准确地概括文章的核心内容，让读者能够快速了解文章的主题和要点；能够提高文章在搜索引擎中的排名。通过合理使用关键词和吸引人的标题，能够增加文章被搜索引擎收录的机会，并提高文章在搜索结果中的排名；能够触发读者的情绪和好奇心，激发他们的兴趣，进而点击阅读。

常见的自媒体标题类型如下。

1）悬念式自媒体标题

悬念式自媒体标题是一种常见的标题类型，其目的是通过引起读者的好奇心和兴趣，从而吸引他们点击和阅读文章。悬念式标题通常给出一个引人入胜的问题、故事情节或者未知的信息片段来制造悬念，让读者想要了解更多。这种标题类型的作用在于增加文章的点击率和阅读量，提升文章的曝光度和吸引力。当用户在社交媒体或搜索引擎上遇到悬念式标题时，他们会被吸引并想要点击进去看看。这对于自媒体从业者来说，是增加流量和提高影响力的一种有效策略。例如：

"用这个方法，让体重减轻了 10 斤，这是怎么做到的？"

"电影院竟然有这个隐藏的秘密，你知道吗？"

通过制造悬念和引发猜测，可以增加文章的阅读和点击量。然而，过度使用悬念式标题也容易造成内容与标题不匹配，导致读者失望和流失。因此，在撰写标题时需要注意与文章内容的一致性和可信度。

2）数字式自媒体标题

数字式自媒体标题是一种常见的标题类型，能快速吸引读者的注意力，传递信息具有清晰性和简洁性，让读者对内容产生兴趣和好奇心。这样的标题更具有可操作性和实用性，读者因此更愿意点击和阅读。这种标题类型往往在标题中使用具体的数字,如数字列表、统计数据、年份等,以突出文章中的关键信息或亮点。数字式标题也有助于提升文章在搜索引擎中的排名,因此可以增加文章的点击率、阅读量和曝光度,对于自媒体从业者来说是一种有效吸引读者的策略。以下是一些数字式标题的例子:"2021 年最热门的旅行目的地 TOP 5""7 个增加工作效率的小技巧""5 种健康食物,让你保持年轻""3 步教你如何养成阅读习惯"。

3）目标指向式自媒体标题

目标指向式自媒体标题是在标题中直接向目标受众宣传,开门见山,让受众自动对号入座,以提醒读者标题中所涉及的信息或希望读者达到的效果。目标指向式标题的作用在于准确地传达文章的核心内容,吸引对该主题感兴趣的读者,并提高点击率和阅读量。读者通常更倾向于点击这类标题,因为它们明确指出了阅读文章的目的和效果,帮助读者在有限的时间内获取所需的信息。这些标题都通过具体的动词、数字、解决问题的承诺,明确指向读者感兴趣的目标。例如:"要考四六级的小伙伴看过来了""喜欢喝黑咖啡的人注意了!"。

4）利益引导式自媒体标题

利益引导式标题是常见自媒体标题类型之一,通过强调读者能够从文章中获得的利益或好处来吸引他们的兴趣。这种标题类型通常使用强烈的形容词或动词,以诱导读者点击并阅读文章,从而获得所承诺的利益。利益诱导类标题能够吸引读者的注意力,激发读者的购买欲望,提高点击率和转化率。同时,通过给予读者利益,能够增强读者的忠诚度和满意度。这类标题的常见形式如下。

优惠:"双十一限时优惠,赶紧抢购!"

福利:"独家福利,获取免费试用装!"

奖品:"参与活动,赢取丰厚奖品!"

技能:"学会这个技巧,你的工作能力将得到大幅提升!"

2. 正文编辑

在自媒体文案的正文编写过程中,有几个关键点需要注意。

(1)清晰明了的结构:确保文章有清晰的结构和逻辑顺序,使读者能够轻松理解内容,可以使用标题、段落和子标题来组织文章,让每个部分都有明确的主题和重点。

(2)简洁明了的语言:使用简洁明了的语言表达观点和信息,避免使用复杂或晦涩的词汇。句子结构要清晰简洁,避免过度冗长的句子。此外,使用常见的词汇和短语能够使文章更易于理解和接受。

(3)引人入胜的开头:在文章的开头引起读者的兴趣,使用引人入胜的故事、引用、数据或问题来吸引读者,并激发他们的好奇心。一个好的开头能够吸引读者继续阅读下去。

(4)有据可查的信息:在文中使用可靠的数据、事实或引用来支持观点,可以增强文章的可信度。确保所引用的信息来自可信的来源,并在需要的地方进行引用或注释。

(5)图文并茂:使用图片、图表、表格或其他形式的可视化内容来辅助说明和补充文章的内容。图文结合可以增强读者的理解和记忆,并提升文章的可读性。

(6)段落间过渡流畅:确保段落之间有流畅的过渡,以使文章的内容和思路连贯起来。使用过渡词语或短语来引导读者从一个段落到另一个段落,使整篇文章更具连贯性。

(7)考虑目标读者:在写作过程中要考虑目标读者的需求和兴趣。了解读者的背景、知识水平和兴趣点,以便选择合适的语言和内容来与读者进行有效的沟通。

（8）结尾简洁有力：在文章的结尾进行总结或提供一个明确的结论，让读者明确文章的核心信息和主旨。同时，可以通过提出问题、给出行动建议或留下思考，来激发读者进行进一步的思考或行动。

六、任务工单（作业）

扫码阅读：
如何打造
爆款文章

请在表 7-8 中完成今日头条图文编辑与发布。

表 7-8　今日头条图文编辑与发布

任务名称	今日头条图文编辑与发布						
任务目的	本教学实践任务旨在帮助学生掌握并熟练运用"今日头条图文编辑与发布"工具，熟悉自媒体平台的运营方式，提升学生的图文编辑能力，培养学生对于自媒体资讯的理解和表达能力，同时培养学生的团队协作能力和创新思维						
任务内容	利用今日头条平台的基本操作和常用功能，完成以下内容。 1. 标题和文案撰写：撰写自媒体标题和文案，包括标题的吸引力、简洁明了的文字表达和重点的突出等。 2. 图文编辑基础：学会使用今日头条平台的图文编辑功能，学习文本编辑、插入图片、添加链接等基本操作。 3. 排版与美化：学习使用今日头条平台提供的排版工具和美化功能，如设置字体、调整字号和行间距、设置标题样式、插入分割线、调整图片尺寸等，使图文内容更加美观。 4. 图片处理技巧：学习如何处理图片，包括调整图片大小、裁剪图片、添加滤镜效果等，以提升图文内容的质量和吸引力。 5. 插入音视频素材：学习如何在图文内容中插入音频和视频素材，丰富内容形式，提升阅读体验。 6. 文章发布与分享：学会将编辑完成的图文内容发布到个人账号或自媒体平台，推广和分享，以增加曝光度和传播效果。 7. 评价与改进：小组互相分享和评价彼此的作品，提供互相学习和改进的机会						
第（　）组	姓名						
	班级						
	学号						
任务实操	1. 确认主题关键词，填写下表<table><tr><td>文章主题概括</td><td>关键词</td><td>百度指数（趋势及人群画像分析）</td></tr><tr><td></td><td></td><td></td></tr></table>2. 完成标题编写 3. 在头条号下完成图文编写						

七、能力评价

在本次任务完成后,由任课教师主导,采用学习过程评价与学习结果评价相结合,综合运用自我评价、小组评价及教师评价三种方式,由教师确定三种评价方式分别占总成绩的比例,并加权计算出学生个人本次任务的考核评价分,详见表7-9。

表7-9　任务完成能力考核评价表

项目名称	自媒体平台营销	任务名称	自媒体平台运营
班级		学生姓名	
评价方式	评价内容	分值	成　绩
自我评价	任务工单的完成情况	60	
	对知识和技能的掌握程度	20	
	我胜任了小组的工作	20	
	合　　计		
小组评价	本小组的本次任务完成质量	30	
	个人本次任务完成质量	30	
	个人参与小组活动的态度	20	
	个人的合作精神和沟通能力	20	
	合　　计		
教师评价	个人所在小组的任务完成质量	30	
	个人本次任务完成质量	30	
	个人对所在小组的参与度	20	
	个人对本次任务的贡献度	20	
	合　　计		
总评=自我评价(　)×20％+小组评价(　)×30％+教师评价(　)×50％=			

任务四　自媒体营销效果分析

一、任务简介

本教学任务旨在帮助学生了解和掌握自媒体营销效果的分析方法和技巧。通过学习本任务,学生将能够有效地评估自媒体营销活动的效果,并根据分析结果进行优化和改进,以提升品牌影响力和营销效益。

二、任务准备

（1）利用头条号、大鱼号等 App 推荐商品。

（2）制定自媒体推广的目标和策略，选择适合的自媒体平台和推广方式。

（3）浏览爱站网，理解自媒体数据分析指标。

三、任务实施路径

| 开始执行自媒体推广活动，包括创作吸引人的内容、互动和社群建设等（30分钟） | 收集和整理自媒体营销活动的相关数据，如曝光量、转化率等（30分钟） | 对自媒体营销效果进行评估和分析，发现潜在问题和改进方向，优化和调整自媒体推广策略（60分钟） |

四、知识链接

（一）自媒体营销推广策略

1. 今日头条自媒体营销推广

通过恰当的自媒体营销推广策略可以有效吸引和保留目标受众、提升品牌知名度、降低营销成本、优化品牌形象以及拓展市场空间等，以下是一些具体的推广策略，适用于在今日头条进行自媒体营销推广。

（1）精准定位目标受众：在进行自媒体推广时，要明确自己的目标受众。可以通过关键词、地域、兴趣等多个维度进行精准定位，包括年龄、性别、职业、兴趣爱好等，确保推广的内容能够准确地传达给目标受众。

（2）选择推广渠道：选择适合目标受众的推广渠道，如头条号、抖音、微信公众号等。

（3）制订推广计划：制订具体的推广计划，包括推广时间、推广内容、推广渠道、预算等方面的考虑。

（4）调整推广时间和频率：根据自媒体平台的数据分析，了解用户活跃时间和推广效果，来调整推广时间和频率。在用户活跃的时间段进行推广，能够提高推广效果。

（5）利用广告推广：如果预算允许，可以考虑利用今日头条的广告推广来扩大覆盖面，与其他在今日头条平台上有影响力的自媒体进行合作，如互相转载、互动评论等，可以扩大推广的影响力和曝光度。

（6）数据分析与优化：在推广过程中，要随时进行数据分析与优化。根据数据的反馈，分析推广效果，优化推广策略，进一步提升推广效果。

2. 百家号常见的获利类型

1）流量收入

流量收入和内容的点击量是直接挂钩的，内容点击量越大，流量收入越高。不同的账号,等级、原创权限和粉丝阅读情况不一样,得到的收入也不相同。

2）自荐补贴

获得原创标的账号,每周有两次图文自荐的机会,自荐成功的内容可获得 100 元的保底补贴。如果运营者有一篇自荐成功的文章流量收入只有 50 元,剩余的 50 元,平台会进行补贴,但如果内容的流量收入已经超过 100 元,那么平台就没有额外的补贴了。这种保底补贴的政策保障了新手的收入较为稳定,给足了新号福利。

3）专栏收入

专栏收入指的是在百家号开设自己的课程,价格可以自由设置,专栏收入等于销售额乘以单价。销售额越高,单价越高,收入也就越高。开通专栏需要较高的门槛,发展形势好的账号通常会收到平台的开通邀请,而开通专栏后打造好的内容才是提高收入的关键。

4）电商收入

电商收入就是在发布的内容中插入相关的淘宝商品或者专栏赚取佣金,分销订单和收入成正比。一般来说,这种方式需要创作者具备选品能力和输出能力,可以多研究带货爆款文章,寻求规律提升销量。

（二）自媒体营销效果分析流程

自媒体营销效果分析是一项持续而又系统的工程,需要依照评估流程进行客观的效果评估,以得到真实有效的评估效果。常见的营销效果分析流程主要分以下几步。

1. 确定自媒体营销目标

自媒体人在对账号营销效果进行评估前,应首先明确自己的目标,以提供后续效果评估参照物。分析与营销目标之间的差值数据,能够找到营销存在的问题,并及时调整账号风格及营销方式,最终实现营销目标,带来实际经济效益。严格来讲,科学合理地设置账号营销目标需要有科学的数据统计量化指标支撑,因此推荐大家在制定营销目标时同样用量化统计指标和直观转化数据表示。

2. 计算营销目标的价值

在明确营销目标后,还需要明确营销目标的实现对资讯媒介账号的意义和价值。营销目标价值的计算能帮助自媒体人进行有效评估,进而了解该账号的整体运营状况及经济效益,能够方便地核算出账号运营的投入产出比,有利于及时调整和优化营销策略。

3. 核对营销目标达成率

运用媒介平台内部统计工具,获取对应营销效果所需数据,根据营销目标及具体量化标准,总结得出营销目标达成率。多数平台的网站统计系统都能够自动记录并免费提供必要数据,如图 7-4 所示为头条号数据分析后台。

（三）自媒体营销效果分析统计指标

下面以头条号影响推荐的重要因素为例,总结资讯媒介营销效果统计分析的两个方面。

1. 流量分析

流量分析作为资讯媒介营销中的重要环节,是对于账号访问数量的分析,通常包括 IP、PV、UV、CTR 等。其中 PV（page view）即页面浏览量或者点击量,用户每次对账号的访问

图 7-4　头条号数据分析后台

均被记录一次,用户每打开一个页面就被记录一次。

2. 用户分析

用户分析一般指对用户行为的分析。用户行为是指用户在访问网站过程中所产生的一系列访问行为。通过对相关数据进行统计,分析用户行为,可以从中发现用户访问平台的规律,并将这些规律与资讯媒介营销策略等相结合,从而发现目前资讯媒介营销活动中可能存在的问题,进而优化调整营销策略。资讯媒介平台大多重视用户行为数据,以此类数据衡量用户对账号内容的反馈程度,并以此为依据进行曝光和推荐。

用户行为数据主要包括用户点击率、访问时长、访问深度、访问入口、访问出口订阅数、转粉率等。点击率对用户后续行为有重要影响作用。访问时长及访问深度是衡量用户黏度的重要指标,能够以此判定账号受用户喜欢的程度。访问入口及访问出口主要目的是追踪用户进入的页面和跳失页面,依此判定账号素材的设置是否符合用户的阅读需求与习惯。而账号订阅数及转粉率则是判定营销效果的终极目标数据,如图 7-5 所示。

图 7-5　头条号数据分析—粉丝数据分析

【课堂互动 4】

小组讨论,请根据以下自媒体效果分析维度和常规建议,为某自媒体账号给出具体优化措施,见表 7-10。

表 7-10　某自媒体账号优化措施

自媒体账号:

分析维度	常 规 建 议	具体优化措施
流量分析	1. 检查自媒体账号的流量来源,了解哪些渠道带来的流量最多,可以加大在这些渠道的推广力度。 2. 分析不同时间段的流量情况,找出高峰期和低谷期,合理调整发布时间,以获得更好的曝光效果。 3. 比较不同内容类型的流量表现,确定受众偏好的内容类型,优化内容策略	
用户分析	1. 分析用户的地域分布和年龄性别比例,根据不同用户群体的特点进行针对性的内容创作和推广。 2. 研究用户的兴趣爱好和消费习惯,提供符合用户需求的有价值的内容,增加用户黏性和转化率。 3. 通过用户留存率和流失率的分析,了解用户对自媒体账号的忠诚度,采取措施提高用户留存率	
图文分析	1. 根据图文内容的点击率、阅读量等指标,评估内容的吸引力和传播效果,优化图文排版和配图选择。 2. 分析不同主题或类型的图文内容的表现,确定受众偏好的主题或类型,有针对性地进行内容创作。 3. 结合用户评论和反馈,了解用户对图文内容的喜好和需求,进一步改进内容质量	
互动分析	1. 分析用户的评论、点赞、转发等互动行为,了解用户参与度和互动效果,根据互动情况调整内容策略。 2. 关注用户的热点话题和关注点,及时回应用户的问题和意见,增强用户黏性和互动性。 3. 利用互动数据分析工具,挖掘用户的关键意见领袖(Key Opinion Leaders),与其合作推广或邀请其参与活动,提升品牌影响力	

五、任务实施

(一)自媒体营销效果评估方法

自媒体平台运营作为新媒体营销的重要组成部分,对于企业或自媒体人在网络营销过程中做好自媒体营销、进行社群营销以及会员关系管理有着极为重要的意义。只有采用了正确的方法和工具,才能不断提升平台的运营能力。下面主要通过图文分析、用户分析、互动分析进行讲解。

1. 图文分析

自媒体平台以图文信息、音频、视频为素材进行内容营销,那么图文信息、音频视频的阅读量、转发量、收藏量等数据,都应作为评估账号内容及用户吸引力的直观数据。以图文内容营销为例,常见指标包括送达人数、图文阅读人数/次数、图文转化率、分享转发人数及分享转发次数等,如图 7-6 和图 7-7 所示。

图 7-6　头条号数据分析—作品整体数据分析

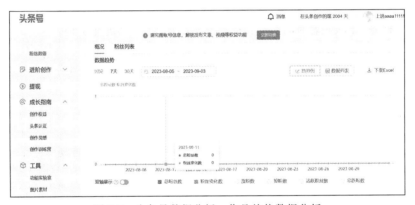

图 7-7　头条号数据分析—作品趋势数据分析

2. 用户分析

通过用户分析,可以了解用户的相关属性,描绘用户画像,挖掘用户需求,同时也有助于运营人员或自媒体人不断优化账号内容及服务,提升用户体验度。多数平台在后台提供"粉丝"变化数据及"粉丝"列表分析。自媒体人能够通过查看新关注人数、取消关注人数、净增关注数及累积关注数等数据,分析账号受欢迎程度。

3. 互动分析

自媒体平台互动主要依托于用户和账号之间的消息互动次数,这是衡量用户黏性的重要指标。另外,有一些非量化指标也能够从"粉丝"互动中挖掘提取,如用户属性。用户属性可以从用户性别、语言、地域和终端等几个方面进行分析,根据不同的用户属性来了解用户的群体属性,明确账号的用户画像,从而制作出更符合用户需求的营销内容。

（二）利用爱站网进行营销数据分析

许多自媒体运营者在不同平台都注册了账号并运营,借助第三方工具进行营销效果分析,能够提升账号分析效率,缩减每日复盘时间,提升账号活跃性。爱站网作为第三方专业自媒体数据分析工具,能够为主流资讯媒介账号提供主要数据分析,如图 7-8 所示。下面将展示以百家号为例的主要数据分析。

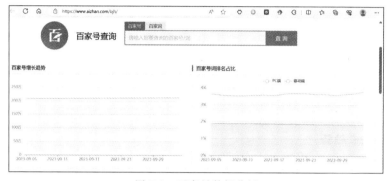

图 7-8　百家号数据分析

1. 爱站网数据分析指标

爱站网定时更新百家号榜单,包括"词量排名""词量波动""粉丝排名""粉丝波动"等,依据月阅读量及综合指数进行衡量,展示热门账号粉丝增长数量及趋势,如图 7-9 所示。

百家号词量排名		百家号词量波动		猛涨 猛跌
排名 名称	词量	排名 名称	词量	
1 游游新闻客户端	235,278	1 美食天下	30,511 ↑52	
2 光明网	170,043	2 百度经验	20,000 ↑40	
3 人民资讯	122,515	3 人民资讯	122,515 ↑34	
4 环球网	115,111	4 金融界	28,073 ↑31	
5 上观新闻	61,693	5 数码科技解答	230 ↑17	
6 中国青年网	56,286	6 篮球过人技巧	1,340 ↑14	
7 新京报	54,930	7 每日经济新闻	34,362 ↑14	
8 潇湘晨报	54,752	8 男生小说研究所	18,980 ↑13	
9 北晚在线	51,602			
10 北青网	47,494			

百家号粉丝排名		百家号粉丝波动		猛涨 猛跌
排名 名称	粉丝数	排名 名称	粉丝数	
1 百度健康	99,965,349	1 教育青年说	4,250,394 ↑4250392	
2 央视新闻	22,508,586	2 个人图书馆	2,845,078 ↑2845068	
3 晴空智能生活	18,783,109	3 小深搬的梦	2,144,570 ↑2144538	
4 人民日报	18,783,109	4 山川文社	643,285 ↑643271	
5 央视网新闻	13,191,825	5 二次元.fans跑龙	636,849 ↑636847	
6 大通长安	10,524,662	6 十月呵护	484,252 ↑484251	
7 中国长安网	10,524,662	7 老方说	411,824 ↑411823	
8 环球体坛评论员	8,933,359	8 超级试驾	299,246 ↑299202	
9 娱乐圈那肌社	8,933,359	9 健康不求人	285,434 ↑285432	
10 娱闻大小事	8,933,359	10 精读君	280,057 ↑280052	

图 7-9　百家号数据展示

2．账号基本信息

以某账号为例，在搜索栏输入账号名可查看其百家号账号的基本信息，以及当月内容输出数量及互动总体情况，如图 7-10 所示。

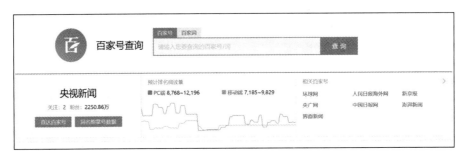

图 7-10　账号基本信息

3．作品的发展趋势

爱站网提供了账号近 30 篇文章及视频的阅读数、评论数、点赞数、发布作品数，同时以箭头标示合计作品输出的发展趋势，如图 7-11 所示。

近30篇统计	阅读	评论	点赞	发布作品数	合计发布作品数
文章	115.9万 ↓	4810 ↑	3369 ↑	23	共30篇
视频	23.6万 ↓	100 ↓	1112 ↓	7	

图 7-11　典型账号图文数据展示

此外，为更好地了解账号的发展情况，爱站网整合了近 30 篇的内容阅读趋势，展示最高值、平均值及最低值。从图 7-12 可以看出某账号的视频内容阅读量存在较大级差，"粉丝"对内容的兴趣度尚需作者继续摸索。

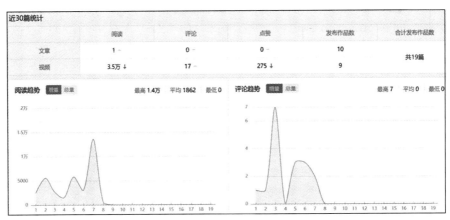

图 7-12　典型账号阅读趋势展示

4．账号历史信息及数据

爱站网作为第三方平台，为搜索者整合了账号历史信息及数据，包括作者的最新发布及热门作品,并直观显示阅读量、评论数及点赞量,方便用户搜索跳转获取更多信息,如图 7-13 所示。

图 7-13　典型账号历史作品分析

5. 同类竞争者的账号信息

用户如果想要对比同类竞争者的账号信息,可在"类似号推荐"栏目下进行扩展,如图 7-14 所示。

图 7-14　类似账号推送

扫码阅读:6 个自媒体数据分析平台,帮你洞悉内容传播趋势

六、任务工单(作业)

请在表 7-11 中分析自媒体平台营销效果。

表 7-11　分析自媒体平台营销效果

任务名称	分析自媒体平台营销效果					
任务目的	运用爱站网进行头条号、百家号典型账号营销效果分析					
任务内容	1. 收集资讯媒介账号的运营数据。 2. 搜寻同类竞争者的账号数据,并进行分析					
第(　)组	姓名					
	班级					
	学号					

续表

任务实操	1. 登录头条号和百家号,收集相关运营数据,并在下表中填写相关信息。				

账号名称		诊断时间		综合得分	
"粉丝"数		阅读量		发博天数	
平均评论		平均转发		平均点赞	
诊断结论					

2. 为账号找寻同类竞争者,同时利用爱站网进行关键数据挖掘,进行分析。

账号名称		分析时间	
账号基本情况	"粉丝"数	
	月文章	
	月视频	
	月阅读量	
近30篇作品统计	评论数	
	点赞数	
典型作品解析		

七、能力评价

在本次任务完成后,由任课教师主导,采用学习过程评价与学习结果评价相结合,综合运用自我评价、小组评价及教师评价三种方式,由教师确定三种评价方式分别占总成绩的比例,并加权计算出学生个人本次任务的考核评价分,详见表7-12。

表7-12　任务完成能力考核评价表

项目名称	自媒体平台营销	任务名称	自媒体营销效果分析
班级		学生姓名	
评价方式	评价内容	分值	成　　绩
自我评价	任务工单的完成情况	60	
	对知识和技能的掌握程度	20	
	我胜任了小组的工作	20	
	合　　计		

评价方式	评价内容	分值	成　绩
小组评价	本小组的本次任务完成质量	30	
	个人本次任务完成质量	30	
	个人参与小组活动的态度	20	
	个人的合作精神和沟通能力	20	
	合　　计		
教师评价	个人所在小组的任务完成质量	30	
	个人本次任务完成质量	30	
	个人对所在小组的参与度	20	
	个人对本次任务的贡献度	20	
	合　　计		
总评＝自我评价（　　）×20％＋小组评价（　　）×30％＋教师评价（　　）×50％＝			

项目八

学会新媒体营销——移动营销

项目名称	移动营销
项目概况	移动营销是当今数字营销领域中的重要组成部分，通过移动设备和移动互联网技术，以及各种移动应用和平台，对产品、服务或品牌进行市场推广和销售的一种营销方式。本项目旨在帮助学习者全面了解移动营销的相关知识和技能，掌握移动营销策略的制定与执行，以应对当代商业环境的挑战和机遇。本项目旨在深入理解和掌握移动营销的各个方面，包括认识移动营销、移动广告营销、App营销与推广。通过本项目的实施，我们将能够更好地理解移动营销的重要性，掌握移动营销的基本策略和方法，提升企业的市场竞争力
思维导图	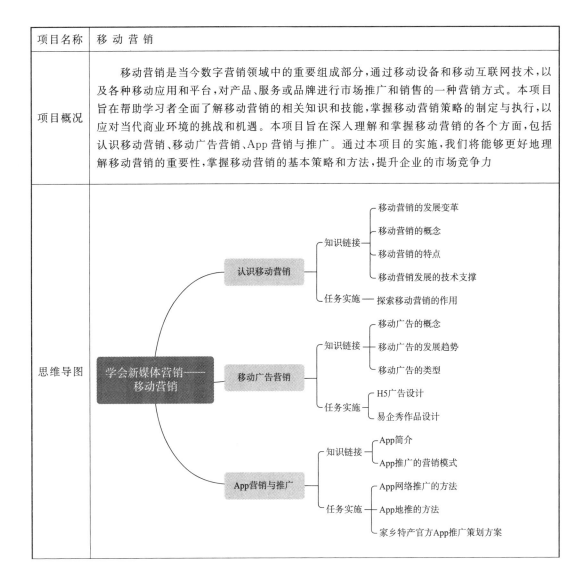

续表

学习目标	知识目标	1. 熟悉移动营销的基本概念、原理和流程。 2. 了解移动市场和移动用户特点。 3. 掌握移动广告平台和工具的使用方法。 4. 了解移动应用程序的开发和推广
	能力目标	1. 能够制定移动营销策略,包括定位、目标设定和市场分析。 2. 能够运用移动广告、社交媒体和搜索引擎等渠道进行移动推广。 3. 具备移动应用程序开发的基础知识和技能。 4. 能够进行移动数据分析和用户行为分析,以优化营销效果
	素养目标	1. 具备市场洞察力和创新思维,能够把握移动市场的变化和趋势。 2. 具备良好的沟通和表达能力,能够与团队成员和合作伙伴进行有效的合作和沟通。 3. 具备分析和解决问题的能力,能够迅速应对和解决移动营销中的挑战。 4. 具备自我学习和持续进修的意识,能够跟上移动营销技术和趋势的发展
项目组织	教学安排	1. 项目目标和介绍:明确课程目标,介绍移动营销的重要性和发展趋势,引导学生了解移动营销的基本概念和特点。 2. 理论知识学习:学习移动营销的相关理论知识和实用技巧,包括移动广告、移动社交、移动电商等,让学生掌握移动营销的基本框架和概念。 3. 实操演练:通过模拟案例和实践操作,引导学生掌握移动营销的实用技能,包括移动广告投放、社交媒体运营、移动网站优化等。 4. 案例分析:结合实际案例,对移动营销的策略、成功案例和失败案例进行深入分析,让学生能够学习到实践经验和教训。 5. 数据分析:介绍移动营销数据分析工具和指标,指导学生如何对移动营销的运营状况进行评估和优化。 6. 实践项目:引导学生进行移动营销的项目实践,通过自己实际操作和运营,锻炼营销能力和解决问题的能力。 7. 教学评估:通过作业、考试、项目报告等方式,对学生的学习成果进行评估和反馈
	教学组织	1. 学习小组:组织学生形成小组,进行讨论、合作和互助学习,促进交流和分享。 2. 互动交流:通过线上或线下的讨论区、微信群等方式,教师与学生进行及时的互动交流,解答问题和提供指导。 3. 实践辅导:教师根据学生的实践项目情况,进行指导和辅导,给予实质性的帮助和意见。 4. 项目布置和批改:教师布置移动营销实践项目,要求学生完成项目,并及时批改和点评,给予学生反馈和建议
	教学成果	1. 完成一个移动营销策划方案,包括目标设定、策略制定、执行计划等,以提升品牌知名度和销售业绩。 2. 利用移动营销工具,如微信、微博等社交媒体平台,成功推广一项产品或服务,并实现销售转化。 3. 通过移动广告投放,制订合理的投放计划和预算分配,实现广告效果的优化和ROI的提升。 4. 对移动营销数据进行深入分析,发现问题和机会,并制订相应的优化策略和行动计划

 **案例导入**

天猫 App：打通线上与线下沉浸城市购物场景新体验

新版天猫 App 往下一拉，跟随一个虚拟人的角色，就能进入通往五个方向任意门的中央广场。任意门中是众多沉浸式购物场景，用户可以走到梳妆台前浏览琳琅满目的某品牌商品，也可以在橱窗里看到某品牌香水的产品购物卡片弹出来，整个购物氛围感拉满；还没回过神来，"嗖"地一下，可能又从一个任意门穿越到了有蔚蓝海岸线的场景里，开始沉浸式放空。

在这个空间中还有另一个很实际并彻底解决用户的"选择困难症"的功能——AR 体验。用户不用再担心这个沙发颜色和自己家装修搭不搭，也不用担心这顶帐篷到底选个四角的还是六角的，遇到喜欢的手表拿不准颜色和表盘大小，就用手机天猫 App 的 AR 技术，直接将商品一键投影在真实场景，360 度查看商品细节，商品的尺寸、风格、适配场景等也将一览无遗，不花冤枉钱的快乐，就是这么简单。

AR 一键投影功能，好玩又实用，360 度无死角查看心仪之物，再也不会买错了。当然，谁说用购物软件就非得购物呢？不想"买买买"的时候，打开手机天猫 App 首页，往下一拉，就进入了只属于自己的奇幻世界。

为此，手机天猫 App 打造了沉浸式逛展频道——手机天猫臻品馆，把本来在线下做的展览搬到线上来，重新定义了自己的元宇宙空间。在手机天猫臻品馆内，每月会有不同的策展主题，以展示特有的臻品故事，让平淡日常随时随地鲜活起来。比如，用户可以把玩一下新款手机，或试戴一下全球限量的手表，又或者闲庭信步至凡·高的《向日葵》油画前，还能"试驾"飞行汽车、体验机器狗等黑科技产品。

【案例思考】

(1) 天猫 App 运用了什么方法推广 App？

(2) 天猫 App 如何提升用户的使用体验？

 # 任务一　认识移动营销

一、任务简介

本教学任务旨在帮助学生了解和认识移动营销的概念、特点和重要性。通过学习相关知识和案例分析，学生将能够理解移动营销在现代商业环境中的作用，并掌握一些常用的移动营销策略和技巧。探讨移动设备和移动互联网的普及程度对营销活动的影响，以及移动营销相对于传统营销的优势和特点。

二、任务准备

(1) **移动营销市场调研**：学生可以选择一个特定的行业或产品，进行移动营销的市场调研。

（2）收集关于该行业或产品的移动营销策略、渠道和效果的数据。

三、任务实施路径

确定调研品牌和移动营销方面的调研问题（30分钟）

小组分工合作，制订调研计划，使用各种途径收集相关数据（60分钟）

进行数据分析，探索该行业或产品的移动营销策略、渠道和效果（60分钟）

四、知识链接

（一）移动营销的发展变革

新应用、新业态逐渐创造新价值。近年来，移动互联网新产品、新应用、新模式不断涌现，带来蓬勃发展的生机与活力，引领新型经济模式，催生信息消费新业态。直播平台和网红催生网红经济，网约车、共享单车、短租市场等引领分享经济，移动应用平台深挖数据价值，加快了大数据经济的发展。

移动营销在广告形式、媒体环境、产业链、渠道等方面都有着新的发展趋势：移动端视频广告和原生广告规模迅速扩大，场景营销概念开始流行；移动端流量变现加速，PDB形式快速发展；OTT、VR等新渠道带来增量可能，移动营销企业业务得到充分曝光，CPH等广告收费新方法带来新的启发，移动营销手段越来越多样化。

移动营销的发展变革体现在四个方面：①信息触达和用户体验。广告更像是用户真正所需要的信息。②消费者洞察。移动端用户黏性强，场景丰富，可得到更全面的用户画像。③营销全过程的技术化，包括采购、创意素材制作、受众分析、效果监测等全流程都在向技术化方向发展。④数据价值变现。数据挖掘和定向优化，在广告领域已经越来越成为成熟的实践。

移动广告领域中，视频广告和信息流广告发展最快。国内视频App内容质量有显著提升，泛IP娱乐的火热、热门剧情话题的不断引爆、流行娱乐节目的引进和创新、网络视频自制剧的精彩，吸引了大批量用户的注意力，由于移动设备的便携性，越来越多的PC端用户转而使用移动端观看视频节目，移动视频的受众大量增长。而网络流量和广告主预算都集中到了移动端视频上，移动端视频广告兴起已成明显之势。

程序化购买助力移动端流量加速变现，引流加广告是互联网产品主流的商业模式，大多数移动应用也采用此种方式，用户对移动设备的使用时长、频率进一步提升，用户对移动端的依赖性增强，许多App的使用行为已经融入用户的日常生活中。

（二）移动营销的概念

移动营销是指利用移动设备和无线通信技术进行市场营销的一种形式，基于手机、平板电脑等移动通信终端,利用互联网技术基础和无线通信技术,向受众精准地投放个性化的即时信息,向目标用户传递营销信息,推广产品和服务,同时与用户进行互动和交流。以此来实现市场营销的目标。

(三)移动营销的特点

移动营销的过程实质是针对目标市场定位,通过具有创意的沟通方式,依托移动互联网,向受众传递某种品牌价值,以获益为目的的过程。移动营销行业的主体包括广告主、移动营销服务商、移动媒体和受众,营销行为基于移动互联网完成,核心目的是帮助广告主推广其产品或服务的相关信息。

移动互联网,无时无处不互联,一切皆可植入营销活动,移动互联网时代企业开展营销活动时应注意:企业媒体化、产品病毒化、用户粉丝化。移动营销具有如下特点。

1. 便携性

移动终端具有先天的随身性,实用有趣的手机应用服务让人们大量的碎片化时间得以有效利用,吸引越来越多的手机用户参与其中;平台的开放性也给手机用户以更多个性化的选择;基于信任的推荐将帮助企业打造出主动传播的天然 SNS,快速形成品牌黏度。

2. 精准性

移动营销基于手机等移动通信终端,可以向受众精准地投放个性化的即时信息。企业可以根据用户的行为、地理位置、兴趣爱好等信息,进行精准的定向营销,提高营销效果。通过精准匹配将信息实现四维定向(时空定向、终端定向、行为定向、属性定向),传递给与之相匹配的目标群体。

3. 成本低

基于移动互联网络的移动营销具有明显的优势,它以其低廉的成本、广泛的受众规模成为企业提升竞争力、拓展销售渠道、增加用户规模的新手段,并受到越来越多企业的关注。由于具有移动终端用户规模大,不受地域、时间限制,移动营销以其快捷、低成本、高覆盖面的特点与优势迎合了时代潮流和用户需求,成为新财富时代的一个重大机遇和挑战。

4. 互动性

移动营销具有互动性,借助 QQ、微信这些即时通信软件,双方交易、沟通时,可以方便地传递信息,微信、微博等很多 App 都加进了语音功能,交流方式从以前的文字、图片,延展到了语音和视频;用户可以在微博、微信社群中互动、关注、分享、转发、点赞等。

【课堂互动 1】

小组讨论,根据已给内容,对比移动营销与传统营销的特点,见表 8-1。

(四)移动营销发展的技术支撑

1. 智能手机技术

智能手机,是指像个人计算机一样,具有独立的操作系统,独立的运行空间,可以由用户自行安装软件、游戏、导航等第三方服务商提供的程序,并可以通过移动通信网络来实现无线网络接入的多功能智慧型手机。

表 8-1　移动营销与传统营销的特点

特　点	移　动　营　销	传　统　营　销
受众覆盖范围	广泛,可以随时随地接触到潜在客户	
互动性		
个性化定制		较难实现个性化定制,通常采用广播式推广方式
数据分析能力		数据分析能力相对较弱,主要依靠市场调研和统计数据
即时反馈		
多渠道整合	可以将移动应用、社交媒体、短信等多种渠道进行整合,形成全方位的营销策略	
成本效益	相对较低,可以精确投放广告和推广活动,提高投资回报率	

近年来,随着 5G 技术商用、移动应用的发展,以及智能手机的更新换代,智能手机的功能变得日益强大;手机和移动终端的可移动性是台式计算机所没有的巨大优势;用户的手机已经不仅仅是一个通话工具,已经成为一个重要的可以随身移动的信息处理平台,特别是个人信息管理及基于无线网络的浏览器和 App。

智能手机为用户提供了足够的屏幕尺寸和带宽,既方便随身携带,又为软件运行和内容服务提供了广阔的舞台,借助各类 App 和基础硬件,手机具备浏览网页、收发邮件、观看视频,以及拍照、社交、购物、办公、理财、听音乐、查交通、下载应用程序等功能,支持很多移动增值业务,以及移动办公。现如今手机更加智能化和便捷化,一些新的技术也被逐渐应用到新款手机中,包括指纹技术、人脸识别、传感器技术、移动支付技术、VR 技术、人工智能技术等。

2. 无线网络技术

移动互联网的发展为智能手机的应用提供了场景,4G、Wi-Fi、5G 等网络技术的应用则支撑了用户无处不在、随心所欲的网络访问和移动消费。

1）4G

4G,是第四代移动通信技术,该技术包括 TD-LTE 和 FDD-LTE 两种制式;4G 集 3G 与 WLAN 于一体,并能够快速传输数据、音频、视频和图像等;4G 能够以 100Mbit/s 以上的速度下载,满足几乎所有用户对于无线服务的要求。4G 移动通信系统采用新的调制技术,如多载波正交频分复用调制技术及单载波自适应均衡技术等调制方式,以保证频谱利用率并延长用户终端电池的寿命。

2）Wi-Fi

Wi-Fi,全称 Wireless Fidelity,又称 802.11b 标准;它是一个无线网络通信技术的品牌,由 Wi-Fi 联盟所持有,目的是改善基于 IEEE 802.11 标准的无线网络产品之间的互通性。Wi-Fi 工作在 2.4GHz 或 5GHz 的频段,传输速率可达到 11Mbit/s 或 54Mbit/s。

3）5G

5G，也称第五代移动通信技术，它主要使用 4GHz 附近的频段，尤其是 TDD 频段。5G 网络主要有三大特点：极高的速率、极大的容量、极低的时延。高速率可以支持高速上传和下载；3D 视频（4K 甚至 8K 视频流）的实时播放；结合云计算技术、AR、VR 可以与游戏生活相结合等。5G 的峰值理论传输速度可达每秒数十吉比特，即一秒钟可以下载一部高清电影。

3. 自动识别技术

自动识别技术就是应用一定的识别装置，通过被识别物品和识别装置之间的接近活动自动地获取被识别物品的相关信息，并提供给后台的计算机处理系统，来完成相关后续处理的一种技术。

随着人类社会步入信息时代，人们所获取和处理的信息量不断加大，这必须要借助自动识别技术来实现和完成一些商业运作。自动识别技术将计算机、光、电、通信和网络技术融为一体，与互联网、移动通信等技术相结合，实现了全球范围内物品的跟踪与信息的共享。从而给物体赋予智能，实现人与物体及物体与物体之间的沟通和对话。

当前，电子商务及移动商务中主要应用的自动识别技术包括二维码、RFID、NFC。

1）二维码

二维码，是用某种特定的几何图形按一定规律在平面（二维方向）上分布的黑白相间的图形记录数据符号信息的。它使用若干个与二进制相对应的几何形体来表示文字数值信息。通过图像输入设备或光电扫描设备自动识读以实现信息自动处理。二维码的码制有很多，其中生活中比较常用的是 OR 码和 PDF 417 码。

二维码可以分为堆叠式/行排式二维条码和矩阵式二维码。堆叠式/行排式二维码形态上是由多行短截的一维码堆叠而成的；矩阵式二维码以矩阵的形式组成，在矩阵相应元素位置上用"点"表示二进制"1"，用"空"表示二进制"0"，"点"和"空"排列组成的代码二维码具有储存量大、保密性高、追踪性高、抗损性强、成本便宜等特性，因此它特别适用于读取信息、制作表单、产品追踪、存货盘点、移动消费和支付等方面。

2）RFID

RFID（radio frequency identification）技术，又称无线射频识别，是一种通信技术，通过无线电信号识别特定目标并读写相关数据，而无须识别系统与特定目标之间建立机械光学接触。

射频识别系统一般由标签、读写器、天线三部分组成；标签是产品电子代码（EPC）物理载体，附着于可跟踪的物品上，可全球流通并对其进行识别和读写；读写器通过射频识别信号自动识别目标对象并获取相关数据，无须人工干预，可识别高速运动物体并可同时识别多个 RFID 标签，操作快捷方便。RFID 可广泛用于图书馆、门禁系统、食品安全溯源、采购与库存管理、车辆识别与缴费等。

3）NFC

NFC（near field communication，近场通信），又称近距离无线通信，是一种短距离的高频无线通信技术，允许电子设备之间进行非接触式点对点数据传输（在 10cm 内）。

NFC 技术由非接触式射频识别（RFID）演变而来，由飞利浦半导体、诺基亚和索尼共同研制开发，其基础是 RFID 及互联技术。它的工作频率为 13.56MHz；其传输速度有

106Kbit/s、212Kbit/s 或者 424Kbit/s 三种。

4. 位置服务

位置服务(location based services,LBS),是通过电信移动运营商的移动通信网络(如GSM 网、4G 网)或外部定位方式(如北斗卫星)获取移动终端用户的位置信息(地理标或大地坐标),在地理信息系统(GIS)平台的支持下,为用户提供位置相应服务的一种增值业务。

LBS 实际上是多种技术融合的产物,包括移动设备、定位、通信网络、服务与内容提供商等;LBS 在搜索、推荐、信息推送方面发挥作用,已成为移动互联网应用的重要突破口。

当前与位置服务相关的应用主要有三大类:一是传统的位置服务,比如车辆管理、位置信息查询等;二是工具类应用,比如地图、导航,以及生活服务类的各种应用;三是位置交友,微博、微信即属这类应用。围绕这些应用,手机 App 将生活中的各个方面互联,使民众生活更方便快捷。

位置服务可以被应用于不同的领域,如出行、工作、消费、社交等。基于个人消费者需求的智能化,位置信息服务伴随北斗卫星和无线上网技术的发展,需求呈大幅度增长趋势,它可引导用户找到附近的产品和服务,并可获得很好的便捷性和安全性。

5. 新兴技术

1) 大数据技术

大数据技术(big data),移动互联网时代无所不在的移动设备、移动交易、无线传感器每分每秒都在产生数据,数以亿计用户的互联网服务时时刻刻在产生巨量的交互,要处理的数据量太大、增长太快,而业务需求和竞争压力对数据处理的实时性、有效性又提出了更高要求,常规技术手段根本无法应对,这就需要大数据技术。

2) 云计算

云计算(cloud computing),通过使计算分布在大量的分布式计算机上,而非本地计算机或远程服务器中,这使得企业能够根据需求访问计算机和存储系统。云计算服务除了提供计算服务(比如数据分析),必然还提供存储服务(比如云盘)。

云计算技术包含虚拟化技术、分布式处理、分布式数据库、云存储等,它可以对外提供大规模、可伸缩性、灵活性的并行计算能力,用户则通过网络以按需、易扩展的方式获得所需的资源和服务。

扫码阅读:移动营销 AI 进阶之路:超个性化营销＋情感智能互动

大数据与云计算密切相关,就像一枚硬币的正反面一样密不可分,大数据必然无法用单台的计算机进行处理,必须采用分布式计算架构。它的特色在于对海量数据的挖掘,但它必须依托云计算。

【课堂互动 2】

小组讨论,以上技术如何运用到移动营销的场景中,将表 8-2 补充完整。

五、任务实施

探索移动营销的作用

1. 扩大品牌知名度

越来越多的人更习惯于使用手机来网购和在线支付。所以,企业需要借助移动媒体,开

表 8-2　移动营销场景中的技术应用

技　术	移动营销应用场景
智能手机技术	1. 通过手机应用推送个性化广告和优惠信息。 2.
Wi-Fi	1. 在商场或公共场所提供免费 Wi-Fi,并结合登录页面展示广告或促销活动。 2.
5G	1. 提供更快速和稳定的网络连接,支持高清视频广告和流畅的购物体验。 2.
二维码	1. 在产品包装上印刷二维码,用户扫描后可以查看产品信息、评论和购买链接。 2.
RFID	1. 在商品上嵌入 RFID 标签,实现商品的自动识别和追踪。 2.
NFC	1. 在支付终端上集成 NFC 技术,用户可以通过手机支付完成购买。 2.
位置服务	1. 根据用户的地理位置推送附近的优惠活动和商家信息。 2.
大数据技术	1. 分析用户行为和偏好,进行个性化广告投放和推荐。 2.
云计算	1. 利用云端存储和计算资源,实现大规模数据处理和分析。 2.

发独立的移动网上商城来进行移动营销,有利于企业直接通过手机向用户展示企业信息与产品信息,可以将品牌信息传达给更多的消费者,扩大品牌知名度,吸引更多的潜在客户。

2. 提供个性化的用户体验

移动设备具有个人化和定位功能,使得企业可以通过定向广告、个性化推送等方式向用户提供定制化的产品和服务,增强用户体验。移动营销可以帮助企业更好地了解用户需求,提供更加个性化的服务,从而提升用户的满意度和忠诚度。此外,移动营销还可以实现全天候、全时段的营销服务,满足用户随时随地的购物需求。

3. 提高销售额

通过移动营销的方式,企业可以直接向消费者推送产品信息,实现快速购买的效果。同时,企业可以通过移动应用、移动支付等技术手段提供便捷的购物体验,增加销售机会。

4. 数据分析

移动营销可以收集大量的用户数据,如用户行为、消费习惯等,这些数据对于企业分析市场趋势、制定营销策略具有重要价值。通过对这些数据的深入挖掘和分析,企业可以更好地理解消费者需求,优化产品和服务。

六、任务工单(作业)

请在表 8-3 中完成国内各行业领先品牌使用移动营销的情况调研,见表 8-3。

表 8-3 国内各行业领先品牌使用移动营销的情况调研

任务名称	国内各行业领先品牌使用移动营销的情况调研						
任务目的	1. 了解行业领先品牌的移动营销策略和活动:分析各行业领先品牌在移动营销方面的实际应用情况。 2. 比较不同行业领先品牌的移动营销效果:通过比较不同行业领先品牌的移动营销活动效果,可以分析不同行业在移动营销方面的应用差异和成功因素。 3. 发现移动营销的新趋势和机会:通过对不同行业领先品牌的移动营销情况进行分析,可以发现新的移动营销趋势和机会,如移动支付、移动购物、移动服务等						
任务内容	调研国内几个行业的领先品牌移动营销情况,并分析其移动营销使用的主要方法和效果						
第( )组	姓名						
	班级						
	学号						
任务实操	企业名称	主要业务	是否开展移动营销	移动营销的方法:小程度、App、H5广告等		移动营销开展效果(商品/服务成交量、用户互动情况)	
	美团						
	携程						
	滴滴						
	海尔						
	小米						
	移动						

七、能力评价

在本次任务完成后,由任课教师主导,采用学习过程评价与学习结果评价相结合,综合运用自我评价、小组评价及教师评价三种方式,由教师确定三种评价方式分别占总成绩的比例,并加权计算出学生个人本次任务的考核评价分,见表 8-4。

表 8-4 任务完成能力考核评价表

项目名称	学会新媒体营销	任务名称	认识移动营销
班级		学生姓名	
评价方式	评价内容	分值	成 绩
自我评价	任务工单的完成情况	60	
	对知识和技能的掌握程度	20	
	我胜任了小组的工作	20	
	合 计		

评价方式	评价内容	分值	成　　绩
小组评价	本小组的本次任务完成质量	30	
	个人本次任务完成质量	30	
	个人参与小组活动的态度	20	
	个人的合作精神和沟通能力	20	
	合　　计		
教师评价	个人所在小组的任务完成质量	30	
	个人本次任务完成质量	30	
	个人对所在小组的参与度	20	
	个人对本次任务的贡献度	20	
	合　　计		
总评＝自我评价（　　）×20％＋小组评价（　　）×30％＋教师评价（　　）×50％＝			

任务二　移动广告营销

一、任务简介

本教学任务旨在帮助学生了解和掌握移动广告营销的基本概念、原理和实践技巧。通过学习相关知识和案例分析,学生根据对移动广告知识和移动 H5 设计初步的认识,通过实训活动,巩固移动广告的类别、形式、媒体、交互效果等知识,并通过广告设计工具的实操,掌握广告创意策划、设计流程、交互设计,提升移动广告策划与设计的实操能力。

二、任务准备

(1) 为某家乡某特产品牌设计一个 H5 广告。
(2) 分析其目标用户画像,制订 H5 广告策略。

三、任务实施路径

明确需要实现的广告目标,比如增加品牌知名度、促进产品销售、提高用户参与度等(30分钟)	确定广告的目标受众,如年龄、地理位置、兴趣等(30分钟)	根据广告目标和目标受众,策划和设计H5广告的创意内容(60分钟)

四、知识链接

（一）移动广告的概念

移动广告是指基于无线通信技术，以移动设备（如手机、平板电脑、穿戴式设备等）为载体的广告形态。常见的移动广告形式包括图片广告、文字广告、插播广告、H5 广告、移动链接广告、视频广告、重力感应广告、车载移动广告等。

移动广告是一种依托手机终端的新型营销方式，与传统媒体相比具有精准性、互动性、灵活性和个性化的特点，较之传统媒体广告服务则更为关注随身性、便捷性、用户收看场景和网络承载力。

（二）移动广告的发展趋势

2023 年中国互联网营销市场规模预计约为 6750 亿人民币，较上年增长 9.76%，广告与营销市场规模合计约为 12482 亿元，较上年增长 11.07%。2023 年中国互联网广告市场规模与 2019 年的市场规模 4367 亿元相比，增长了 31.26%，四年复合年增长率为 7.04%。（2019 年与 2016 年相比，三年复合年增长率为 23.70%）。

具体来看，电商广告与展示类（包括信息流）广告依然是近六年来互联网广告市场最为主要的两种广告形式，而搜索类广告的收入则自 2018 年以来逐年下滑，直至今年才随着广告市场的整体增幅有所反弹；视频广告则自 2017 年以来一直保持高速增长，至 2023 年收入规模已达 1308.71 亿，较前一年增长 16%，已与电商广告、展示类广告规模相当，其中视频信息流广告贡献主要收入规模为 942.27 亿元。2023 年，视频/短视频与直播带货的持续火爆，是视频类广告保持高速增长的主要原因。从媒体平台类型收入结构看，电商平台广告收入规模达 2070.06 亿元，依然牢牢占据互联网广告市场渠道类型收入头把交椅，但视频与短视频平台合计广告收入已达 1433.08 亿元，成为互联网广告主投放的第二大渠道类型，并依然保持高速增长；而其中短视频平台的广告收入相较去年大幅增长 23.28%，规模已达 1058.40 亿元，其与电商渠道是其中的收入规模突破千亿的渠道类型，合计市场规模占比超过 54%。

搜索类平台在连续四年在广告收入与市场份额两方面出现下滑之后，在 2023 年迎来 8.56% 的规模增长，并依靠 530.23 亿元的收入规模超越了社交平台（收入规模 509.40 亿元），成为互联网广告主青睐的第三大投放渠道类型。

与搜索平台形成对应的是社交渠道，其收入规模呈现了些许的波动，较前一年下降 11.05 亿元，当前收入规模与搜索平台处于同一量级（509.40 亿元）；工具类广告渠道与搜索渠道有着同等规模的降幅（12.30 亿元）。这说明当前广告主越来越多地倾向把资源向高流量、高转化率平台集中（如电商、视频），如图 8-1 所示。

（三）移动广告的类型

1. 旗帜广告

旗帜广告（banner advertising），即横幅广告，是最早出现的网络广告，也是最常见的网络广告形式，其形象特色早已深入人心，如图 8-2 所示。旗帜广告通常置于页面顶部或底部,最先映入网络访客的眼睛,创意绝妙的旗帜广告对于建立并提升客户品牌形象有着不可低估的作用。旗帜广告是将 GIF、JPG、SWF 等格式的图像文件定位在网页中,大多用来表现广告内容,同时还可使用 Java 等语言使其产生交互性。

❖ 2022—2023年各媒体平台互联网广告收入占比情况

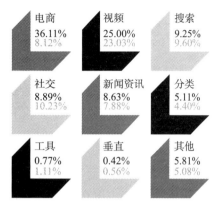

电商	视频	搜索
36.11%	25.00%	9.25%
8.12%	23.03%	9.60%
社交	新闻资讯	分类
8.89%	8.63%	5.11%
10.23%	7.88%	4.40%
工具	垂直	其他
0.77%	0.42%	5.81%
1.11%	0.56%	5.08%

图 8-1　2022—2023 年各媒体平台
互联网广告收入占比情况

注:黑字百分比为 2023 年占比,灰字百分比为 2022 年占比。

图 8-2　旗帜广告案例

2. 移动视频广告形式

1) 悬浮窗口式广告

悬浮窗口式广告多用于 App 启动页或者过渡页面中,该模式的特点是视频播放窗口不固定,用户可用手指移动,比较灵活,互动性比较强,如图 8-3 所示。

图 8-3　悬浮窗口式广告案例

2）贴片广告

贴片广告多用于移动设备的视频播放器，与传统互联网的土豆、优酷等视频网站的贴片广告模式相近，如图 8-4 所示。

图 8-4　贴片广告案例

3）内置控件广告

内置控件广告多用于 App 或手游的资源加载的页面中，由于资源加载等待时间长，可以被用户插播视频广告，该模式的特点是不可移动，可配合加载进度条，看起来比较自然，如图 8-5 所示。

3. 信息流广告

信息流（Feeds）广告，是在社交媒体用户好友动态，或者资讯媒体和视听媒体内容流中的广告，如图 8-6 所示。信息流广告以一种十分自然的方式融入用户所接收的信息当中，用户触达率高；根据广告主的需求，支持按用户标签投放；信息流广告依托海量的用户数据和信息流生态体系，可精准捕捉用户意图，有效降低用户干扰，将广告展现给目标客户，并且容易激发受众的主动性，促使其主动接受、分享。

4. 插屏广告

插屏广告也叫插片广告，是移动广告中的一种常见形式，具有较为强烈的视觉冲击效果，是目前移动广告平台主流的广告形式之一。在用户的移动应用（App）开启、暂停、退出时以半屏或全屏的形式弹出，展示时机巧妙，避开用户正常使用应用时的干扰。插屏广告的尺寸较大、视觉效果震撼，因此拥有非常高的点击率，广告效果佳，是目前比较有效的精准广告推广形式，如图 8-7 所示。

5. H5 广告

H5 就是第五代 HTML，是网页标记语言的行业规范。HTML 历经 5 次修改，于 2014 年 10 月最终定稿。现在的 H5 可以在移动设备上支持多媒体内容，如 video、audio 和 canvas 标记，之前版本要通过 Flash 等插件来完成命令。H5 还引进了新的功能，真正改变了用户与文档的交互方式。

图 8-5　内置控件广告案例

图 8-6　信息流广告案例

图 8-7　插屏广告案例

　　H5 可以把广告做成一个场景,通过二维码或者转发链接,让用户更直观地体验互动,场景可以包括图片、视频、音频、地图、导航、会议报名、产品链接等多个模块,是一种新的移动媒体广告模式,如图 8-8 所示。

图 8-8　H5 广告

【课堂互动 3】

　　小组讨论,请总结以下移动广告类型的展现形式和特点,见表 8-5。

表 8-5　移动广告类型的展现形式和特点

移动广告类型	展现形式	特　点
旗帜广告		
移动视频广告		
信息流广告		
插屏广告		
H5 广告		

五、任务实施

（一）H5 广告设计

要设计一个好的 H5 需要考虑内容创意、诱发传播和优质渠道三个方面。H5 交互设计策略目前就交互形式来说，H5 在移动端的交互形式通常包括点击、滑动、擦除、长按等。

按照交互的轻重程度，H5 推广可以分为以下三大类。

1. 展示型交互

展示型交互就是打开 H5 页面或者几个简单的滑动或点击操作就开始展示内容，对交互的要求最少，对内容质量的要求较高。这种 H5 一般展示一段 H5 视频或者动画，要求在展示的一瞬间就能抓住受众的注意力。

展示型交互常见的表现形式有以下几种。

（1）视频方式。视频方式最为简单，打开 H5 就可以开始播放视频，一直到结束。这种 H5 广告对于视频内容的要求很高，能否达到运营的目的，关键在于视频内容的质量。高质量的视频内容更能引入深思，更便于达到运营的目的。

经典案例：新中国成立 70 周年国庆节视频海报（图 8-9）。

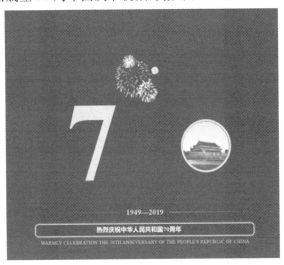

图 8-9　新中国成立 70 周年国庆节视频海报

（2）幻灯片式。传统幻灯片式的播放也属于展示型交互,通过触发切换不同页面内容,一页一页地观看,利用图文和音乐播放来讲故事。

由于制作简单、周期短,这种 H5 展现形式适用于使用频繁、小型的需求,用在线编辑器的话,不需要任何开发,只需要配备一名设计和文案即可。因此,幻灯片式特别适用于定期发布或者结合热点的营销活动。

幻灯片式的常见应用包括话题法、数据法等。

① 话题法。追踪热点事件,发表借助热点事件达到品牌传播或者产品推广的目的,比如滴滴"春节返乡"的话题。

② 数据法。用数据说故事,如支付宝年度账单,就是通过幻灯片式的 H5 场景故事,将用户的消费数据进行呈现,既生动又有趣。

③ 科普法。介绍有趣、有用或者极其重要却鲜为人知的小知识,如在朋友圈流行的养生小知识等。

④ 温情法:一个节日的问候,一个对母校的祝福,或者一个心灵鸡汤的故事等,就可以赢得数以百万计的转发。

经典案例:网易文创——你出生那天的月亮(图 8-10)。

案例:你出生那天的月亮
品牌:网易文创/哒哒

图 8-10　网易文创——你出生那天的月亮

（3）空间展示方式。空间展示指的是将移动端屏幕当作一个展示窗口,打开后可以通过简单交互(移动或触控)看到很多信息。常见的形式包括全景交互及"一镜到底"。

2. 引导型交互

相对于视频广告,H5 的优势是可以加入互动。特别是对于有故事情节的广告,通过交互式的引导,让受众和故事形成互动,会提升受众的参与感,激励受众继续看下去。

根据内容形式不同,引导型交互的 H5 有以下几种引导方式。

（1）互动视频式引导。这种方式需要精心选择触发时机,配合故事的结构,烘托整个故事的气氛。

（2）小场景式引导。由于幻灯片切换方式相对沉闷,所以很多 H5 广告的切换会采用小场景方式,每一页是一个场景,在当前场景中制造一个有趣的热点,让用户触发热点并切换到下一个场景,或者有多个场景可以选择,每一个场景会有一个互动性的小故事。

（3）页面探索式引导。设计一个大场景,通过让受众在场景内主动探索来达到运营目的。在探索过程中,受众一边体验着浏览的乐趣,一边接收着 H5 推广宣传的故事或概念,在探索的最终,受众会被引导到相关的 App 或者活动页。

3. 游戏型交互

游戏型 H5 相比于展示型和引导型来说,最注重交互。设计一个简单的小游戏,通过有趣的游戏交互来达到吸引受众的目的,可以满足受众获得感官刺激、打发无聊时间或者炫耀自己的目的。

扫码阅读:
小米有品 H5

(二)易企秀作品设计

易企秀是一款移动场景制作工具,用户可设计 H5 广告、长页面、表单页、视频页、互动页面等作品。其背景图片尺寸一般为 640×1008 像素;图片格式可以支持 png、jpg、gif,但图片大小应尽量控制在 1MB 以内;易企秀作品的背景音乐格式最好为 mp3 格式,大小应尽量控制在 1MB 以内;作品的页面数量是无限制的,但想要有更好的用户体验,一般以 6~12 页为宜。

1. 注册登录

注册易企秀账号可以利用自己的手机号、个人微信号,以及 QQ、微博、邮箱账号等第三方账号。

2. 创建场景

进入工作台,点击上方的功能栏,选择"H5",可以从"模板创建"或"空白创建"中选择一种。模板创建是指可以利用平台内现有的作品作为模板,去修改完善。"空白创建"是指从空白状态开始设计自己的作品。

3. 熟悉工作台界面

易企秀的工作台包括左、中、右三个部分,左侧是素材区,提供文本模板、艺术字、图片、图文模板等素材,可供用户自由选择。中间是工作区,用户可以将各种素材添加到手机尺寸大小的工作区中,也可以修改工作区中的文字、图片、背景、音乐、形状、组件、表单、特效等素材。右侧是管理区,用户可以设置页面、管理页面、管理图层,以及执行预览、保存、撤销、导出、发布等动作。

4. 确定作品主题与作品结构

假如我们要为温州天天牛奶公司设计一个企业宣传作品,那主题可以设置为"天天牛奶、天天健康——温州天天牛奶公司简介"。因为作品设计的目的是为宣传公司,所以作品中应该包括封面页、公司介绍、发展历程、主打产品、公司优势、公司荣誉、联系方式、封底页等内容,这样作品主题与作品结构就规划好了。

5. 页面设计

在管理区中点击"页面管理"按钮,可通过单击"+常规页"按钮,在工作区中增加一个新页面;在页面中,可导入公司的图片作为背景或者配图;在页面上方点击"文本"按钮,可以在页面中添加"文本框",增加公司的文字介绍。

6. 添加音乐

易企秀作品一定要添加与内容相匹配的背景音乐,作品的效果才能体现出来。在工作区中点击"音乐"按钮,可从乐库中选择适合的音乐,也可以自行上传音乐。

7. 作品设置

易企秀作品的各页面设计完成之后,可以点击右上角的"预览和设置"按钮,填写作品标题、作品描述,更换封面图片,设置翻页方式、作品访问状态等。

8. 预览与发布

作品设置完成之后,可以点击"发布"按钮,可将作品分享到社交网络中。

六、任务工单(作业)

请在表 8-6 中完成为家乡某特产品牌设计一个 H5 广告并进行传播。

表 8-6　为家乡某特产品牌设计一个 H5 广告并进行传播

任务名称	为家乡某特产品牌设计一个 H5 广告并进行传播						
任务目的	1. 让学生通过参与移动广告设计和传播实践,培养创意设计和传播策划能力。 2. 提升学生对家乡特产品牌推广的认知和理解。 3. 学生将学习制定广告传播策略,包括选择合适的传播渠道、制订推广计划等,以最有效地将广告传播给目标受众						
任务内容	提升家乡特产品牌的知名度和形象:通过设计一个具有吸引力和创意的 H5 广告,结合节日促销"双 11""6.18"或"中秋节"等,能够吸引目标受众的注意力,增加品牌曝光度,提升品牌的知名度和形象						
第(　)组	姓名						
	班级						
	学号						
任务实操	1. 利用"易企秀""MAKA"等 H5 制作软件注册登录账号。 2. 创建家乡品牌产品宣传广告,包含以下界面。 (1) 品牌介绍。 (2) 产品服务介绍。 (3) 促销活动介绍。 (4) 用户互动界面。 (5) 鼓励转发机制。 (6) 品牌二维码。 3. 在社交媒体平台传播,分析传播效果。 4. 根据用户反馈,对 H5 广告进行优化						

七、能力评价

在本次任务完成后,由任课教师主导,采用学习过程评价与学习结果评价相结合,综合运用自我评价、小组评价及教师评价三种方式,由教师确定三种评价方式分别占总成绩的比例,并加权计算出学生个人本次任务的考核评价分,详见表 8-7。

表 8-7 任务完成能力考核评价表

项目名称	学会新媒体营销		任务名称	移动广告营销
班级			学生姓名	
评价方式	评价内容	分值	成 绩	
自我评价	任务工单的完成情况	60		
	对知识和技能的掌握程度	20		
	我胜任了小组的工作	20		
	合 计			
小组评价	本小组的本次任务完成质量	30		
	个人本次任务完成质量	30		
	个人参与小组活动的态度	20		
	个人的合作精神和沟通能力	20		
	合 计			
教师评价	个人所在小组的任务完成质量	30		
	个人本次任务完成质量	30		
	个人对所在小组的参与度	20		
	个人对本次任务的贡献度	20		
	合 计			
总评＝自我评价（　）×20％＋小组评价（　）×30％＋教师评价（　）×50％＝				

任务三　App 营销与推广

一、任务简介

本次实践任务旨在通过制定家乡特产官方 App 推广策划方案，帮助学生了解和掌握 App 营销与推广的基本知识和技能。学生需要结合家乡特产的特点和市场需求，设计一套具有针对性和创新性的推广策略，以提高 App 的知名度、用户量和销售额。

二、任务准备

（1）对家乡特产进行调研，了解其特点、优势和市场需求。

（2）学习 App 营销与推广的基本知识，包括市场分析、目标用户、竞争分析、渠道选择等。

（3）收集和分析家乡特产官方 App 的现状，包括功能、界面、用户体验等方面。

（4）研究其他类似 App 的推广案例，了解成功经验和教训。

（5）确定推广策划方案的目标、策略和具体实施步骤。

三、任务实施路径

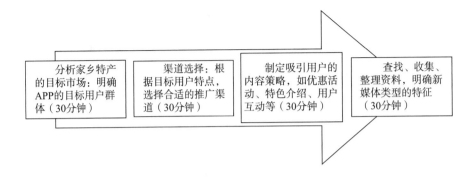

四、知识链接

（一）App 简介

App 软件主要指安装在智能手机上的软件,完善原始系统的不足与个性化。借助各类 App,使手机完善其功能,增加使用的个性化,为用户提供更丰富的使用体验。

按照功能分类,可以分为社交类 App、资讯类 App、游戏类 App、网购类 App、工具类 App 等几方面。App 大致分为几类,具体内容如下。

(1) 社交类 App:拥有社交网络功能,如微博、微信、QQ 等。用于满足用户在网络平台上的社交分享需求。

(2) 资讯类 App:这类应用程序属于新开发的网络媒体,主要目的是向用户传播信息,如今日头条、搜狐新闻、一点资讯、腾讯新闻等。

(3) 游戏类 App:搭载在智能手机上的网络游戏给用户带来的体验颠覆了传统游戏行业,因此手机游戏成为企业利润的重要组成部分。这类应用包括早期的愤怒的小鸟、忍者水果,以及如今的开心消消乐、疯狂跑酷、欢乐斗地主等。

(4) 网购类 App:作为近年来快速发展的行业之一,电商的特点是网购用户越来越多,尤其是使用手机购物的网民越来越多。这类应用程序主要包括淘宝、京东、唯品会、拼多多等。

(5) 工具类 App:现代智能手机与传统手机较大的区别在于,它不仅仅是通信工具可以进行通信,其提供的服务范围和额外的功能已经渗透到人们的日常生活中。用户可以随时随地听音乐、看电影、上网、购物、打车等,这些功能极大地方便了人们的生活。这类应用程序主要包括高德地图、墨迹天气、Office、百度手机浏览器、腾讯视频播放器、美图秀秀等。

（二）App 推广的营销模式

App 推广的主要营销模式有植入广告模式、注册返利模式和销售返利模式。

1. 植入广告模式

在众多的功能性应用和游戏应用中,植入广告是最基本的模式,广告主通过植入动态广告栏形式进行广告植入,当用户点击广告栏的时候就会进入网站链接,可以了解广告主详情或者参与活动,这种模式操作简单,只要将广告投放到那些下载量比较大的应用上就能达到良好的传播效果。

2. 注册返利模式

这种推广模式是广告发布商把符合自己定位的应用发布到应用商店内,用户通过手机应用平台下载应用,然后完成注册,广告发布商将支付一定报酬用来鼓励用户的这种行为。这种营销模式具有很强的实验价值,让用户了解产品,增强对产品的信心,提升品牌美誉度。

3. 销售返利模式

该模式基本上是基于互联网购物网站的,将购物网站移植到手机端。用户可以随时随地地浏览网站获取商品信息,进行下单,这种模式相对于手机购物网站的优势是快速便捷,内容丰富,而且这种应用一般具有很多优惠措施。

五、任务实施

（一）App 网络推广的方法

1. 官网引流

1) 官网首页引流

有的 App 始于知名网站,其官方网站的站内访问量是一项不小的流量来源,尤其是内容输出的网站,如果引流得当,将 PC 端用户转移到移动端,就能做垂直领域的个性化推送和更多的广告变现。对用户而言,阅读时间也逐渐转移到手机上,如果内容平台愿意为他们设置手机阅读场所(App),相信不少用户愿意下载并迁移。

2) 内容页引流

通常在内容页右下角或文章内容底部也要放置相关引导,当用户通过百度等搜索引擎绕过首页直接进入内部页面时,依然可以看到网站的 App 下载宣传。

2. 官方媒体引流

官方微信、微博、抖音、贴吧等资源都能作为引流手段。官方微信的常规推广手段就包括关注后的欢迎语、下方菜单栏、每篇文章首图、尾图、图文推送、服务号接入相关功能等。

3. 应用商店引流

应用商店是目前 App 主要的下载渠道,应用商店优化(App store optimization,ASO)就是提升 App 在各类应用商店、市场排行榜和搜索结果中排名的过程。除了 ASO 外,还有很多免费资源可以利用。安卓市场汇集了大大小小几十家应用商店,但大部分可以免费上架,主要发布到小米、华为、百度、魅族、OPPO、豌豆荚、应用宝、360 等主流平台。

应用商店首发能够带来大量的流量,通常要准备图标、市场截图、附带渠道名称的压缩包、新版本说明等各种资质,还要申请软件著作权证书。

应用商店推广流程如下。

（1）准备 App 上线的资料,包括公司、产品、推广资料等。

（2）应用商店开发者后台账号申请。

（3）上传 App,分析竞品,制定策略。

（4）通过应用商店的审核。

（5）渠道合作推广。

（6）推广数据分析。

4. 插屏广告

插屏广告是指在手机应用开启、暂停或退出时，以半屏或全屏的形式弹出的 App 推广广告。插屏广告因为尺寸大、视觉效果震撼，所以点击率很高，广告效果佳，能够带动用户下载和安装。这种方式尤其适合手机游戏。

1）插屏广告投放平台选择策略

（1）视频类 App。视频类广告在 PC 端的发展已经比较成熟，用户的接受度比较高，体验感也不错。

（2）游戏类 App。可以充分利用用户等待游戏的时间段来展示广告，同时也缓解用户情绪。

（3）工具类 App。如小说阅读类的工具类 App，缓解用户眼部疲劳。

（4）休闲益智类 App。可以投放在功能或关卡中，出现频率高，可以获得较好的展现机会。

2）插屏广告投放技巧

（1）投放的插屏广告要与投放的应用相协调，最好选择和应用相符的广告调性、字体颜色、广告边框、图片风格等，提高用户的点击率和转化率。

（2）选择视觉效果最佳的尺寸，一般应该等于或者大于手机一半的屏幕，如 600×500 像素、600×600 像素等。

（3）广告需要经常更换文案和设计素材，常给用户以新鲜感，缓解视觉疲劳。

5. 手机应用媒体及论坛

专注于智能手机、移动媒体领域的一些网站影响力较大，可作为 App 推广媒体；一些网络垂直社区和专业数码论坛，人气旺盛，也可以作为 App 推广渠道。目前主流的智能手机社交平台有微云、九城、腾讯、新浪等，潜在用户明确，能很快地推广产品。这类推广基本采用合作分成方式，合作方法多样。

6. 手机厂商预装

手机厂商预装就是与手机制造厂商合作，在手机出厂的时候就预装好 App。这种方式用户转化率高，是最直接的发展用户的一种方式。但费用较高，比较适合知名企业、使用率高的 App；并且推广周期较长，一般需要 3～5 个月。

7. 应用内互推

应用内互推，又称为换量，就是通过资源合作推广的方式互换流量，两家企业在各自的应用场景中相互推广对方的 App，相互置换用户。

8. 基础品牌引流

企业可以在百度百科、搜狗百科、360 百科、互动百科等平台上免费建立词条，也可以在百度知道、搜搜问答、新浪爱问、知乎等问答平台上进行问答，提升品牌的讨论热度。这些都是最基本的品牌形象广告，免费且可持续，只要人们的搜索习惯不变，就能长期协助转化。

9. 信息流广告引流

投放信息流广告也是目前推广效果不错的一个渠道。信息流广告的特点是算法推荐、原生体验,可以通过投放人群的年龄、地域、职业、收入、终端设备等标签进行定向投放,根据自己的需求定制化推广 App,目前主要的信息流渠道包括百度信息流、腾讯广告、今日头条、微博粉丝通、UC 头条广告、快手、知乎、美柚等信息流广告平台。

10. 自媒体矩阵引流

目前国内各大流量平台都建立了专属的内容分发平台,用户集中在移动客户端方面,主要平台包括百家号、搜狐号、头条号、网易号、企鹅号、大鱼号等。其主要的推广形式是日常账号的运营维护,也可以进行软文营销,平台一般会对相关标签的用户做个性化推送,文章内容越好,推荐率越高。同时,平台也会有相关资源的扶持,如百度、搜狐的网站页面有可能会收录到自媒体文章,尤其是百家号和搜狐号的文章,这对 SEO 也是有帮助的。

【课堂互动 4】

小组讨论,请大家拿出手机,浏览手机中安装的 App,完成以下调研任务,见表 8-8。

表 8-8　App 调研任务

你最常使用的 5 个 App	
你使用这些 App 的主要用途是什么	
推荐 3 个你喜欢但小众化的 App	
推荐原因是什么	
你是通过哪些渠道知道这些小众的 App	

(二)App 地推的方法

App 地推的主要目的是以实地宣传和营销的方式,通过在现实世界中直接与潜在用户接触,增加新用户的数量并推广产品。它可以帮助企业在实际生活中面对面地向潜在客户推销,使新用户下载应用程序。此外,地推活动还可以用于向用户展示产品的功能属性,推广产品,以及在重大事件或节日期间借势吸引眼球。地推活动的作用多方面:首先,它可以带来用户量的深度,如日活跃用户数、订单数和下载量等。其次,地推活动可以方便讲解和指导客户操作使用产品,节约大型广告成本。最后,地推过程更偏重于与用户之间的沟通协调,转化更加灵活。

以下是一些常见的 App 地推方法。

(1)分发传单和宣传册:设计吸引人的传单和宣传册,包含 App 的主要功能、优势和下载链接。在人流量大的地方,如商场、学校、公园等进行分发。

(2)举办活动:可以举办一些有趣的活动,如抽奖、游戏、讲座等,吸引人们参与并下载 App。活动可以在公共场所、社区中心、学校等地方进行。

(3)合作推广:与当地的商家或机构合作,通过他们的渠道进行推广。例如,可以与餐厅合作,在结账时提供 App 的优惠信息;或者与学校合作,在校园内进行推广。

(4)演示和试用:在人流量大的地方设立展台,由工作人员演示 App 的功能,并提供试用机会。这可以直接向人们展示 App 的优点,增加他们下载的意愿。

(5) 口碑推广:鼓励已经使用 App 的用户向他们的朋友和家人推荐,可以提供一些激励措施,如优惠券、积分等,作为推荐的奖励。

(6) 社交媒体广告:虽然这不是传统的地推方法,但通过在社交媒体上投放广告,可以直接接触到大量的潜在用户。可以根据目标用户的特征,选择合适的社交媒体平台和广告形式。

(7) 线下活动赞助:赞助一些与 App 相关的线下活动,如音乐节、马拉松、艺术展览等。在活动现场设置展台,进行宣传和推广。

(8) 校园推广:对于面向学生群体的 App,可以在校园内进行推广,可以举办讲座、工作坊等活动,或者与学生会、社团等合作。

(三)家乡特产官方 App 推广策划方案

1. 任务目标

本次实践任务的目标是为家乡特产官方 App 设计一套推广策划方案,通过有效的推广策略,提高 App 的下载量、活跃度和用户满意度,提升家乡特产的品牌知名度和市场竞争力。该 App 旨在推广和销售家乡的特色产品,帮助本地的生产商和商家扩大市场,同时也为消费者提供一个方便快捷的购买平台。

2. 策划方案的内容

1)市场调研与分析

在制定推广策划方案之前,需要进行充分的市场调研与分析,了解目标用户的需求和行为习惯,以及竞争对手的推广策略和优劣势。通过市场调研,为后续的推广策略制定提供有力的数据支持。

2)确定推广目标

根据市场调研结果,确定具体的推广目标,如 App 下载量、活跃度、用户满意度等。针对不同的目标,制定相应的推广策略和方案。

3)制定推广策略

根据推广目标,制定具体的推广策略,包括线上和线下的推广方式。线上推广方式包括社交媒体营销、搜索引擎优化、内容营销等;线下推广方式包括举办活动、参加展会、与商家合作等。同时,要确定每种推广方式的预算和执行时间。

4)制订推广计划

根据推广策略,制订具体的推广计划,包括推广时间、推广渠道、推广内容、推广预算等。在制订推广计划时,要充分考虑目标用户的需求和行为习惯,以及竞争对手的推广策略和优劣势。

5)执行推广计划

按照推广计划,执行具体的推广活动。在执行过程中,要密切关注推广效果,及时调整推广策略和方案,以确保达到预期的推广目标。

6)评估与优化

在推广活动结束后,对推广效果进行评估和总结,分析存在的问题和不足,提出改进措施和建议。同时,根据评估结果,对推广策略和方案进行优化和调整,为下一次的推广活动提供有力的支持。

六、任务工单(作业)

请在表 8-9 中完成家乡特产官方 App 推广策划方案。

表 8-9 家乡特产官方 App 推广策划方案

任务名称	家乡特产官方 App 推广策划方案						
任务目的	通过本次任务,学生要能掌握 App 推广策划的思路,学会撰写推广策划执行方案。 1. 提高家乡特产官方 App 的知名度和用户量。 2. 增加家乡特产的销售和推广,促进地方经济发展。 3. 培养学员的市场调研、策划和推广能力						
任务内容	1. 策划本项目中的家乡特产官方 App 推广方案,重点包括 App 目标用户分析、App 推广方法和策略、工作进度和人员安排等内容。 2. 根据上述策划思路撰写家乡特产官方 App 推广策划执行方案,重点包括执行时间、推广格式、发布内容、发布途径和人员分配						
第( )组	姓名						
	班级						
	学号						
任务实操	1. 进行市场调研,了解以下情况 <table><tr><td>家乡特产的特点</td><td>市场需求</td><td>同类 App 竞争情况</td></tr><tr><td></td><td></td><td></td></tr></table> 2. 分析目标用户群体,包括以下内容 <table><tr><td>年龄</td><td></td></tr><tr><td>性别</td><td></td></tr><tr><td>地域</td><td></td></tr><tr><td>上网行为习惯及常使用 App</td><td></td></tr><tr><td>产品需求</td><td></td></tr><tr><td>购买习惯</td><td></td></tr><tr><td>其他</td><td></td></tr></table> 3. 制定 App 的内容策略,包括以下内容 <table><tr><td>特产介绍</td><td></td></tr><tr><td>购买指南</td><td></td></tr><tr><td>促销活动</td><td></td></tr><tr><td>用户服务</td><td></td></tr></table>						

续表

任务实操	4. 确定适合家乡特产官方 App 的推广渠道,包括以下内容			
	推广渠道	推广内容	推广时间	推广预算

七、能力评价

在本次任务完成后,由任课教师主导,采用学习过程评价与学习结果评价相结合,综合运用自我评价、小组评价及教师评价三种方式,由教师确定三种评价方式分别占总成绩的比例,并加权计算出学生个人本次任务的考核评价分,详见表 8-10。

表 8-10 任务完成能力考核评价表

项目名称	学会新媒体营销	任务名称	App 营销与推广
班级		学生姓名	
评价方式	评价内容	分值	成　绩
自我评价	任务工单的完成情况	60	
	对知识和技能的掌握程度	20	
	我胜任了小组的工作	20	
	合　　计		
小组评价	本小组的本次任务完成质量	30	
	个人本次任务完成质量	30	
	个人参与小组活动的态度	20	
	个人的合作精神和沟通能力	20	
	合　　计		
教师评价	个人所在小组的任务完成质量	30	
	个人本次任务完成质量	30	
	个人对所在小组的参与度	20	
	个人对本次任务的贡献度	20	
	合　　计		
总评＝自我评价（　　）×20％＋小组评价（　　）×30％＋教师评价（　　）×50％＝			

学会新媒体营销——社群营销

项目名称	学会新媒体营销——社群营销
项目概况	移动互联网、社交网络的融合提供了任何人之间随时随地交流的平台,人们可以根据自己的多元化需求创建和管理社群,社群经济的时代已经到来。在以社群为核心的商业模式中,企业可以利用优质内容吸引用户,并将用户聚合在一起形成社群,企业在社群运营中不断扩大社群规模,持续获得用户信任,并将其转化为消费者,完成商业变现。 　　本项目通过认识社群营销、构建社群、组建社群营销团队、社群运营技巧四个任务的学习,培养和提升学生的社群组织和运营能力。 　　通过四个任务的学习,掌握社群营销的方法,能够举一反三,充分了解社群营销,运用社群营销策略与方法,实施社群营销,达到《互联网营销师》的中级部分能力标准
思维导图	**学会新媒体营销——社群营销** **认识社群营销** 　知识链接 　　社群的概念 　　互联网社群的分类 　　社群营销的概念 　任务实施 　　理解社群的概念 　　熟悉社群的类型 **构建社群** 　知识链接 　　明确社群目标和定位 　　制定社群运营发展规划 　　连接种子用户 　　明确成员使命 　　营造社群氛围 　　建立反馈机制 　任务实施 　　明确社群的目标和定位 　　制定社群发展规划 **组建社群营销团队** 　知识链接 　　划分社群成员角色 　　设立社群规则 　任务实施 　　熟悉社群成员角色 　　制定社群规则 **社群运营技巧** 　知识链接 　　设计社群互动话题 　　策划高质量活动 　　扩大社群知名度 　任务实施 　　设计互动话题 　　策划高质量活动

续表

学习目标	知识目标	1. 了解社群的概念和分类。 2. 了解社群目标与定位的意义。 3. 理解社群成员的类型和岗位职能。 4. 理解社群互动话题的设计过程。 5. 掌握高质量活动的策划要求。 6. 掌握社群营销的概念。 7. 掌握确定社群定位的方法
	能力目标	1. 具备分析判断互联网社群类型和特点的能力。 2. 具备能够根据社群目标和定位制定社群运营发展规划的能力。 3. 具备能够根据社群目标和定位制定社群规则的能力。 4. 具备设计社群互动话题能力。 5. 具备根据社群定位策划高质量的线上线下活动的能力
	素养目标	1. 培养学生的社群营销思维。 2. 培养学生养成通过调查研究解决问题的思维。 3. 激发学生利用社群营销工具开展营销活动的热情。 4. 培养学生的规则意识。 5. 在编写互动话题内容的过程中,引导学生树立正确价值取向,弘扬社会正能量的价值导向。 6. 培养学生精益求精的工匠精神
项目组织	教学安排	1. 项目目标和介绍:在课程开始前,明确课程的目标和重要性,对认识社群营销与社群营销项目进行详细介绍。 2. 理论知识学习:通过微课、课堂互动等形式,了解并掌握社群、社群营销的特征、相关理论知识和实用技巧。 3. 实操演练:通过教师演示、作业布置等方式,引导学生开展并掌握社群营销模式的实操练习。 4. 案例分析:深入分析社群营销策略、成功案例和失败案例,让学生能够学习到实践经验和教训。 5. 实践项目:引导学生开展实践项目,锻炼营销能力和解决问题的能力。 6. 教学评估:通过作业、考试、项目报告等方式,对学生的学习成果进行评估和反馈
	教学组织	1. 学习小组:根据班级规模和学生人数,组织学生形成小组,进行讨论、合作和互助学习。 2. 互动交流:通过线上或线下的讨论区、微信群等方式,教师与学生进行及时的互动交流,解答问题和提供指导。 3. 实践辅导:教师根据学生的实践项目情况,进行指导和辅导,给予实质性的帮助和意见。 4. 项目布置和批改:教师布置新媒体营销实训项目,要求学生完成项目,并及时批改和点评,给予学生反馈和建议
	教学成果	1. 通过资料查找梳理,熟悉互联网社群的类型及特点。 2. 利用社群营销典型案例,熟悉社群营销模式与策略。 3. 利用社群营销典型案例,理解社群营销思维

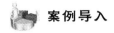

案例导入

新零售社群营销发展模式

（一）线上社群＋营销模式

随着网络的不断发展，基于网络平台兴起的各类线上社群不断涌现。例如，基于兴趣社群发起的同城吃货圈、旅游圈、车友群，基于行业特征兴起的房地产商业联盟、服装商业联盟、金融商业联盟等，基于学习目的组建的亲子教育、职业资质、职场普及群以及各类技术交流群等。各类小区自发组建的社群买菜交流群等也是网络社群的主要载体。网络社群汇集了人流、信息流，是商家进行线上营销、推广与服务的重要媒介。

（二）线下门店＋社区零售模式

门店＋社群零售模式顾名思义就是将门店跟社区结合，基于社区这一地理关系营造邻近社群。现在很多门店都运用微信号、头条号等方式，利用门店自身优势，进行线上引流，积累客户，同时线下举办各类活动，保障新流量的导入，采用线下体验解决社群黏性和深度沟通的问题，实现销售的转化和二次购买，最终形成社群营销生态圈。例如，门店近1500家的鲜丰水果，在新零售的背景下通过门店＋社群零售模式取得了良好的市场效果。与线上淘宝店不同，基于门店资源进行的线下社群营销精准度更高，社群的用户更容易成为精准粉丝，加上网络社群用户关系紧密，必然使得用户黏性强。

（三）直播带货＋社群拼单模式

随着网红经济的不断发展，"直播带货"成为当下最火的带货模式。在社群拼单方面，以低价为主的"拼多多"受到更多人的关注，拿到了相当不错的成绩。近期拼多多推出了直播内测，直播带货＋社群拼单风头正劲。

近年来，随着自媒体平台的逐渐普及，以网红直播带货为代表的直播电商市场规模不断扩大，随着越来越多的直播带货达人的出现，未来直播带货市场规模将会进一步扩大。总体来说直播带货＋社群拼单模式综合了"直播带货"、社群拼单模式优点，在直播过程中产品的真实性得以展现，用户获得了更好的消费体验，以团购模式实现交易，品牌的销量得以提升，商家获得了同时拥有广度和深度的流量。当具有自带用户规模和流量资源的网红与具有裂变效应的社群营销结合在一起，更能推动新零售的发展。

任务一 认识社群营销

一、任务简介

社群营销通过构建社群、生产优质的内容吸引用户，利用口碑传播实现商品变现。社群营销可充分利用社交的品牌力量，帮助创业者和企业达到品效融合，大大提高客户的转化率。在社群电商中，基于社交关系链，企业能够达到提高品牌营销力和销售转化的双重效果。社群的便捷性和社交的普遍性，最大限度地释放了社群的价值，社群的功能更加多元，对整个社会的生活方式、消费模式、商业规律、品牌营销产生了颠覆性的影响。那到底什么是社群营销？与其他新媒体营销工具相比有何优势和价值？社群有哪些类型？社群经济是什么意思？带着这些问题,本任务中可以找到高效的解决方法。

二、任务准备

（1）在手机中安装微信、微博、QQ、小红书和知乎 App。
（2）浏览以上 App 简单了解其功能和应用。

三、任务实施路径

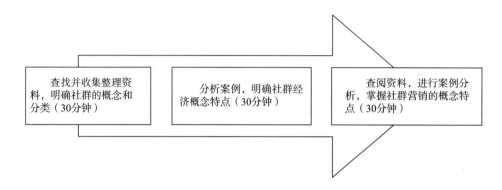

查找并收集整理资料,明确社群的概念和分类（30分钟）

分析案例,明确社群经济概念特点（30分钟）

查阅资料,进行案例分析,掌握社群营销的概念特点（30分钟）

四、知识链接

在移动互联网、人工智能、云计算等新技术融合的时代,产品、企业经营模式的同质化程度越来越高,企业间的竞争越来越激烈,与其说是产品的竞争不如说是对客户资源的竞争。而商家要维护与客户的关系,构建社群就是最好的方式。现在是"无社群,不营销"的时代,我们需要的不仅仅是全渠道、线上线下一体化,还需要牢固掌握人与人之间的关系,懂得如何向人赋能。而社群就是实现这一切的最好方式。社群是未来最重要的营销和品牌载体。互联网思维关注的是产品背后的客户,而社群思维则关注客户背后的朋友圈以及社群关系。打造一个强大的社群,就能为商业关系赋能,从而在企业转型升级的过程中为企业增添竞争力。社群营销通过构建社群,生产优质内容吸引客户群体,利用口碑传播实现商品变现,基于社交关系链,企业能够达到提高品牌营销力和销售转化的双重效果。

（一）社群的概念

传统意义上的社群是以血缘、业缘、地缘为标准划分出来的利益共同体。随着互联网时代的发展,社群已经突破了时间和空间的限制,成为一种拥有强关系的,有相同兴趣爱好或者形成价值认同的人所共同组成的群体。因此所谓社群是基于一定的社交关系的基础上,具有稳定的群体结构和较为一致的群体意识和群体规范,成员间分工协作,强调实时性和社交性的人际沟通关系群体。

（二）互联网社群的分类

从互联网的角度,社群可以分为产品型社群、兴趣型社群、品牌型社群、知识型社群、工具型社群等。

1．产品型社群

优秀的产品能直接带来可观的用户和粉丝群体,同时产品又是中介和平台,促使人们聚合成为社群。社群有着实体经营的产品,但又有不同于传统的产品销售方式;他们充分利用线上社群的影响力和传播力,激发粉丝的参与热情和活跃度,最终带来线下销售的辉煌业绩。

2．兴趣型社群

兴趣型社群是基于兴趣图谱创建的社群。互联网突破了时间和空间的限制,其无限的延展性实现了人的自由聚合。人们通过网络可以很容易找到志趣相投的伙伴,便捷地建立起各种基于兴趣图谱的社群。因为需求的个性化和兴趣的多元化,兴趣型社群不仅种类繁多,而且各具差异化优势。在追求自由化、多元化和个性化的社群时代,个体无论多么微小的兴趣、多么精细的需求或多么细腻的情感都能找到同类的人组成社群。个人的兴趣因为有了社群的互动而得到共鸣和放大,从而使兴趣型社群蕴含着巨大的商业价值,具有非常诱人的商业空间。

3．品牌型社群

品牌型社群是产品型社群的延伸。产品型社群发展到后期,用户群体对产品所归属的品牌产生信任和情感关系,就会热衷于追逐品牌旗下的其他产品,继而对品牌文化产生强烈的认同感,于是形成了品牌型社群。品牌型社群以用户对品牌的情感体验为纽带,用户由于认同品牌的价值观而聚合在一起,通过交流和互动产生强烈的心理共鸣。

4．知识型社群

狭义的知识型社群是指企业组织内的员工自动自发组成的进行知识分享和学习的团体,其凝聚的力量是人与人之间的学习兴趣和交流需求,而不是正式的工作职责或任务。知识型社群能促进企业组织内部隐性知识传递和知识创新,提升员工的学习能力,最终形成企业组织最宝贵的人力资产。广义的知识型社群是指个体基于学习兴趣,为了获取和分享知识而聚合的互联网社群。从本质上说,知识型社群是兴趣型社群的一种。

5．工具型社群

各种社群软件和应用为人们的社群交流提供了工具,如微博、微信等平台,参与社群已经成为人们普遍的日常状态。在这种趋势中,社群成为人们加强实时沟通的一种灵活方便的工具。

扫码阅读:
社群经济的
概念和特点

（三）社群营销的概念

有人问:"社群营销到底营销了谁?"社群就是人际关系,就是资源。在营销这个层面,人际关系与社群具有非常重要的影响力。所以,"你的成就取决于你所在的社群"这句话被大家奉为经典,各类社群营销也就应运而生了。

社群营销是针对具有某种相同或相近的爱好、兴趣或是特质的人群,将潜藏在他们内心深处的需求以社群为基础进行定位和资源整合,通过微信、微博、社区等平台而进行营销活动。社群营销通过以兴趣、爱好和相同的"事"为基点,针对平台用户进行以"群"为单位的组织,并建立以粉丝运营为核心岗位的组织设置,进行粉丝互动与点对点服务,从而实现多对多的交流,以此形成众多粉丝用户基于自媒体平台与产品为纽带的紧密关系和可持续的商业价值。社群营销通常社群不用刻意去建立,因为我们有时会被动地加入一些社群,如亲戚群、职场群、小区业主群、车友俱乐部群、旅游群、校友群等。这些社群中的成员有些存在共同的利益,有些具有共同的爱好,而后便以社群为纽带,与商家联结。

扫码阅读:
社群营销
的价值

五、任务实施

(一)理解社群的概念

【课堂互动 1】

请在表 9-1 中根据给出的相关概念填写社群与其他群体的区别和联系。

表 9-1　社群相近概念辨析

相关概念	区　　别	联　　系
社群与人群		
社群与社区		
社群与微信群/QQ 群		
社群与圈子		

(二)熟悉社群的类型

【课堂互动 2】

请在表 9-2 中按照常见的社群类型,列举 3 个以上的具体社群的名称。

表 9-2　不同类型社群典型举例

社群类型	典型社群举例
产品型社群	
兴趣型社群	
品牌型社群	
知识型社群	
工具型社群	

六、任务工单(作业)

请在表 9-3 中查找中国互联网社群发展不同阶段的典型代表。

表 9-3 查找中国互联网社群发展不同阶段的典型代表

任务名称	查找中国互联网社群发展不同阶段的典型代表		
任务目的	通过查找举例中国互联网社群发展不同阶段的典型代表,来了解中国互联网社群发展各阶段的特点		
任务分析	有人的地方,就有社群。有社群的地方,就有商业,就能产生经济。在互联网的连接下,社群营销正受到越来越多的关注。为了更好地了解社群营销,我们应该对社群营销的进化有一个认识。其实,中国互联网的历史就是一部社群营销的演进变迁史。各种网络社交平台的发展是互联网社群的发展基石。从最早的 BBS(网络论坛)、QQ 群到贴吧、豆瓣、SNS(社交网络服务)、微博,以及现在的微信、QQ 兴趣部落等,社群的演进从未止步。在社群演进变迁的背后,碎片化状态中的实时在线与沟通已经成为常态,而粉丝、粉丝经济、移动社群、社群经济等概念正在成为新一波的社交红利。 腾讯开放 QQ 群付费功能、微信群收费功能正式开启了社群收费模式,这也拉开了社群营销的帷幕。社群经济的发展和商业模式探索刚刚开始,社群经济从过去的线下转移到线上,并形成线下和线上的互动,形成庞大的系统,产生价值		

第( )组	姓名				
	班级				
	学号				

	时 间	社群类型	举 例
任务实操	1997 年	BBS 网络论坛	四通利方 其他举例:
	2000 年	即时通信	QQ 其他举例:
	2005 年	博客	新浪博客 其他举例:
	2007 年	SNS 社交网站	人人网 其他举例:
	2010 年	微博	网易微博 其他举例:
	2011 年	微信	微信 其他举例:
	2014 年	社交电商	小红书 其他举例:
	2016 年	短视频与直播电商	抖音 其他举例:

七、能力评价

在本次任务完成后,由任课教师主导,采用学习过程评价与学习结果评价相结合,综合运用自我评价、小组评价及教师评价三种方式,由教师确定三种评价方式分别占总成绩的比例,并加权计算出学生个人本次任务的考核评价分,详见表9-4。

表 9-4　任务完成能力考核评价表

项目名称	学会新媒体营销——社群营销	任务名称	认识社群营销
班级		学生姓名	
评价方式	评价内容	分值	成　绩
自我评价	表 9-2 的完成情况	20	
	任务工单的完成情况	40	
	对知识和技能的掌握程度	20	
	我胜任了小组的工作	20	
	合　　计		
小组评价	本小组的本次任务完成质量	30	
	个人本次任务完成质量	30	
	个人参与小组活动的态度	20	
	个人的合作精神和沟通能力	20	
	合　　计		
教师评价	个人所在小组的任务完成质量	30	
	个人本次任务完成质量	30	
	个人对所在小组的参与度	20	
	个人对本次任务的贡献度	20	
	合　　计		
总评＝自我评价(　)×20％＋小组评价(　)×30％＋教师评价(　)×50％＝			

任务二　构建社群

一、任务简介

创建社群前首先要做的就是明确构建社群的目的,建群目的会影响受众目标和后期的运营策略,据此我们可以通过制订社群运营发展计划来完成社群的建立。那到底我们应该如何创建社群,有哪些需要注意的地方,流程步骤如何? 带着这些问题,本任务中可以找到高效的解决方法。

二、任务准备

(1) 在手机中安装微信、微博、QQ、小红书和知乎 App。

(2) 浏览以上 App,简单了解其功能和应用。

（3）加入某品牌的社群，观察群内的运营方式和特点。

三、任务实施路径

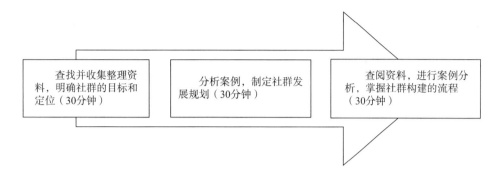

| 查找并收集整理资料，明确社群的目标和定位（30分钟） | 分析案例，制定社群发展规划（30分钟） | 查阅资料，进行案例分析，掌握社群构建的流程（30分钟） |

四、知识链接

（一）明确社群目标和定位

社群是以人为基本组成要素的集合。在工业时代，品牌的宣传口径永远都是用户；在互联网时代，企业将用户变成产品的粉丝；到了移动互联网时代，品牌不仅要将用户变成粉丝，更要将粉丝聚集起来形成品牌社群。

伴随时代发展，要明白做社群的目标和定位，也就是我们所说的需求。正因为有了需求，社群才有存在的价值。无论社群的目的是销售产品还是学习成长，是提升品牌影响力还是做纯粹的公益组织或兴趣团体，都会影响目标用户和后期的运营策略。但在吸引社群用户时，首先要考虑的并非是社群用户的需求，而是自身的定位，明确自己的需求。如果连目标用户都不清楚，又何谈精准匹配呢？那么，该如何确立自身定位呢？

1. 增加粉丝群体

在明确自身定位时，必须根据数据进行分析。因此，为了明确自身定位，首先要扩大粉丝群体。为此，初始用户的数量必须得到保证。为了快速建立一个"大而全"的粉丝群，运营者需要借助社交平台，根据企业的核心文化，推出一些初步的产品和服务，并借助各种大众需求，吸引一些初级用户，形成"粉丝池塘"，进而精准吸粉。比如，大学生是你自身定位的属性特征之一，那么，针对大学生群体，你可以推出相关活动，以吸引更多的大学生用户。

2. 深度调查分析

在扩大粉丝群体时，可以根据企业、用户属性来选择论坛、微博、微信、QQ 直播电商粉丝群等多种载体，将用户聚合在一起，形成粉丝池塘。与此同时，需要对其进行深度调查分析，以精准"吸粉"。

在与用户的初步交流中，可以对其进一步细化分类，并开始着手将初级用户转化为精准用户，进而将精准用户转化为深度用户。这需要不断与用户分享、交流，在提升用户归属感的同时，采集精准用户的深层需求，如图 9-1 所示。

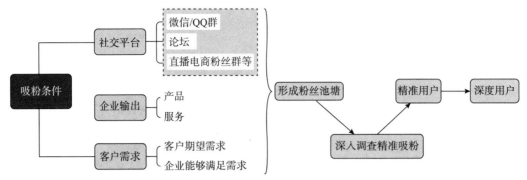

图 9-1　精准吸粉策略

即使初始粉丝池塘中用户的数量达到百万,经过这样的筛选,最终每个细分群的用户数也许都不过百人,虽然与一开始的用户数量无法相比,但正是这批最精准的社群用户,才能带来需求的信息,从而构建社群的自身定位。

3. 做好自身定位

根据粉丝池塘的反馈以及市场调查,就可以做出较为精准的自身定位。借助这种手段,在不断细分的调查中,定位会越发完善。如果参与的社群用户足够多、调查的手段足够完善,那么每个产品的每个细节都能精准定位用户需求。

需要注意的是,随着定位越来越精细,目标范围就会越发缩小。这种情况其实并非坏事,因为在社群营销中,要服务的对象必然在社群当中,因此,当我们把握住自身定位时,就要精准地吸引目标用户,而不能为了追求用户数量,放弃自身的"格调"。做好自身定位是一切社群行为的基础,只有在精准定位用户属性和用户需求之后,社群宣传和社群运营才能做到有的放矢;否则,大量精力和成本的投入反而会让自己偏离社群正道。

(二)制定社群运营发展规划

2015 年被称为"社群元年",然而,在这一年的时间里,你是否记得你屏蔽过多少微信群和 QQ 群?当你怀着激动和兴奋的心情加入社群,并想要满足某种美好的愿望时,却发现群里充斥着争吵、刷屏和广告。群主同样很苦恼:群内人数不能太少,少于 30 人不能成群;超过 80 人开始变得热闹,但超过 500 人又不便于管理;过了半年之后,大家可能就慢慢不再发言,最终变成"死群"。要想让社群变得持久并更具价值,就要学会进行社群运营规划。在制定社群规划时,主要考虑以下因素。

1. 社群生态模式

社群可以理解为一个组织,一个组织必然会涉及建立的条件:愿景、使命、价值观。构建社群时要考虑的问题就是如何让社群能够长期生存。一个能够长期生存的社群,必然具有一个足够稳定的内在生态模式。根据社群主题的不同,在社群经济下,我们主要讨论两种社群生态模式。

2. 群内规范

无论是何种生态模式,都必须建立相应的群内规范。所谓"没有规矩不

扫码阅读:社群的生态模式类型

成方圆",如果没有完善的群内规范,可能会有围观者基于各种动机在群内发布各种广告;如果没有相应的处罚机制,可能会有触犯群规者成为社群的挑战者的情况;如果管理者缺乏疏导技巧,就会引发部分用户与社群对立,破坏群内的氛围。

根据不同的社群主题和生态模式,群规可以有所区别,但在大方向上基本保持一致:禁止发布违法、敏感的内容;禁止发布广告;禁止用户之间的人身攻击等。另外,社群运营对管理员的能力有较高要求。

3．社群人数

社群的人数应该限制在多少合适呢?对于很多社群运营者而言,这个数字当然是越高越好,QQ群最高支持群成员有 2000 人,那就设定为 2000;微信群最多只能有 500 人,那就只好是 500。然而,社群人数真的是越多越好吗?

如果社群人数过多,大量的刷屏让成员对群消息根本看不过来,信息过载会导致参与的人越来越少,屏蔽群的人越来越多,社群的凝聚力和活跃度也因此而大幅下滑。在社会学中,有一个著名的"150 定律",即人类智力允许人类拥有稳定社交网络的人数大约是 150 人。当然,根据地域、文化等因素的不同,这一数字会有差异。在相对松散的社群中,这一数字其实会大幅降低。根据管理学理论,26～36 人是一个小型自组织形态的最佳规模。事实上,在微信最初推出群功能时,其人数上限是 40 人。因为在这个规模下,群友能够依靠自我规范进行管理,群内氛围也相对融洽;在所有群友的充分参与下,社群的凝聚力自然很强。因此,在社群运营中,可以将每个小群的人数控制在 40 人左右,以保证每个用户的社群体验。

扫码阅读:
小群效应:
大群孵化小群,
小群让我们
变得另类

（三）连接种子用户

在社群打造中,很重要的一点就是要有效提升自己连接种子用户的能力。种子用户就是指影响力高、活跃度高的初始用户,他们往往对于社群的内容具有较高的支持度和好感,容易产生较大的传播推广效应。正因如此,种子用户的质量可以在很大程度上决定社群的特质和发展方向,可谓是社群的基因来源。而优质的群基因又有利于良好的群文化氛围的形成,对于社群运营来说十分关键。

然而有些运营者只是单纯追求群成员的数量,认为庞大的用户群才是社群运营的重点,因此花费大量精力拉人。但是这种方法却无法产生预期效果,因为如此形成的社群缺乏群基因,更无法营造出良好的文化氛围,所以终归要落入失败的境地。在连接种子用户的过程中既要保证用户的高质量特质,又要使用户与群调性相合。然后在种子用户群中展开具有针对性的分享、优惠等活动,以此取得种子用户的支持和好感,使他们主动展开宣传,从而扩大整个群的影响力。

（四）明确成员使命

社群的本质其实就是将一群人召集起来,然后共同完成一项任务。因此,建立社群的第一步,就是为群成员设立一个明确的任务目标。例如,当我们建立一个以"减肥"为特质的社群时,与其将群名起为"减肥群",不如将其命名为"21 天减肥群",这是因为后者的目标更为明确,也更容易激发人们的关注目光,吸引更多人主动加入。总之,社群一定要拥有明确的主题,能够让群成员了解群的具体用途和目标,这样才能保证整个社群健康运营。

此外,社群的目标还可以体现在下达给成员的具体任务上。还是以刚才的减肥群为例,在具体的运营过程中,可以为每一个成员下达每日餐食群内晒图打卡,并进行减肥心得分享的任务,这样就可以很明确地突出"减肥"这个主题,引发群成员的好感和长期支持。

(五)营造社群氛围

营造积极参与、友好交流的社群氛围是建立社群的重要步骤,这种方法有益于加强群成员的归属感和黏性,提升群成员的参与热情。可以通过以下这些方式增强用户黏性,营造社群氛围。

1. 群规则确认

在每一位成员入群之初,群主可以将群规则发布出来,并使新成员确认同意遵守相关规则。群规则确认就像是签订合同,当新成员同意签订后,即可入群享受相应待遇,否则就直接退群。每个社群不同,群规则的设置也不同具体情况具体分析。

2. 自我介绍

群成员来自天南海北,相互间并不熟悉,所以自我介绍就显得很有必要。群主可以约定一个时间将所有成员召集起来,让大家进行自我介绍(如所在地域、兴趣爱好等),增进彼此间的了解和认同。

3. 定时分享

定时分享一般是由群主发起,具体内容是设立一个特定的分享时间,鼓励大家将各自的感悟和见解发布出来。当然,在分享时间之外,群主要在一定程度上限制成员的分享行为,尤其是私聊行为,从而避免扰乱群的正常秩序。

(六)建立反馈机制

每个社群都会设有专门的群管理,可以在每次群分享结束后,进行信息的快速总结和记录,这样不仅为成员提供了事后翻查的依据,还有利于中心观点的形成。

此外,群管理还可以据此建立群成员的客户关系管理系统,进而掌握所有成员的个性信息,这种情况有益于解决成员提出的各类问题,并为群主展开具有针对性的运营活动提供必要参考。群管理在社群中起到了反馈渠道的作用,可以有效提高社群的反馈效率,增加群成员对社群的好感度和支持度。

五、任务实施

(一)明确社群的目标和定位

【课堂互动3】

通过资料查找,完善表9-5。

表 9-5 社群营销平台的目标人群

社群营销平台名称	目标人群
小红书	
KEEP	
知乎	
懂车帝	

（二）制定社群发展规划

【课堂互动 4】

通过资料查找,完善表 9-6。

表 9-6 社群主要引流方式

社群营销平台名称	主要引流方式
小红书	
KEEP	
知乎	
懂车帝	

六、任务工单（作业）

请表 9-7 中完成收集典型的金字塔结构社群。

表 9-7 收集典型的金字塔结构社群

任务名称	收集典型的金字塔结构社群				
任务目的	通过收集典型的金字塔结构社群,使得学生了解金字塔结构社群的特点及设计意图				
任务内容	查找收集一个金字塔结构的社群,并分析各角色发言意图,将各角色的典型特点的发言截图粘贴到下表中				
第( )组	姓名				
	班级				
	学号				
任务实操	社群角色	典型发言截图		发言意图分析	
	群主				
	管理者				
	用户				

七、能力评价

在本次任务完成后，由任课教师主导，采用学习过程评价与学习结果评价相结合，综合运用自我评价、小组评价及教师评价三种方式，由教师确定三种评价方式分别占总成绩的比例，并加权计算出学生个人本次任务的考核评价分，详见表9-8。

表 9-8　任务完成能力考核评价表

项目名称	学会新媒体营销——社群营销		任务名称	构建社群
班级			学生姓名	
评价方式	评价内容		分值	成　绩
自我评价	任务工单的完成情况		40	
	表9-5、9-6的完成情况		20	
	对知识和技能的掌握程度		20	
	我胜任了小组的工作		20	
	合　　计			
小组评价	本小组的本次任务完成质量		30	
	个人本次任务完成质量		30	
	个人参与小组活动的态度		20	
	个人的合作精神和沟通能力		20	
	合　　计			
教师评价	个人所在小组的任务完成质量		30	
	个人本次任务完成质量		30	
	个人对所在小组的参与度		20	
	个人对本次任务的贡献度		20	
	合　　计			
总评＝自我评价（　　）×20％＋小组评价（　　）×30％＋教师评价（　　）×50％＝				

任务三　组建社群营销团队

一、任务简介

创建社群后，社群想要持续健康运营，就必须要确定明确的社群规则，合适的社群规则能形成良好的社群氛围和文化，提高社群行为的效率并给社群带来更多的趣味。除此之外还要对群成员进行分工，群成员必须各司其职，建立深度连接、分工协作。本任务主要介绍社群群主、管理员、活跃分子和内容编辑这四个角色的岗位分工。

二、任务准备

（1）在手机中安装微信、微博、QQ、小红书和知乎 App。

（2）浏览以上 App 简单了解其功能和应用。

（3）加入某品牌的社群，观察群内的运营方式和特点。

三、任务实施路径

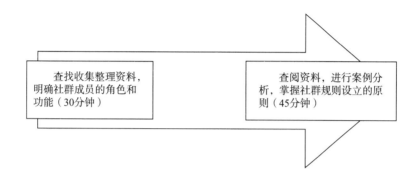

查找收集整理资料，明确社群成员的角色和功能（30分钟）

查阅资料，进行案例分析，掌握社群规则设立的原则（45分钟）

四、知识链接

（一）划分社群成员角色

社群要想健康持续运行，就必须对社群的成员进行分工。分工意味着各司其职、各负其责，既有处于金字塔塔尖的群主，又有管理员、活跃分子、活动编辑等。不同属性的成员构成社群，使得整个社群的体系更为紧凑，彼此之间互相影响，从而激发社群产生源源不断的能量——话题、活动、游戏等都是社群的能量产生源。成员之间必须建立深度连接、分工协作。划分成员时要制定几个角色，分工协作管理一个群，团队作战。如果一开始，人手不够，一定是一个人扮演几个不同的角色来管理社群。虽然社群架构并非如一家企业的架构那么严苛与严谨，但要想让社群组织完备，就必须尽可能对成员进行划分，让每个社群成员都能到适合的位置，根据自己对社群的贡献不断调整定位，以满足每个人的需求。

（二）设立社群规则

俗话说，"没有规矩不成方圆"。所谓群规就是明确社群里可以做什么，不可以做什么。可以简单理解为群规就是让群成员有所为有所不为。建社群时，一定要确立明确的社群规则。早期规则的制定对于社群的发展至关重要，合适的规则能形成良好的社群氛围和文化、提高社群行为的效率以及给社群带来更多趣味。一般的群都有群规，主要内容是关于群成员言行的规范标准，对群聊话题和主题、交流准则及相处方式、成员的增减条件、广告与垃圾信息的处理

扫码阅读：
社群成员的
角色类型

等方面作出规范。而群规的约束力体现在群规的执行上,群主的管理水平高才能有良好的群聊环境。

对于社群的发言内容,一方面需要设置一定的框架,明确哪些内容是严禁讨论的;另一方面也要作出一定的平衡,让社群呈现多元化发展。总之,要使社群既有专业氛围,又有生活气质,让每位成员都可以感受到快乐。

如果社群实行全体禁言制度,只公布一些社群活动,社群成员就会逐渐丧失热情,社群也会因为丧失活跃度而沦为"死群"。因此社群管理者可以根据成员属性和作息习惯合理设置休闲聊天时间,拓展社群之外的话题。这样做既可以提高社群成员之间的交流积极性又可以提高社群的活跃度,不让社群显得枯燥乏味。对于一些人际交往类的社群,成员加入其中的目的就是结识优秀人才和拓展业务,他们需要发布一些业务上的广告。如果严禁广告,那么社群对于这类成员来说就没有太大价值,他们最终会退出社群。对此,社群管理者可以做好广告时间安排。

要想不让社群沦为广告群,最有效的手段就是在社群内部储备足够多的干货。例如,一个多达500人的培训微信群,如果每天都有精选的干货文章发布,同时每周发起两三次线上或线下主题活动,那么谁还愿意冒着被踢出群和禁言的风险违反社群规定发广告呢?因此,提升社群在成员心中的存在感,才是真正有效的社群制度。

关于群规的制定有几个原则。

(1) 简单明了。社群简介和社群规则融合成三句简单的话,让人一眼就能看明白,这是哪里,是干什么的,社群里都是些什么人。一方面,让用户知道群是干什么的,可以做什么;另一方面,也让用户开始逐步建立对社群的信任。

(2) 主次分明。群规的作用就是梳理需求,将主要需求突显出来,次要需求规避掉,同时还要严格执行,不严格执行的群规形同虚设。当然,并不是所有的群都需要群规,高度自觉的群就不需要群规。

(3) 人性化。群规人性执行,社群不像严格的组织,其规则是相对简单且核心的。这里需要再陈述一遍:微信群≠社群。群规的目的是防止社群的混乱,增强用户之间的连接便利性和真实性。

对社群规则而言,最重要的是共识,只有能够达成共识的规则才有可能被遵守和执行。社群是一个被设计好的组织形态,社群发起人不一定把所有规章制度列出来,但一定做好了"宪法"的框架,然后有一定的留白,让参与者有发挥空间。社群一开始就要有一个简单的规则,没有规矩不成方圆。

五、任务实施

(一)熟悉社群成员角色

【课堂互动5】

思考讨论:通过资料查找梳理社群管理员的工作职责,并据此分析社群管理员的任职条件,完成表9-9。

表 9-9 社群管理员岗位说明书

岗位名称		某社群管理员
岗位职责及 工作内容	职责概述	具体工作职责及工作内容
岗位任职条件	最低学历	专业要求
	工作经验	
	专业知识	
	能力素质	
	资格证书	
	其他要求	

（二）制定社群规则

【课堂互动 6】

通过查找资料,请填写表 9-10 完成以下场景群规的设置。

表 9-10 社群群规的制定

社群场景	制定群规
小区居民群	
读书交流群	
某餐厅粉丝群	

六、任务工单（作业）

请在表 9-11 中完成社群规则举例。

表 9-11 社群规则举例

任务名称	社群规则举例
任务目的	通过收集某个品牌的微信社群内容,使得学生理解社群成员的分工,并掌握社群规则制定的要求
任务内容	加入某个品牌的微信社群,查找分析以下资料,完善表格

续表

第（　）组	姓名					
	班级					
	学号					
任务实操	查找社群群规内容	群规则举例				
	群昵称规范					
	入群自我介绍要求					
	群禁忌					
	任务方案					
	福利方案					
	活动方案					
	其他					

七、能力评价

在本次任务完成后，由任课教师主导，采用学习过程评价与学习结果评价相结合，综合运用自我评价、小组评价及教师评价三种方式，由教师确定三种评价方式分别占总成绩的比例，并加权计算出学生个人本次任务的考核评价分，详见表 9-12。

表 9-12　任务完成能力考核评价表

项目名称	学会新媒体营销——社群营销	任务名称	组建社群营销团队
班级		学生姓名	
评价方式	评价内容	分值	成　绩
自我评价	任务工单的完成情况	40	
	表 9-9 的完成情况	20	
	对知识和技能的掌握程度	20	
	我胜任了小组的工作	20	
	合　计		
小组评价	本小组的本次任务完成质量	30	
	个人本次任务完成质量	30	
	个人参与小组活动的态度	20	
	个人的合作精神和沟通能力	20	
	合　计		

续表

评价方式	评价内容	分值	成　绩
教师评价	个人所在小组的任务完成质量	30	
	个人本次任务完成质量	30	
	个人对所在小组的参与度	20	
	个人对本次任务的贡献度	20	
	合　　计		

总评＝自我评价(　　)×20％＋小组评价(　　)×30％＋教师评价(　　)×50％＝

任务四　社群运营技巧

一、任务简介

在社群营销中,创建社群后,与粉丝互动是增加流量的重要方法。要想做好社群营销的互动传播,就要能够合理撰写互动话题内容,线上线下活动联动,展现社群价值,不断扩大社群知名度才能达到吸粉目的。那么如何设计互动话题,开展高质量的线上线下活动,扩大社群的知名度和影响力就是本任务要解决的问题。

二、任务准备

(1) 在手机中安装微信、微博、QQ、小红书和知乎 App。

(2) 浏览以上 App 简单了解其功能和应用。

(3) 加入某品牌的社群,观察群内的运营方式和特点。

三、任务实施路径

查找并收集整理资料,能设计社群的互动话题(30分钟)　　分析案例,通过分析能够策划高质量活动(30分钟)　　查阅资料,进行案例分析,掌握扩大社群知名度的方法技巧(60分钟)

四、知识链接

(一)设计社群互动话题

这里所说的互动是指互动话题。话题质量有时会决定一个群的生死。倘若我们可以定期抛出一些话题让用户讨论,就可以有效减少用户自发组织话题,定期将讨论结果与群友互动,可以提升大家参与讨论的动力。互动的核心,其实可以简单地理解为话题社交。为了提升社群活跃度,发布话题前首先应想到的是:社群中,有多少人对这个话题有浓厚兴趣? 这个话题又有多少价值? 如果一个话题,群友没有浓厚兴趣,也没有相当的价值,群友就会观望,不会参与,时间一久,就形成潜水习惯,直至屏蔽群或者退群。

1. 用户画像

在提到跟谁说时,我们不得不提到用户画像。之所以要懂用户画像,是因为我们想知道要跟谁聊天,进而知道他们的爱好,更好地与他们互动。用户画像又称用户角色,通过用户画像,可以更好地了解社群中的用户是什么样的,他们喜好什么,从而找到他们喜欢讨论的话题,进而充分挖掘,从而引导用户发言。

(1)用户画像就是用户标签。标签通常是一个人的特征标识,如年龄、性别、地域、爱好等,最后将用户的所有标签综合来看,基本就可以勾勒出该用户的立体"画像"了。比如腾讯QQ最开始的标签功能,自己可以设置"我的标签"并且好友可以添加好友印象,这些添加的标签也可以叫作"用户画像",因为这些标签代表了这个人的一些习惯、性格、爱好等特点,很多公司可以通过利用这些标签做精准营销。

(2)用户标签的维度。通常情况下,建立"用户画像"的标签有以下几个维度。

标签的维度没有明确的要求,甚至上面的分类也是没有明确界限的。如何选择合适的标签描述用户特征,这才是我们需要真正思考的问题。但是切忌想当然地给用户贴标签,比如学生群体一般特征是盲目的、消费能力有限、服装以运动品牌为主、喜欢新奇的东西,我们的产品恰好是新奇的东西,所以学生是我们的目标群体。这个结论仿佛并没什么问题,但实际是学生群体喜欢什么商品是有群体意志的,并非盲目的,而且不同阶段的学生消费跨度是非常大的。所以一定要根据实际数据对用户进行分类,切忌想当然。

扫码阅读:
"用户画像"
标签维度

2. 话题引导

话题引导非常重要。群内要活跃,就要找到大家感兴趣的话题,几乎任何话题都可能成为良好的谈资。只要在平时处处留心,就可以发现许多引人入胜的话题,如体育活动和近期赛事、小说、电影、话剧、食物、烹饪、天气、名胜风光、电视节目、流行时装、畅销书、个人爱好、个人的特殊经历以及其他"热门话题"等。在交际场合中,与刚相识的人开始交谈是最不容易的,因为不熟悉对方的性格、爱好,而时间又不允许多做了解。这时宜从平淡处开口,不要冒昧提出太深入或太特别的话题。有了话题,还要有交谈下去的内容。内容来自生活,来自对生活的观察和感受,社群话题要遵循"有趣、有内容、有分享"原则,内容创造是前提,而基于内容的广泛分享、有趣互动等才是重点,无内容不成品牌社群,无品牌社群更谈不上社群成员活跃度。

3. 话题内容

如果把社群当成一个产品,那么在社群里发布的内容都可以当作内容运营。要引导用户,必须要做一个可以吸引用户的内容选题。对大部分产品社群来说,用户的忠诚度近乎零(通过各种渠道拉进来的用户忠诚度并不高)。在前期,必须要策划用户感兴趣的内容。比如你做的是旅行类社群,那么,你就要多策划与旅行相关的内容;比如你做的是宠物类社群,那么要有晒宠等内容。

讨论话题可以分为以下几种形式:第一种是用一问一答的形式提升群的价值,但要注意讨论的问题是群成员感兴趣的,并且能够引导群成员自发地提出类似的问题。第二种是管理、解答群友提出的问题,然后引起大家的互动。第三种是通过聊天引导话题,拿到用户资料,了解用户的感受包括对竞争产品进行调查都可以在群里进行。同时通过以上互动,传递一些公司的理念、团队氛围以及自己对公司的感受,也都能让公司的产品和服务在用户的印象里加分。

(二)策划高质量活动

作为社群重点就是要通过策划活动让粉丝积极参与。那么我们在策划问题前就应该思考清楚活动的目的、预期效果,并据此安排活动的时间和宣传计划,同时要思考通过什么样的话题吸引用户参与,活动是采用线上还是线下模式等。在策划时要主要厘清活动传播的目的、重点人群,以用户需求为中心,从不同角度,以不同形式对活动进行定位,提前规划好活动。只有这样才能激发粉丝的兴趣,吸引粉丝参加。

为了提高社群成员的积极性,增强社群成员之间的连接,社群作为平台定期举办活动也是很好的选择。社群活动主要由线上和线下两种模式组成。线上活动主要依托于论坛、贴吧、QQ 和微信等,而线下活动包括见面会、分享会和主题活动。前期在社群平台互动过,之后在线下活动见到真人时用户才有真实感和亲切感。社群营销不管是线上模式还是线下模式,只有联动才能获得较好的效果,才能更好地拉近双方的关系,同时迅速建立起双方的信任。

扫码阅读:
知乎——通过
丰富活动与
用户互动

1. 线上:内容引流提升用户参与感

在社交网络和电子商务的迅猛发展中,互联网已经成为重要的流量入口,并将逐渐取代线下实体。而当互联网成为用户获取信息的重要途径时,就要凭借优质内容在线上进行大量引流。更为关键的是,如今的用户早已不再简单满足于信息的获取,他们希望全方位地参与到话题当中,成为话题的参与者甚至是引导者。

用户可以依靠社群的力量,在大量用户的力量聚拢中成为话题引导者,进而获得精神上的满足。因此,我们可以直接在社群内部让用户参与到线上活动的策划中。基于这种参与感,让用户主动进行活动的传播。甚至还可以直接让用户成为某个具体事项的负责人,让其从用户变为员工。

让社群参与到品牌运营中时,企业将获得巨大的能量支持。与此同时,要付出的成本却十分低廉。具体而言,该如何去做呢? 可以借鉴小米的做法。小米公司让“米粉”全方位参与到 MIUI 系统和小米手机的设计中,让他们提出意见和建议,从而不断完善产品。由此产生的作品自然会得到“米粉”的高度认可,进而形成“为发烧而生”的社群文化。

2. 线下:占领实体提升用户体验感

线上活动虽然能在短时间内吸引大量用户参与,但从参与的体验而言,线上活动仍然缺少了线下切身体验的感觉。因此,在举行线上活动的同时,也要占领线下实体,为用户提供体验场所。体验店的目标并不在售产品,而是让用户体验产品。这种免费体验的机制能够让用户切身感受到优质,由此再推动用户的消费行为。

哪怕无须进行实体销售,即使服务也都是互联网服务,但在社群中,我们仍然要保持与社群用户的零距离接触。开展社群见面会、社群狂欢会、群友大集会等活动,让用户能够在线下"嗨起来"。与此同时,品牌与用户、用户与用户之间的关系也将由此延伸至线下,进一步提升社群关系的稳固性,让社群体验真正落地。

当你举办线下活动时,限于地域和时间,必然有许多用户因为各种原因无法参与。此时,如何让这些用户感受到活动的精彩呢?很简单,让参与的用户以图片、短视频的形式在微博、微信、直播等平台上分享。甚至,在网络直播火热的今天,你可以将每次的线下活动打造成直播活动,让用户能够实时感受到现场的氛围。在商品经济高度发达的今天,无论是生产型、销售型还是服务型企业,都可以举办各种线上创意征集活动,将用户的创意变为产品,甚至将之打造为社群专属产品,以进一步提升用户的参与感。社群能够借助各大社交平台,有效地将松散的用户聚拢。然而,社群运营并不能因此而局限于线上,而应在发挥线上内容引流作用的同时,也要占领实体,以线上线下相结合的方式,提升用户的体验感和归属感。线上与线下是社群运营的两条腿,只有当两条腿以统一的节奏迈步时,社群才能大踏步地前行。

(三)扩大社群知名度

1. 加强互动凝忠诚

每一个社群都有一个群主,社群能不能发展壮大,除了推广的因素,很多时候还得看群主的领导力。用群主的品牌做"诱饵",其实就是品牌营销,就是让粉丝在消费时认同这个产品。群主应该深刻地认识到粉丝情感在个人品牌推广中的重要性,才能加大力度对其未来的战略进行规划,并在具体的行为中加以有效的贯彻。互动是一种最能和粉丝拉近关系的情感联络方式。通过双方的互动沟通,群主和粉丝感情也在不断加深,粉丝对圈子的黏性也会因此增强。在群内建立互动机制,使情感营销更为人性化,这样不仅能提升粉丝对群主的情感黏性,同时也能保持粉丝的忠诚度。如果无法和粉丝进行互动,即使产品再好,也无法让粉丝认识到圈子的价值所在,也就无法引起粉丝的共鸣,更别说对群主产生感情了。但是,粉丝一旦通过互动,对圈子产生了感情,就等于是产生了信任,即使群主有什么地方做得不好,粉丝们也会包容他,对群主发起的一些活动也会无条件全力支持。

2. 提升附加值聚粉丝

社群附加值的提高,就等于无形之中为自己和潜在的粉丝搭建了一座桥。成功的社群往往能够持续不断地增加自身的附加值,并把这份附加值带给粉丝。社群附加值的产生不仅在于设计、工艺和创意的产生,更多的还在于社群所代表的品牌文化和内涵。粉丝在选择品牌时,除了关注产品的使用价值,更希望能在此找到身份的认同感。这种文化所包含的不仅是品牌表现出来的名称、符号,还包括定位、历史、产品设计、企业行为、企业所提供的服务等。一个出色的品牌,就是一个能被利用的、有极高价值的社群。

此外,粉丝的质量也决定了社群附加值的大小。一旦社群的价值被提高,这个社群就能得到更多人的关注。企业通过送礼物、做活动带来的粉丝没有太大价值。很多企业都是通过抽奖、优惠券、送贵重物品等活动的再转发方式来为社群圈粉。虽然这种方式能在短时间内吸引大量粉丝,但却无法将其转化为价值。因为这种类型的粉丝是典型的价格敏感性客户,只有在企业再有同样的活动时才活跃,一旦企业无法提供有价值的活动,他们就会成为"僵尸粉",企业想要通过粉丝的口碑传播实现更好营销效果的目的也就无法实现。企业的粉丝在精不在多,不要一味地追求粉丝数量,而应该把握粉丝质量。

3. 相关社群联合扩声量

商机就如一根线,把各种社群像珍珠一样连在一起,就成了价值不菲的珍珠项链。联合一个又一个社群,将自己的人际关系范围扩大,把自己的品牌影响力扩大,让社群联合社群滚出巨大的"利润雪球"。那么,联合社群都需要什么技巧呢?其实就是找相关性。这个相关性一般分为两个方面。第一,粉丝群相关。这一点非常重要,因为只有其他社群的粉丝群与自己社群的粉丝群组成人群相似,才能吸引到相关的粉丝群,才能产生经济效益。否则,只能吸引一些无法产生效益的粉丝加入。第二,粉丝虽然相关,但是市场不相关。例如,一个登山旅行社可以与卖登山服饰的商家做联合,一般在户外用品店买东西的人都有登山的需求,那么在这里做宣传,无形之中就会帮助旅行社吸引到一批粉丝,而登山旅行社也可以介绍粉丝到户外用品店去购买衣物。这就是粉丝相关,但市场不相关。

4. 优化粉丝体验造口碑

一个新社群,在刚推出时可能会因为独特的创意和新鲜感获得粉丝的好口碑,但是新的东西肯定会存在着各种各样的弊端,而这些弊端在粉丝加入社群后慢慢就会察觉。最初,粉丝发现弊端可能会向企业反馈,如果企业在收到反馈后并没有对自己的社群做出优化,那么之前积累的好口碑就会逐渐消失,社群里的粉丝也会慢慢流失。由此可知,企业在建立社群后,还要不断地对其进行优化,根据粉丝的反馈做出修正,通过这样一个慢慢积累的过程让社群的口碑获得最终的爆发。如果企业想要不断优化社群的粉丝体验,就要时刻关注粉丝反馈。企业可以通过论坛、产品评论、微博、微信等渠道来获取粉丝的反馈,从粉丝的反馈中发现产品的缺点,并及时做出改正。

五、任务实施

(一) 设计互动话题

【课堂互动 7】

思考讨论:请为你家乡的某品牌农产品设计一条微博互动话题,并填写表9-13。

表9-13　设计微博互动话题

品牌/产品名称	描　　述
用户标签	
选择话题方向	
微博互动话题设计	

（二）策划高质量活动

扫码阅读：
小米的品牌
社群运营活动

【课堂互动 8】

思考讨论：请根据以上二维码资料内容，梳理该公司的线上、线下社群运营活动，填写表 9-14。

表 9-14　小米的品牌社群运营活动

线上社群运营活动	线下社群运营活动

六、任务工单（作业）

请在表 9-15 中完成创建并管理微信社群

表 9-15　创建并管理微信社群

任务名称	创建并管理微信社群					
任务目的	通过创建管理微信社群，体会微信社群营销的特点，理解社群规划和社群管理的相关原理					
任务内容	请模拟为家乡某品牌进行社群营销，根据表格要求完善表格					
第（　）组	姓名					
	班级					
	学号					
任务实操	群名称		群人数			
	一周内进群总人数		一周内退群总人数			
	一周内净增人数		一周内活跃用户人数			
	群公告内容					
	群规内容					
	任务方案					
	福利方案					
	活动方案	线上活动： 线下活动：				
	互动话题					
	社群联合对象及方案					

七、能力评价

在本次任务完成后,由任课教师主导,采用学习过程评价与学习结果评价相结合,综合运用自我评价、小组评价及教师评价三种方式,由教师确定三种评价方式分别占总成绩的比例,并加权计算出学生个人本次任务的考核评价分,详见表 9-16。

表 9-16　任务完成能力考核评价表

项目名称	学会新媒体营销——社群营销	任务名称	社群运营技巧
班级		学生姓名	
评价方式	评价内容	分值	成　绩
自我评价	表格 9-7 的完成情况	10	
	表格 9-8 的完成情况	10	
	任务工单的完成情况	40	
	对知识和技能的掌握程度	20	
	我胜任了小组的工作	20	
	合　　计		
小组评价	本小组的本次任务完成质量	30	
	个人本次任务完成质量	30	
	个人参与小组活动的态度	20	
	个人的合作精神和沟通能力	20	
	合　　计		
教师评价	个人所在小组的任务完成质量	30	
	个人本次任务完成质量	30	
	个人对所在小组的参与度	20	
	个人对本次任务的贡献度	20	
	合　　计		
总评＝自我评价(　　)×20％＋小组评价(　　)×30％＋教师评价(　　)×50％＝			

参 考 文 献

[1] 林海.新媒体营销[M].北京:高等教育出版社,2021.

[2] 郑雪玲,陈薇.新媒体营销[M].大连:大连理工大学出版社,2022.

[3] 王薇.新媒体营销策划[M].北京:清华大学出版社,2022.

[4] 李凌宇,李丛伟.新媒体营销[M].北京:中国人民大学出版社,2021.

[5] 王翠敏,王静雨,钟林.电子商务数据分析与应用[M].上海:复旦大学出版社,2020.

[6] 彭金燕,王文钰.新媒体营销[M].北京:清华大学出版社,2023.

[7] 王中晓,张浩森,崔凯.新媒体运营与管理[M].北京:机械工业出版社,2022.

[8] 戴月,杨泳波.新媒体营销[M].北京:电子工业出版社,2022.

[9] 康肖琼.新媒体营销[M].北京:机械工业出版社,2023.

[10] 苏乐.自媒体运营全攻略:文案写作＋流量打造＋个人品牌＋优势定位[M].北京:清华大学出版社,2022.

[11] 魏振锋,张小华.移动营销实务[M].北京:电子工业出版社,2021.

[12] 惠亚爱,乔晓娟,谢蓉.[M].北京:人民邮电出版社,2022.

[13] 王利冬,吴锐侠,谢甜.短视频营销与案例分析(慕课版)[M].北京:人民邮电出版社,2022.

[14] 刘凯.短视频与直播运营(微课版)[M].北京:人民邮电出版社,2022.

[15] 宋夕东.直播电商运营实务(慕课版)[M].北京:人民邮电出版社,2022.

[16] 张瀛.短视频创作实战(微课版)[M].北京:人民邮电出版社,2022.

[17] 刘映春,曹振华.短视频制作(全彩慕课版)[M].北京:人民邮电出版社,2022.